性情与礼教

先秦儒学立人思想研究

华 军◎著

中国社会科学出版社

图书在版编目（CIP）数据

性情与礼教：先秦儒学立人思想研究/华军著 . —北京：中国社会科学出版社，2016.8
ISBN 978 – 7 – 5161 – 8852 – 1

Ⅰ . ①性… Ⅱ . ①华… Ⅲ . ①儒学—哲学思想—研究—中国—先秦时代 Ⅳ . ①B222.05

中国版本图书馆 CIP 数据核字（2016）第 213330 号

出 版 人	赵剑英
责任编辑	王 曦
责任校对	周晓东
责任印制	戴 宽

出 版	中国社会科学出版社
社 址	北京鼓楼西大街甲 158 号
邮 编	100720
网 址	http：//www.csspw.cn
发 行 部	010 – 84083685
门 市 部	010 – 84029450
经 销	新华书店及其他书店

印 刷	北京明恒达印务有限公司
装 订	廊坊市广阳区广增装订厂
版 次	2016 年 8 月第 1 版
印 次	2016 年 8 月第 1 次印刷

开 本	710×1000 1/16
印 张	15.75
插 页	2
字 数	253 千字
定 价	59.00 元

序

李景林

我曾用"教化的哲学"一语来称谓儒学。世界上并没有一种一般性的、为所有哲学家所共许的哲学系统，哲学，其实是一种以个性化的方式表出其普遍性理念的学问。《易》云："形而上者谓之道。"儒家有自己独特的义理系统和形而上之道，称之为"哲学"，没有任何问题；而"教化"这一观念，则正标识出了儒学之异于其他哲学的个性特质。

"教化"作为儒学的一个核心观念，其首要的意义，是表现了儒家哲学的一种独特的思想进路。这不是一个认知的进路，而是一个存在或价值实现的进路。参取西方哲学"认识你自己"的说法，儒学哲学这一思想进路的特点，可以用"实现你自己"这一命题来概括。儒家在心之明觉的意义上规定人的理性的意义。人心之内容，乃通体表显为"情"；"知"，则被理解为一种"心"在其情感表现中的心明其意或自觉作用。因此，"知"在儒家的哲学系统中，并非一个首出的、独立的原则。同时，人心之情态表现，亦因其内在所具有的"知"的规定，而成为一种具有自身本然决断和定向的活动，而不流于西方哲学所谓的"非理性"。这个本然决断与定向的作用，即儒家所谓的"意"和"志"。我曾用"中道理性"一语来标识儒家这个迥异于西方哲学之"理性"观念的特点。从这个角度看，儒学"教化"的哲学意义，就是要在人的实存及其内在精神生活转变升华的前提下实现生命的真智慧和存在的真实，以达于德化天下、参赞天地化育的天人合一之境；由此，人对真实、真理、本体的认识，亦被理解为一种经由人的情感、精神、实存之转变的工夫历程，而为人心所呈显并真实拥有，而非一种单纯理论性的认知。

与此相应，"教化"这一观念，凸显了一种内在关系论、整体论的思想理路和实践性的哲学精神。

儒家既从情态性和存在实现的角度理解人，则人与周围世界以及自然的关系，亦非一种单纯认知的关系，而是一种由成己而成人、成物意义上的价值和存在实现的关系。由此，人与人、人与物、人与天地、自然之间，乃具有一种内在生命的连续性。这种思想理路，源自商周以来的宗教伦理观念。中国古初时代的文明，与其所从出的自然之间保持着一种内在的连续性，学者称之为"连续性"的文明形态①。文明与自然之间的这种内在连续性，表现为一种整体性并具有内在动力性的宇宙观念，它不能允诺一个在宇宙和人的存在之外的创世和造物主观念②。造物与创世的观念，分为神人两界，中国古初文明时代的宗教观念，则以神性内在于人。《诗·大雅·烝民》："天生烝民，有物有则。民之秉彝，好是懿德。"这个天帝神性内在于其中的"民彝物则"，就是普泛运行于从个体以至整个社会生活的一套礼乐系统。冠昏、丧祭、乡射、朝聘，皆关涉人的宗教生活，古时凡行礼，亦皆必具祭仪。而丧祭礼仪所对应的，乃是以天帝至上神统摄众神的一个多神的神灵系统。故古代社会的礼仪，与人的宗教生活有着密切的关系。礼或礼乐，是中国古代社会的生活样式，具有直接关涉人的心灵、情感和行为的实践意义。儒家并不否定古代社会所本有的这一套礼乐及其所指向的神灵世界和信仰系统，其形上学的体系实由对古代社会的信仰系统及其礼乐传统的反思与义理的建构而成，其据商周神性内在观念所建构的以人性本善为前提的形上学系统，奠立了此礼乐和信仰系统之道德自律的基础，儒家乃由此密切关联并落实其教化的理念于社会生活。这种"神道设教"的方式，构成了儒家引领中国社会精神生活以实现其终极关怀的一个重要途径。

儒家以人的存在实现为进路而达致超越，因此，儒学首先表现为一种成德之教；而通过对礼乐的义理和仪文重构以密切关联于社会生活，则成为儒家引领社会人生以接引神圣世界的教化方式。孔子的思想系统，就集中体现了这一精神。孔子既言"仁者人也"，"人而不仁如礼何，人而不仁如乐何"，又言"克己复礼为仁"。是孔子既以礼规定仁，

---

① 参见张光直《连续与破裂：一个文明起源新说的草稿》、《从商周青铜器谈文明与国家的起源》两文，收入所著《中国青铜时代》，生活·读书·新知三联书店1999年版。
② 参见杜维明《杜维明文集》第三卷，武汉出版社2002年版，第222页以下。

又以仁说明礼的意义。孔子的思想，就是这样一个仁、礼平衡的系统。仁与礼的相互规定，正表达了孔子对人及人文世界的独特理解。儒家于诸礼中又特别重视丧祭礼仪。曾子所谓"慎终追远，民德归厚"，就表现了这一点。这是因为，丧祭礼仪乃集中体现了儒家由亲情、法祖而敬天这一返本复始，追思生命本原，以建立其终极关怀的独特方式。因此，从仁、礼互涵的整体性上，才能较全面地了解儒家哲学的精神实质。

现代以来的儒家哲学研究，多注重在其心性义理的层面，有关儒家礼学的研究，亦多偏重在古制之学术和知识性的考释，已失去了其与社会生活的关联性及其教化意义。华军博士近著《性情与礼教——先秦儒学立人思想研究》一书，取《易·说卦传》"立人之道曰仁与义"之义，从性情与礼教两端互成的角度，围绕"立人之道"这一中心问题，对先秦儒家的思想系统做出了通贯性的考察和新的诠释。书分上下两编。上编论性命，围绕人性、心性、性情、身心、性命等问题对儒家的思想进行了系统的解析，揭示了儒家思想之性情一体、身心一体的生存意蕴和教化意义。下编论教化，围绕儒学的情感内涵、情理层次、中道理念、情礼关系等论题，从情理互证的角度，对儒家礼乐教化的路径，作了深入的讨论。本书以生存论或存在实现论为视角，强调"通情"与"达理"、性情与礼教的相生互成，这一诠释思路，对全面地了解儒家哲学的精神，有重要的启发意义，亦有很好的发展空间。

华军博士2002年考入北京师范大学哲学院，随我攻读中国哲学专业的博士学位，博士论文主要研究"孟子的性命思想"。博士毕业后，又到吉林大学王天成教授门下做博士后研究，在康德哲学方面下过一番工夫。本书就是华军博士近十几年来结合中西哲学进行学术探讨的一项研究成果，也为自己未来的儒学研究开辟了一个很有发展前景的学术方向。我期待华军博士在这个方向上做出更大的成绩。

本书即将由中国社会科学出版社出版，华军博士希望我写一篇书序，于是谈了上面这些感想，就作为本书的序言吧。

李景林

2016年夏于北京宏福苑寓所

目　　录

上编　性命与人生
——孟子性命思想研究

下编　情感与教化

绪　论

一　生存的反思
——生存论视域下的中国传统思想研究

生存论是当代哲学研究的一个重要取向。它的提出，一方面在于检讨以往哲学研究因过度理性化而导致的对生存的抽象化认识；另一方面则在于把握和实现生存之切己性与整全性。如何切实推动这一方向研究，是当代哲学发展中一个非常值得思考的问题。在此探索背景下，中国传统思想所本有的独特生存义开始引起当代一些学者的关注。这种关注的实质是想借助对中国传统思想之生存义的发明来推动当代哲学生存论研究，其意义可谓有二：一是凸显中国传统思想之生存义的文化特质，发掘其内含的文化解蔽的时代价值；二是为当代哲学生存论研究提供一个个性化的诠释案例。有鉴于此，一些学者纷纷展开自己的撰述。综合以往这些研究成果来看，我们大体可以获得以下四个方面认识：

其一，努力呈现了中国传统思想所蕴含的生存论立场。譬如蒙培元先生从存在问题入手，讨论儒学在人的存在、价值及其人生体验问题上的基本主张。他认为，儒家是将人视为一种特殊的生命存在，并且在心灵超越中实现一种境界①。周瑾则以为"关注人之在世体验和生存态度，正是中国古学精神的恒长主流"②。刘毅青认为中国古代哲学是从一种生命的智慧原则来把握、理解人在世界中的位置，生存论构成了他们世界的景观。在此基础上，他又进一步提出中国古代生存论的核心是

---

① 蒙培元：《情感与理性·自序》，中国社会科学出版社 2002 年版，第 2 页。
② 周瑾：《阐本以释末　推己而及人》，《中国哲学史》2002 年第 1 期。

气，它在生存论的向度上规定着中国人的身心观是融合统一型的，而不是二元对立型的①。此外，柳士彬认为，对于人的生存而言，能力与技巧固然是需要关注的一件事情，但更为重要的却是对于生命本身的一种理解，并认为道家哲学的核心概念"德"即是对于生命本身的理解，其基本内涵就是指人得之于道的生命活力及由此而形成的生命内在特质②。敦鹏则认为，就生命而言，传统文化中的天道赋予整个世界生生不息的本性，既要生长又要壮大，使得宇宙万物保持着强大的生命活力。并指出自然与人生一体化的精神追寻原本就是中华文化的内在特质。如果我们能够站在生存论的视角来阐释它的内在意蕴，则可能会得出深层的精神指向③。

其二，积极阐释了中国传统思想中生存意识的建构、层次及其内涵。如郭齐勇先生在概括中国古代哲人生存智慧的时候，即以为它包含有空间和时间两个向度。就空间向度而言，则至少有五个层次：人与天（终极的他者），人与地及自然物（自然的他者），人与物（驯养栽培之物以及衣食住行等器物），人与人（社会文化的他者），人与精神境界及内在自我的关系。郭先生以为，第一个层次体现的是中国哲学的内在超越性，即价值之源既在天，也在天赋予人的那个本我之性。由此出发，借助"为仁由己""尽心知性知天""存心养性事天"的内倾路径，理想境界与现实人生、事实世界与价值世界乃得以统一起来。第二、三层次体现的是天、地、人、物、我的一体共在观，即中国哲人以统观、会通的方式来观察宇宙人生，肯定其作为一个有机整体而存在。第四个层次体现的是在"成己""成人"前提下群己和谐与自我实现的共生关系。第五个层次体现的是经由德教与礼乐之教的涵泳之后而实现的品格、品位。与空间向度相交织的则是时间向度，郭先生以为，中国哲人很重视人生存在历史的时间之中，因而很重视历史文化传统，并讲求自强不息、不舍昼夜的生活信念和生活态度。这一方面的思想往往凝练为一个主题，即"生"，所谓"天地之大德曰生""生生之谓易"，

① 刘毅青：《中国哲学的生存论特质》，《淮阴师范学院学报》2011 年第 6 期。

② 柳士彬：《道家德性的生存论意蕴》，《当代教育论坛》2006 年第 8 期。

③ 敦鹏：《郭象儒道会通的生存论阐释》，《烟台大学学报》（哲学社会科学版）2012 年第 1 期。

在此，"生"既为生存，也是创新①。另如王国良先生系统分析了中国生存论哲学传统的建构，认为孔孟与《易传》开辟了生存论哲学的方向，以朱熹为代表的理学把孔孟仁学与《易传》"生生之德"结合起来，建立了以生命为本体的宇宙论。而清代的戴震则创造性地继承理学的合理价值，以"气化生生"的本体论重建天人合一之学，解构了程朱理学矛盾的体系结构，为人的生存与发展奠定了哲学人性论的基础，完成了中国生存论哲学传统的建构，开辟了中国哲学发展的新方向②。

其三，力图将实践论、生存论的立场贯穿于中国传统文化思想的阐释活动之中，以求获得一种"对人之在世的交互理解和对终极存在的自觉领悟"，以区别于学科性质的音义训诂之学、文献校理之学③。在此前提下，学者们开始进行了相应的方法、思想路向、基本概念的选择与提炼。如李清良就以"本末思辨"之说为其方法论，强调"原始要终与执本驭末相结合"④。对此，周瑾以为"原始要终是穷源究委式的直观，执本驭末是虚线统摄式的思辨。具体到中国阐释学来说，原始要终更具现为所谓'双重还原法'：本质还原法——'还事物之本来面目'；存在还原法——'还领会之原初状态'。将问题还原到基本预设，将思想还原为切身体验，通过源初的思想情境和真切的庸常感受，使得宏远圣言和古奥信理在生存论的意义上与阐释者发生活生生的亲在联系"⑤。此外，李清良还以重建和阐扬作为自己的思想路向，以"境域说"作为自己的基本概念，这些观点在他的《中国阐释学》一书中皆获得了系统的体现。

其四，以生存论为背景，在中西比较中，对中国传统文化中的一些代表学派、代表人物以及相关思想、核心观念进行了具体的剖析。如黄玉顺先生指出，今日的儒学研究开始透露一种消息，即对于儒学的重建或者现代转换来说，生存论解释学是一种新的极富前景的致思方向。他又进一步指出，儒家生存论与海德格尔的生存论乃是大相径庭的。儒家的首要的甚至唯一的关切是人的存在本身，即人的生存。儒学并不关心

---

①　郭齐勇：《中国古代哲人的生存论智慧》，《中国社会科学文摘》2004年第1期。

②　王国良：《中国生存论哲学传统的建构》，《社会科学战线》2004年第4期。

③　周瑾：《阐本以释末　推己而及人》，《中国哲学史》2002年第1期。

④　李清良：《中国阐释学》，湖南师范大学出版社2001年版，第19页。

⑤　周瑾：《阐本以释末　推己而及人》，《中国哲学史》2002年第1期。

所谓一般的存在的意义，而只关心生存的意义。儒家不把对人生意义的关切仅仅理解为追问一般存在意义的一种途径而已，因为那样以来，人自己的生存反被工具化了。在儒家那里，良知论乃是由生存论而必然导出的。生存论是真正能够为良知论奠基的①。又如丁秋玲以怀特海的机体生存论来讨论中国传统的孝文化，认为"孝爱意识的主体绝非被摆弄、被审视的外在客体，而是一桩具有时间跨度的生命历程，并非一个既成的主体产生了孝爱意识，而是以一种孝爱意识为表征的生成过程如何促成了一个主体的自我实现"，她主张，从机体哲学内在时间意识入手，可以将孝爱意识归结为人的一种命运体验，"所出自的命运"与"所奔向的命运"共同建构起当下的命运。如此一来，所谓"父慈子孝"便只是命运体验的一种显性的心理现象，通过文化建构，它成为中国人的一种独特的"宗教"②。再如邓晓芒先生认为，中国古代辩证法由于缺乏个体生存论的动力而不具有古希腊辩证法那种彻底性。比较之下，中国古代辩证法粗而不精、泛而不深，它从一开始就达到了相当的高度，但积两千余年尚未能摆脱其朴素性。因此总的看来，虽然中国古代有辩证思维因素的思想家比西方多得多，而更少形而上学的机械性、片面性和极端性，但每个思想家的辩证思维中又随时埋藏着形而上学的种子，总是导致人放弃和抹杀自己的个体生存，而听任于自然和社会早已给自己规定好了的命运。将这种形态的辩证法深化和彻底化，是当代中国人的使命③。另如胡军先生认为，生存论哲学是把人或者自我看成存在于世界之中，身心统一的真实个体。他指出，过度的身体化，导致自我与自身、与他人、与世界处于割裂状态，最终走向精神崩溃；而过度的身体化，则使人沉迷于物欲、追求感官的享乐，导致理想丧失，精神脆弱。两种倾向皆不可取。由此他批判了中西文化中身心分裂、各自过度化发展的倾向④。此外，成守勇在生存论的视域中，对传统文化中的"天人合一"观念进行了审视。他认为当"天人合一"成为熟知的"真理"时，其内在精蕴反而有被遮蔽的危险，即在全球生存环境逐渐恶化、民族间冲突与纷争不断的境况下，人们对"天人合

---

① 黄玉顺：《儒学的生存论视域》，《中华文化论坛》2004 年第 2 期。
② 丁秋玲：《中国传统孝文化的生存论解析》，《社科纵横》2014 年第 12 期。
③ 邓晓芒：《论中、西辩证法的生存论差异》，《江海学刊》1994 年第 3 期。
④ 胡军：《从生存论哲学看人的在世方式》，《学科前沿》2004 年第 2 期。

一"似乎抱有更多的希望，以致把"天人合一"看成是一种既有的模式来解决当下生存世界中的各种困境。他认为，从生存论视域来看，"天人合一"无疑揭示了人与自身生存世界之间双向互动的良性关系。而实现这种良性互动的关键是人通过自身实践活动，在把"天人合一"看成是人生存的基本价值信仰而非单纯把"天"视为功利性索求对象后，才可能实现人类生存的和谐性①。

以上四个方面的研究皆可视为当代学者对中国传统思想之生存义的探索与发明，可谓成果斐然。不过，随着研究的深入，我们可以发现，一些已有的认识似还需作进一步的辨正，而一些新问题则又亟待回应，例如：中国传统思想的生存义与现代哲学的生存论取向是否同型？二者进行关联的前提是什么？二者的本质差异又是什么？再进而言之，关于中国传统思想生存义的理解方式是怎样的？中国传统思想生存义之生存内涵如何诠释？中国传统思想生存义的当代个性化发明具有怎样的思想理论意义和时代价值？以上问题的提出与回应皆旨在将此项研究推向深入。

下面我们就尝试以传统儒学思想为例，从理解方式、内涵诠释、意义显明与价值认定等三个方面，对中国传统思想独特的生存义进行诠释，以具体体现以上之研究目的与意义。

二 生存问题的再诠释
——以传统儒学为例的几点说明

（一）虚实相映的理解方式

学界关于生存论的讨论，近年来大体有虚（消极）与实（积极）两种理解方式。

所谓虚（消极）的理解方式是指基于生存论路向是对传统知识论路向之超越的认识而以之为"前概念的，前逻辑的和前反思的"②。这种关于生存论的"前于"性认识即可谓虚（消极）的理解方式。它并

---

① 成守勇：《生存论视域中的天人合一》，《兰州学刊》2007 年第 5 期。
② 参见吴晓明《当代哲学的生存论路向》，《哲学研究》2001 年第 12 期。

不拒绝思想，只是强调思想要回归存在自身。在表达这种回归之意的时候，它体现了对知识论路向的超越。在传统儒学中，这种超越主要体现为文化解蔽。《论语·阳货》载："子曰：'予欲无言。'子贡曰：'子如不言，则小子何述焉？'子曰：'天何言哉？四时行焉，百物生焉，天何言哉？'"孔子的"无言"之教即为一种文化解蔽，它内含三重义理：首先是显存在之实。对此，杨树达在《论语疏证》中分引两条以证之。一为《礼记·哀公问》，其载："公曰：'敢问君子何贵乎天道也？'孔子对曰：'贵其不已。如日月东西相从而不已也，是天道也；不闭其久，是天道也；无为而物成，是天道也；已成而明，是天道也。'"一为《荀子·天论》，其云："万物各得其和以生，各得其养以成，不见其事而见其功，夫是之谓神。皆知其所以成，莫知其无形，夫是之谓天。"① 此皆言天道自然恒在、不假造作，万物因之而自得其成，此可谓是存在意义上的明本显真。其次是解人文造作之蔽。皇侃《论语义疏》引王弼语云："子欲无言，盖欲明本，举本统末，而示物于极者也。夫立言垂教，将以通性，而弊至于湮。寄旨传辞，将以正邪，而势至于繁。既求道中，不可胜御。是以修本废言，则天而行化；以淳而观，则天地之心见于不言；寒暑代序，则不言之令行乎四时：天岂谆谆者哉？"② 这里主要讲人文造作之盛对天道生物之实的遮蔽，故倡导"修本废言，则天而行化，以淳而观"。宋儒陆子静有言："今之论学者只务添人底，自家只是减他底。"③ 其添、减之意亦属此类义理之发明。再次是明知止之道。儒学论人，力主文质合一。质者，素朴自然；文者，人文化成。文质合一的内涵是称情立文，以文尽情，以致情文俱尽。其外在表现是合于礼，其人格成就乃有德君子。故而儒学在根底处不仅不反对人文创制，更以之为成人的必要。但是儒学同样意识到人文创制在发展中具有自身独立化倾向，故以为这种人文创制需要"知止"。《乾·文言》云："修辞立其诚，所以居业也"，此明言人文修辞之要在于立诚。所谓立诚者，即在于得乎自然情质之本真。在此前提下，儒学反对一切无实、不实之文。所谓无实之文乃指脱离自然情质的

---

① 杨树达：《论语疏证》，上海古籍出版社1986年版，第464页。
② 程树德：《论语集释》，中华书局1990年版，第1227页。
③ 陆象山：《象山语录》上海古籍出版社2000年版，第25页。

人文创制，《礼记·曾子问》云："君子礼以饰情"，无情之礼即为无实之文；所谓不实之文乃指扭曲自然情质的人文创制，如《孟子·公孙丑上》云："诐辞知其所蔽，淫辞知其所陷，邪辞知其所离，遁辞知其所穷。生于其心，害于其政；发于其政，害于其事。"综合以上两方面认识，可见儒学的文化解蔽并非是彻底地"废言"，而是要去无实、不实的人文创制，实现文质、名实的统一。故而《易·系辞上》一面讲"书不尽言，言不尽意。然则圣人之意，其不可见乎"，一面又言"圣人立象以尽意，设卦以尽情伪"，也正是在这个意义上，陆子静论孔子不言之教，以为"如曰'予欲无言'，即是言了"①。以上即是孔子"无言"之教的三重义理，它深刻展示了传统儒学文化解蔽的内涵，直指存在自然而整全的实现，其以"无言"之教发明生存之义的方式亦可谓之虚的理解方式。

　　所谓实（积极）的理解方式是指以人生存的切己性和整全性理解为基础和起点，来建构其形上学的理论意涵，并以此统摄其表现形式。在此基础上的生存论亦可谓之生存立场的形上学②。其意义在于表明：生存论的提出虽然是对超验的、抽象的、实体性的理念世界的超越，但并非如一些学者所言是为了拒斥形而上学③。因为它本然即具有形上学意义的应然的生活价值指向。在传统儒学中，这可以视为对人情的自得与自洽。李泽厚先生曾认为中国传统儒家文化乃"乐感文化"，其着重点是情感，而非理智，即孔子之儒家"实际是以'情'作为人性和人生的基础、实体和本源"，再进而言之，李先生以为"'情本体'才是儒学的要点所在"④。儒学是否是情本体，这一点可以另作讨论，但"情"的确是儒学领会人生与实现人生的关键。宋儒欧阳修在《定风雅颂解》中曾言："《诗》出于民之情性，情性岂能无哉？"⑤对儒学而言，人的存在首先便是一种切己的情感存在。所谓"切己"者，乃指"情"之真实呈显。如孔、孟言人，便极重真情之显。孔子言，"巧言、令色、足恭，左丘明耻之，丘亦耻之。匿怨而友其人，左丘明耻之，丘

①　陆象山：《象山语录》，上海古籍出版社 2000 年版，第 21 页。

②　参见邹诗鹏《昭现人学的生存论基础》，《哲学动态》2000 年第 6 期。

③　参见刘小新《当代哲学生存论探析》，《哲学研究》2006 年第 3 期。

④　参见李泽厚《论语今读》，生活·读书·新知三联书店 2004 年版，第 18 页、79 页。

⑤　转引自（清）方玉润《诗经原始》，中华书局 1986 年版，第 46 页。

亦耻之"（《论语·公冶长》），孟子则言："乃若其情，乃可以为善矣。"（《孟子·告子上》）此外，郭店简《性自命出》言："信，情之方也。"又说："凡人情为可悦也"、"苟以其情，虽过不恶。不以其情，虽难不贵。苟有其情，虽未之为，斯人信之矣。"《礼记·乐记》云："君子反情以和其志……情深而文明……情见而义立。"以上皆是就人的切己之情以言人之实存。换言之，在儒学的视域下，人的存在感首先是建基于切己的人情流行上；在儒学中，人的存在亦是一种整全的情感存在。所谓"整全"者，是指在人之实存性与超越性相统一的前提下，"情"之流行显现的时空统一性。司马迁论其著史之要，归之曰："欲以究天人之际，通古今之变，成一家之言。"（《汉书·司马迁传》）"天人之际"表明空间性，"古今之变"体现时间性，"一家之言"则是在前二者统一基础上的独立文化诠释。此虽为传统史家著史之道，却也是儒学理解人生的范式。所谓"整全的情感存在"，亦是在人之实存性与超越性相统一的前提下据此而言。具体说来，"情"之空间性流行显现乃是指情的现世感应，即"情"于自我、家庭、社会及自然宇宙中自洽充盈。具体而言，于自我有喜、怒、哀、乐之情，于家庭有亲亲、慈爱之情，于社会有诚敬、尊尊之情，于自然宇宙有恻隐、怜惜之情。总归其要，其共显为好恶之情，达之以次第生生之意。孟子曾言："君子之于物也，爱之而弗仁；于民也，仁之而弗亲。亲亲而仁民，仁民而爱物。"（《孟子·尽心上》）亲亲、仁民、爱物即是"情"之空间性差序流行显现；至于"情"之时间性流行显现乃指"情"的随时而应，即"情"于历史流变、人生转换中的相应呈现。孟子曾云："文王一怒而安天下之民……武王亦一怒而安天下之民……今王亦一怒而安天下之民"（《孟子·梁惠王下》），又云："人少，则慕父母；知好色，则慕少艾；有妻子，则慕妻子；仕则慕君，不得于君则热中。大孝终身慕父母。五十而慕者，予于大舜见之矣。"（《孟子·万章上》）以上孟子之言皆体现了人情随时而应的时间性。此外《礼记·檀弓上》有言："君子有终身之忧，而无一朝之患。故忌日不乐"、"邻有丧，舂不相；里有殡，不巷歌"，这同样体现了人情流行的时间性。在此基础上，《礼记·中庸》乃进一步有了"君子而时中"的讲法。在人之实存性与超越性相统一的前提下，情之空间性与时间性的统一构成了一个"整全的情感存在"。儒学对人生的揭示正是建基于以上对人情之切己性与整全性的理解。由此出发，人的生存便是一个不离人情流行的切己的、整全的生活存在，而非一抽象、静态、个体的理论存在。儒学的这一认识无疑是具有生存意蕴的，其内含的生活价值指向同时也是生存立场的形上学。相对于前文的"无言之教"，其对生存义的梳理方式则可谓之实的理解方式。

综上所述，学界对生存论虚实相映的两种理解方式皆在传统儒学中得到了独特的体现。无言之教作为"虚"的解读，其意是在文质合一的前提下来反思文化异化发展，并借助文化解蔽来揭示存在本身；对人情的自得与自洽作为"实"的领会，其要是在人之实存性与超越性相统一的前提下，在人存的切己性与整全性相统一的理解基础上来彰显其生活价值指向，表达一种生存立场的形上学。二者之统合恰从正反两个方向相辅相成地形成了对人之生存义的一体两面的深入把握。

（二）情礼互证的生存内涵

当代哲学研究的生存论转向，其目标在于"获得一种深入理解当代人类生存方式、生存境遇、生存矛盾及其生存意义的理论模式，揭示当代人类生存实践活动的历史合理性，进而形成健全积极的生存观念及信念"[①]。所谓生存内涵即是在此认识基础上达成的有关生存自身的一种系统文化理解，它构成了生存论的主体。在传统儒学中，这一文化理解可谓集中体现在对情感的自觉、反思与系统的文化建制和教化上。我们亦可将其概括为，在情感基础上的情、礼互证的生存实践。

对于"情"字，儒家经典文献赋予了它两个基本的含义，即"情实"与"情感"。前者指真实的存在，如"上好信，则民莫敢不用情"（《论语·子路》）、"夫物之不齐，物之情也"（《孟子·滕文公上》），依照冯友兰先生的阐释，孔子所谓"文质彬彬"中的"质"指素材，亦可以引申为真情实感[②]，它所表征的正是上文提及的存在的切己性，是儒学理解人生、践行人生的前提；后者指喜、怒、哀、乐、好、恶等存在的情态，如"何谓人情？喜怒哀惧爱恶欲，七者弗学而能……故圣人所以治人七情"（《礼记·礼运》），它是儒学觉解人生、确立人生的基础。传统儒学论人情往往兼统以上二义而言之，如"乃若其情，

① 邹诗鹏：《价值哲学的生存论建构问题》，《天津社会科学》2002年第2期。
② 冯友兰：《中国哲学史新编》（上），人民出版社2004年版，第149页。

则可以为善矣，乃所谓善也"（《孟子·告子上》）、"是故君子反情以和其志，比类以成其行……是故情深而文明，气盛而化神"（《礼记·乐记》）等等。在传统儒学的视域中，人的存在即具体体现为具有以上二义的情感存在。这一思想认识使传统儒学在理解、处理人之生存问题的理论思考过程中始终保有这一切实的存在之源。但问题还不只如此，因为儒学不离世间人情，仅是它观照人之生存、实现人生的前提与基础。其更重要的内容则在于揭示人之情理，由此彰显生存本质，并建立其人文化成之形式，借此指向和践行人之理想的生存样态。

那么何谓"情理"呢？简单地说，所谓"情理"就是指情之条理。它的凸显，从认识发生上讲，乃源自儒学对人情的自觉与反思。儒学所讲的人情，从其形态上说，大体可以有四情、五情、六情、七情等多种说法，然总归其要不外乎好、恶二端。对此好、恶之情，儒学有着深刻的自觉与反思：

首先，儒学深言人之好恶有理。例如孔子云："众恶之，必察焉；众好之，必察焉"（《论语·卫灵公》），又言："为仁者能好人，能恶人。"（《论语·里仁》）可见，儒学以为，好恶作为人基本的情态有其内在之条理，即所谓"必察焉""能好""能恶"者。那么怎样才算是"能好""能恶"呢？对此，在《论语》中，孔子有着诸多表述，如他言道："富而可求也，虽执鞭之士，吾亦为之。如不可求，从吾所好。"（《论语·述而》）如何才算是"可求"呢？孔子直言："富与贵是人之所欲也，不以其道得之，不处也；贫与贱是人之所恶也，不以其道得之，不去也。君子去仁，恶乎成名？君子无终食之间违仁，造次必于是，颠沛必于是。"（《论语·里仁》）由此可见，儒学言好恶之理乃在于合乎仁道。唯此，好恶之情乃可称善，故《论语·子路》有载："子贡问曰：'乡人皆好之，何如？'子曰：'未可也。''乡人皆恶之，何如？'子曰：'未可也。不如乡人之善者好之，其不善者恶之。'"

其次，儒学对此好恶之理存在内与外两个相辅相成的诠释角度。

从内在的诠释角度讲，儒学先对人之好恶的内容做了一定的梳理，如孟子言："口之于味也，有同耆焉；耳之于声也，有同听焉；目之于色也，有同美焉。至于心，独无所同然乎？心之所同然者何也？谓理也，义也。圣人先得我心之所同然耳。故理义之悦我心，犹刍豢之悦我口。"（《孟子·告子上》）这里，孟子对人之好恶的内容实际上做了两个方面的介绍，即耳目之欲与本心道德之情。前者作为自然事实，没有异议；后者作为先天自然存在则多为世人诟病。为此，孟子做了进一步的解释，所谓："盖上世尝有不葬其亲者。其亲死，则举而委之于壑。他日过之，狐狸食之，蝇蚋姑嘬之。其颡有泚，睨而不视。夫泚也，非为人泚，中心达于面目。盖归反虆梩而掩之。掩之诚是也，则孝子仁人之掩其亲，亦必有道矣。"（《孟子·滕文公上》）在此，孟子借助讨论丧葬礼发生之源，点出了"孝子仁人之掩其亲"的先天自然的道德情感，并进一步指出："乃若其情，则可以为善矣，乃所谓善也。若夫为不善，非才之罪也。恻隐之心，人皆有之；羞恶之心，人皆有之；恭敬之心，人皆有之；是非之心，人皆有之。恻隐之心，仁也；羞恶之心，义也；恭敬之心，礼也；是非之心，智也。仁义礼智，非由外铄我也，我固有之也，弗思耳矣。故曰：'求则得之，舍则失之。'或相倍蓰而无算者，不能尽其才者也。《诗》曰：'天生烝民，有物有则。民之秉夷，好是懿德。'孔子曰：'为此诗者，其知道乎！故有物必有则，民之秉夷也，故好是懿德。'"（《孟子·告子上》）明清之际，大儒王夫之在"人欲自然"的基础上，提出"理欲皆自然"的说法①，这可谓是对上述孟子之言的一种回应。不仅如此，儒学以为，好恶之情的两方面内容有其内在条理。如孔子以为富贵之欲当以其道得之，其所谓"道"实即仁道，仁道之本在于爱人，爱之原则在于忠恕，正所谓"己欲立而立人，己欲达而达人"（《论语·述而》）、"己所不欲，勿施于人"（《论语·颜渊》）。由此，孔子将好恶之情的两方面内容整合为一体，并确立了道德情感的主体性。孟子对此的言说可谓尤其精到省人，其著名的一段话是："鱼，我所欲也；熊掌，亦我所欲也，二者不可得兼，舍鱼而取熊掌者也。生，亦我所欲也；义，亦我所欲也，二者不可得兼，舍生而取义者也。生亦我所欲，所欲有甚于生者，故不为苟得也；死亦我所恶，所恶有甚于死者，故患有所不辟也。如使人之所欲莫甚于生，则凡可以得生者，何不用也？使人之所恶莫甚于死者，则凡可以辟患者，何不为也？由是则生而有不用也，由是则可以辟患而有不为也。是故所欲有甚于生者，所恶有甚于死者，非独贤者有是心也，人皆有之，贤者能勿丧耳。一箪食，一豆羹，得之则生，弗得则死。呼尔而与

---

① 王夫之：《船山全书》第 12 册，岳麓书社 1992 年版，第 128 页。

之，行道之人弗受；蹴尔而与之，乞人不屑也。万钟则不辨礼义而受之，万钟于我何加焉？为宫室之美、妻妾之奉、所识穷乏者得我与？向为身死而不受，今为宫室之美为之；向为身死而不受，今为妻妾之奉为之；向为身死而不受，今为所识穷乏者得我而为之，是亦不可以已乎？此之谓失其本心。"(《孟子·告子上》) 在这里，孟子不仅点出了道德情感于人的主体性，更指出其凸显出来的原动力在于本心之发，所谓"原泉混混，不舍昼夜。盈科而后进，放乎四海，有本者如是"(《孟子·离娄下》)。同样基于此，故"行有不慊于心，则馁矣"(《孟子·公孙丑上》)，孟子以此为人之天赋良知、良能。值得注意的是，孟子所言的"良知"、"良能"绝非是脱离耳目之欲的道德情感的独立，其乃是即形色而著明自身，故又谓"形色，天性也；惟圣人，然后可以践形"(《孟子·尽心上》)。孟子在仁道基础上言王道之治，亦著于日用平常，正所谓："五亩之宅，树之以桑，五十者可以衣帛矣；鸡豚狗彘之畜，无失其时，七十者可以食肉矣；百亩之田，勿夺其时，数口之家可以无饥矣；谨庠序之教，申之以孝悌之养，颁白者不负戴于道路矣。七十者衣帛食肉，黎民不饥不寒，然而不王者，未之有也。"(《孟子·梁惠王上》) 可见，儒学所言的好恶之理实为以道德情感为主体的好恶之情两方面内容的直贯一体，故《孔子家语·好生》云："君子以心导耳目，立义以为勇；小人以耳目导心，不愻以为勇。"儒家以此为人之本质实现，故孔子有言："君子去仁，恶乎成名？君子无终食之间违仁，造次必于是，颠沛必于是"(《论语·里仁》)，又言："为政在人，取人以身；修身以道，修道以仁。仁者人也，亲亲为大。"(《礼记·中庸》) 孟子则云："无恻隐之心，非人也；无羞恶之心，非人也；无辞让之心，非人也；无是非之心，非人也。恻隐之心，仁之端也；羞恶之心，义之端也；辞让之心，礼之端也；是非之心，智之端也。人之有是四端也，犹其有四体也。有是四端而自谓不能者，自贼者也；谓其君不能者，贼其君者也。凡有四端于我者，知皆扩而充之矣，若火之始然，泉之始达。苟能充之，足以保四海；苟不充之，不足以事父母。"(《孟子·公孙丑上》) 总之，从内在的诠释角度言，针对好恶之理，儒学揭示了人之道德情感的先天（自然）义、主宰义和本质实现义。

以上儒学关于人情好恶之理的自觉、反思直接引导出它的哲学本体论思想，即儒学的性命论。儒学的性命论拥有两层含义：一为以性命为体，以人情为用。郭店简《性自命出》云："性自命出，命自天降。道始于情，情生于性。"在这里，"道始于情"可谓是生存论意义上的表述，"情生于性，性自命出"则是本体论的建构，而"命自天降"则属于宇宙发生论的认识。《语丛二》则讲："欲生于性"、"情生于性"、"爱生于性"、"喜生于性"等等，这些讲法都凸显出一种以性命为体，以人情为用的含义。二是以德为本，即在性体情用的理解基础上，强调以德为本的本质实现义。孟子有言曰："口之于味也，目之于色也，耳之于声也，鼻之于臭也，四肢之于安佚也，性也，有命焉，君子不谓性也。仁之于父子也，义之于君臣也，礼之于宾主也，智之于贤者也，圣人之于天道也，命也，有性焉，君子不谓命也。"（《孟子·尽心下》）在这段话里，孟子首先以耳目之欲和道德之情归于性命本体，而后又基于二者实现的依据不同（求则得之，舍则失之与求之有道，得之有命），将后者视为人之本性所在。在性体情用的基础上，德性于人情上的表征即是人之自我本性发于形色的证成实践。故孟子一面说"乃若其情，则可以为善矣"（《孟子·告子上》），一面讲"可欲之谓善"（《孟子·尽心下》），它们可谓分别对应以上性命本体的两层含义。儒学的这一性命本体的理解乃深植于其情感世界的生存领会，二者一脉贯通，不容间断。这一点在后来的宋明与明清的"理欲之辨"中体现得尤为深切。如程朱的"存天理，灭人欲"这一命题乃是以"理本论"为前提的，以此为合理性和现实规范依据，这在逻辑上属于观念预设，它必然存在与现实人生相脱节的可能。故后来的明末大儒王夫之提出"天理寓于人欲"的观点，以为"圣人有欲，其欲即天之理。天无欲，其理即人之欲。学者有理有欲，理尽则合人之欲，欲推即合天之理。于此可见：人欲之各得，即天理之大同；天理之大同，无人欲之或异。"①但是明清之际，随着"尊情""重情"之风的盛行，事情又走向了另一个极端，即人的情欲被提高到了一个极端的位置，乃至具有了"本体"色彩，顺之发展而来的则是"重财尚利"、声色犬马，以及自私的价值观，故又有了"情识而肆"的说法。在此情况下，自然本心不明，良知不显，道德沦丧。为此王夫之又提出天理与人情同源而异用，所谓

---

① 王夫之：《船山全书》第六册，岳麓书社1991年版，第639页。

"明人之有情，率原于天道之自然，故王者必通其理以治情，而情无不得。"① 而万斯同也讲要"准情度理"。由此可见，儒学的性命本体与情感世界的生存领会必须一贯而后方得生生之大易。

关于好恶之理，从外在的诠释角度讲，儒学先指出人好恶之情的发动与外物之感密切相关。如郭店简《性自命出》曾云："喜怒哀悲之气，性也。及其见于外，则物取之也。"这里就提到了情性之动与外物之感之间的密切关联。《礼记·乐记》对此有更明确的说明，其云："人心之动，物使之然也。感于物而动，故形于声。"又云："人生而静，天之性也；感于物而动，性之欲也。物至知知，然后好恶形焉"、"是故其哀心感者，其声噍以杀。其乐心感者，其声啴以缓。其喜心感者，其声发以散。其怒心感者，其声粗以厉。其敬心感者，其声直以廉。其爱心感者，其声和以柔。六者，非性也，感于物而后动。是故先王慎所以感之者。"以上皆言心感外物以至种种人情发动。宋儒对此解说划分尤其谨严，如卫湜《礼记集说》引延陵方悫之言曰："凡人之情得所欲则乐，丧所欲则哀；顺其心则喜，逆其心则怒；于所畏则敬，于所悦则爱。……静者，天之性；动者，人之情。无所感，则静；有所感，则动。六者感于物而后动，故曰非性也。"② 我们从这里可以看出，儒学讲性情乃是以性为体为静，言人存在之本；以人情之好恶为动，言人性体发用；以外物之感言人情之发作对象。在此，性情乃是关联一体的，故荀子云："性之好、恶、喜、怒、哀、乐谓之情"、"性者，天之就也。情者，性之质也。"（《荀子·正名》）延平周谞亦云："哀乐喜怒敬爱，皆天性也。感而形于声，亦天性然也。"③ 从本体论上讲，情可谓是人之生存表现，而性则是人之生存本体。概言之，儒学讲情欲既有前文论及的性命本体义，所谓"生机之自然而不容已者"④；又言情欲发动乃有外物之感的触动、吸引，正所谓"感于物也""感于物而后动""应感起物而动"等等。

随后，儒学进一步指出，人感物而动情之后即面临一个"好恶无节"的问题。对此，《礼记·乐记》有云："好恶无节于内，知诱于外，

---

① 王夫之：《船山全书》第六册，岳麓书社1991年版，第569页。
② 卫湜：《礼记集说》，《四库全书荟要》（第55册），世界书局1988年版，第223页。
③ 同上。
④ 刘宗周：《刘子全书》卷七，华文书局1968年版，第443页。

不能反躬，天理灭矣。夫物之感人无穷，而人之好恶无节，则是物至而人化物也。人化物也者，灭天理而穷人欲者也。于是有悖逆诈伪之心，有淫泆作乱之事。是故强者胁弱，众者暴寡，知者诈愚，勇者苦怯，疾病不养，老幼孤独不得其所，此大乱之道也。"《礼记·乐记》中的这段话是发人深省的。在此，"好恶无节"的问题实由内、外两方面因素综合促成：一者是"好恶无节于内"。所谓"好恶无节于内"的"内"指人之内心。"节于内"乃是以内心统摄好恶之情，其基本的思想内涵是上文内在的诠释角度下所达成的情理自觉以及由此而生的智识，其现实指向是以道德情感为根本的具体生命践形活动，它同时包含了耳目之欲与德性欲求两方面合理实现的内容，前者体现了贵己重生的主题，后者则体现了自我本质实现的主题。讲"好恶无节于内"即是指"本心不显"、智识不明，仁道不行，以致两者尽失；二者是"知诱于外，不能反躬"。它主要指人为外物所感、所诱，以致好恶成形，不能自已，正所谓："富岁，子弟多赖；凶岁，子弟多暴，非天之降才尔殊也，其所以陷溺其心者然也。"（《孟子·告子上》）需要指出的是，在"物至知知，然后好恶形焉"的前提下，所谓"知诱于外"的"外"，作为满足人情欲求的外在存在，并不仅指那些外在自然物，亦包含人文创制之种种，故有"乐胜则流，礼胜则离"（《礼记·乐记》）的说法。所谓"知诱于外，不能反躬"乃指人心被以上两方面的外在内容所感、所诱而不能自已，其结果便是"物至而人化物也。人化物也者，灭天理而穷人欲者也"。所谓"穷人欲"者，亦可谓文质偏胜之蔽。其现实影响便是"有悖逆诈伪之心，有淫泆作乱之事。是故强者胁弱，众者暴寡，知者诈愚，勇者苦怯，疾病不养，老幼孤独不得其所，此大乱之道也"。对此，《荀子·礼论》亦曾言道："人生而有欲，欲而不得，则不能无求。求而无度量分界，则不能不争；争则乱，乱则穷。"总之，以上内外两方面因素综合作用导致了人之"好恶无节"，并直接引发了人之物化的异质存在方式以及在此基础上所形成的混乱生活样态。

为了化解这一危机，儒学提出要好恶有节，即如明代陈第所言："食色臭味之欲，有生以来，不能解也。故上自圣人，下至匹夫匹妇，微至鸟兽昆虫，皆不能无欲，所贵君子能节之而已。"① 如何做到好恶

---

① 陈第：《一斋集·松轩讲义·寡欲辩》，清道光二十九年刻本。

有节呢？儒学以为要循天理。对此，朱子《中庸章句》起首解"天命之谓性"一节有言曰："天以阴阳五行化生万物，气以成形，而理亦赋焉，犹命令也。于是人物之生，因各得其所赋之理，以为健顺五常之德，所谓性也。"朱子这里关于"天理""性命"的讲法乃是一种彻上彻下的本体论讲法。在此，天理与性命基于"理一分殊"的格局而实现其对存在的本体诠释，其所谓天理者，乃指先天自然之条序，具有存在本体之意。在此认识基础上，所谓好恶有节，即是"人物各循其性之自然，则其日用事物之间，莫不各有当行之路，是则所谓道也"（《中庸章句》），其具体情感表现是"喜怒哀乐之未发谓之中，发而皆中节谓之和"（《礼记·中庸》），它体现了儒学本乎天理，依乎性命，节乎人情，进而以情理统摄智识的生命实现历路。正是在此基础上，儒学以外在诠释的方式再次明确了自己的立人之道。汉代《韩诗外传》卷五有云："孔子抱圣人之心，彷徨乎道德之城，逍遥乎无形之乡。倚天理，观人情，明终始，知得失，故兴仁义，厌势利，以持养之。"南宋朱子则主张："圣人因人物之所当行者而品节之，以为法于天下。"（《中庸章句》）

当然，儒学讲循天理而使好恶有节还有着更深层的考虑，这就是在即体即用的基础上讲"时中"。所谓"人物之生，因各得其所赋之理"（《中庸章句》），则人物之成亦在各诚其理。在此前提下，人心感物而动，必有其情；情以应物，必论其节；其所节者，中理而已矣。《礼记·中庸》言喜怒哀乐"发而皆中节"的终极状态是"致中和，天地位焉，万物育焉"。对儒学而言，借喜怒哀乐中节之情而实现天地位、万物育，乃是一个随时而中的过程，即因具体对象、具体机缘而随时变现处中，此之谓"时中"。具体说来，就对象言，乃是"仁者人也，亲亲为大；义者宜也，尊贤为大"（《礼记·中庸》）以及"君子之于物也，爱之而弗仁；于民也，仁之而弗亲。亲亲而仁民，仁民而爱物"（《孟子·尽心上》）；就时机言，则是"可以速而速，可以久而久，可以处而处，可以仕而仕"（《孟子·万章下》）。儒学如此以"时中"来深入诠释循天理而使好恶有节，即在于表明所谓天理、好恶之节绝非一空置、悬绝的抽象观念，而必表现为一具体的实事求是的实存，正所谓"夫实事在前，吾所谓是者，人不能强辞而非之。吾以为非者，人不能强辞而为是也"①，它是个体存在义与普遍存在义，事实存在义与本质存在义的统一。

儒学关于好恶之理的内外两个诠释角度可谓是相辅相成的。首先，内在的诠释角度特为彰显出人之生存的实在性（情欲之动）以及在此基础上的超越性的本质诉求（基于本心的良知、良能），由此引出了儒学的心性本体论。其次，外在的诠释角度则在揭示满足人之生存欲求的外物作用（物至知知，然后好恶形焉）以及在此基础上人的好恶之节（循天理而节人欲），由此引出了儒学立人之道的智识倾向。前者以人自身为起点和中心来达成自我的实现，可谓之诚与中；后者以天理流行以致天地位、万物育为终极来定位人生的合理存在，可谓之致中和。二者一内一外、由内而外的互动诠释乃系统表达了儒学关于在世生存之道切实而整体的领悟。

以上儒学关于人情的体察以及对情理的系统反思与诠释，目的在于确立人的生存理据。在儒学中，这一生存理据又必以人文化成之礼的实践来显现自身，具体说来，就是以礼为中心的制礼、教礼与行礼的历程。众所周知，礼文化是中华传统文化的重要标志，它涵盖了传统文化生活的方方面面，举凡仪节、制度、伦理、政治、法律、军事、教育、宗教无不包括在内，正所谓："道德仁义，非礼不成，教训正俗，非礼不备。分争辨讼，非礼不决。君臣上下父子兄弟，非礼不定。宦学事师，非礼不亲。班朝治军，莅官行法，非礼威严不行。祷祠祭祀，供给鬼神，非礼不诚不庄。是以君子恭敬撙节退让以明礼。"（《礼记·曲礼》）中华文化之主体精神率由此显。基于人情之理而论礼、制礼、教礼、行礼以成就道德人格可谓是儒学的核心理念，儒学也正是借此指向和践行人之理想的生存样态。

对于情与礼之间的关系，儒学有着深入而系统的认识。首先，儒学否定人的任情无文的生存方式，强调存在情文一体的统一性。子游曾言："有直情而径行者，戎狄之道也。"（《礼记·檀弓下》）"戎狄之道"的特征是"野"而无礼（文），为儒者所不取。故孔子有言："质胜文则野，文胜质则史，文质彬彬，然后君子。"（《论语·雍也》）这

---

① 凌廷堪：《戴东原先生事略状》，《校礼堂文集》卷三十五，《安徽丛书》第四期，艺文书局1925年版。

里即是强调质、文的统一性。之所以如此，是因为在儒学眼中，人道之立并非是一个天生既成事实本能性的因任，而是一个立足于诚明基础上，先天情质于具体时空中条贯展开并逐次创造性完成的文化经历，故《礼记·中庸》云："诚者，天之道也；诚之者，人之道也。"在此，"诚"即是自然情实，而"诚之"则是指由不断继起的人文化成而成就之，它具体包含着情理自觉及其相应的礼乐实践。其次，对于礼文之发端，儒学存在两个互补的解释：一是礼以传情，此为内在诠释法；一为礼以治情，此为外在诠释法。就前者而言，孔子有云："子生三年，然后免于父母之怀。夫三年之丧，天下之通丧也，予也有三年之爱于其父母乎"（《论语·阳货》），这里就将情感与丧礼之行直接关联起来。后来的荀子则说"三年之丧何也？曰：称情而立文"（《荀子·礼论》）。《礼记·问丧》云："孝子之志也，人情之实也。礼义之经也，非从天降也，非从地出也，人情而已矣。"可见在儒学那里，情由礼文而显，礼文因情而立。对此，宋儒郑樵曾言："礼本于人情，情生而礼随之。古者民淳事简，礼制虽未有，然斯民不能无室家之情，则冠婚之礼已萌乎其中；不能无交际之情，则乡射之礼已萌乎其中；不能无追慕之情，则丧祭之礼已萌乎其中。"① 就后者而言，则是因为情欲之动多有过与不及，故须好恶有节，礼亦因此而起。《礼记·礼运》言："夫礼，先王以承天之道，以治人之情。"如何治呢？《礼记·坊记》有言："小人贫斯约，富斯骄；约斯盗，骄斯乱。礼者，因人之情而为之节文，以为民坊者也。"这是讲要以礼为民众行为标准来节制人情，使之合乎一定品节。《淮南子·泰族训》说："民有好色之性，故有大婚之礼；有饮食之性，故有大飨之谊；有喜乐之性，故有钟鼓管弦之音；有悲哀之性，故有衰绖哭踊之节。故先王之制法也，因民之所好而为之节文者也。因其好色而制婚姻之礼，故男女有别；因其喜音而正《雅》、《颂》之声，故风俗不流；因其宁家室、乐妻子，教之以顺，故父子有亲；因其喜朋友而教之以悌，故长幼有序。然后修朝聘以明贵贱，飨饮习射以明长幼，时搜振旅以惯用兵，入学庠序以修人伦也。此皆人之所有于性，而圣人之所匠成也。"对此，清代学者焦循总结道：

---

① 郑樵：《礼经奥旨·礼以情为本》，转引自高明《礼学新探》，台湾学生书局1984年版，第4页。

"故无其性，不可教训；有其性，无其养，不能遵道。"① 儒学关于礼文之发端的内外诠释与其关于情理的诠释路径是相应的，荀子对此有着较为完整的陈述，其云："礼起于何也？曰：人生而有欲，欲而不得，则不能无求。求而无度量分界，则不能不争；争则乱，乱则穷。先王恶其乱也，故制礼义以分之，以养人之欲，给人之求。使欲必不穷乎物，物必不屈于欲。两者相持而长，是礼之所起也"（《荀子·礼论》）。再次，与情理和制礼的两种诠释路径相应，礼教亦包含相关的两方面内容，即礼乐与刑政。前者旨在传达、引导与规范人的情感活动，建立理想的道德人格；后者则是对情感的放纵妄为进行强制，以维护人道尊严。二者一正一反，互补性地达成了对人之合理性的情感生活世界的建构。如《礼记·乐记》云："礼以道其志，乐以和其声，政以一其行，刑以防其奸。礼乐刑政，其极一也；所以同民心而出治道也。"事实上，早期的礼已包含礼乐文教与刑罚、威狱两方面内容，如《礼记·王制》中就讲："司徒修六礼以节民性，明七教以兴民德，齐八政以防淫，一道德以同俗，养耆老以致孝，恤孤独以逮不足，上贤以崇德，简不肖以绌恶。命乡，简不帅教者以告。耆老皆朝于庠，元日，习射上功，习乡上齿，大司徒帅国之俊士与执事焉。不变，命国之右乡，简不帅教者移之左；命国之左乡，简不帅教者移之右，如初礼。不变，移之郊，如初礼。不变，移之遂，如初礼。不变，屏之远方，终身不齿。"在此，礼教德化与政命刑罚一体互补，共为治道。当然，二者的作用在儒家眼里还是有区别的。如孔子言："道之以政，齐之以刑，民免而无耻；道之以德，齐之以礼，有耻且格。"（《论语·为政》）而汉代贾谊则云："夫礼者禁于将然之前，而法者禁于已然之后，是故法之所用易见，而礼之所为生难知也。"由上可见，二者施治，其效用表现迥乎不同。儒学以性情诚明为本，求中和，尚德教，劝善为先，刑罚为末，故虽有"隆礼重法""迭相为用"之说，但其价值考量上仍是德主刑辅、礼乐教化为上的，其宗旨是启发人心，变化气质，塑成人格，移风易俗，进而形成一个长治久安的和谐社会生活，而不是建立一个依赖严刑峻法、人人自危的社会格局。

① 焦循：《性善解五》，《雕菰集》卷九。

在儒学的视域中，人的存在是一个情、礼互证的生存活动，其本质是寻求质文的动态统一。人的现实生存情境、生存矛盾与生存理想皆寄寓其间。关于人情，儒学系统地梳理了它的诸种表现形态、情理内涵，并将其上升到性命本体的高度来审视，但比较而言，儒学更关注情的实显一面，它以时中来规定中和之情即在于揭示人情之显乃是一种在具体的时间和空间条件下个体情感的流行显现，它是个体的展现，是即时发动的，是充满生气与活力的，就如同一条不息的生命之流。而礼文的本质则是著情，它蕴涵着人的自我需求、对天地人物之同情肯认以及由此达成的尊重与信任等情感，亦是关于以上诸种情感之节文。礼文规范往往是由长期积淀而成的，一旦形成则必然在相当长的时间和范围内形成移风易俗的持续影响，不易中断。这时，礼文规范往往呈现出普遍、相对稳定的节文规定和共同的约制力。在儒学的视域中，人的现实生存情境即是一种情、礼互证的体现，即情以礼而显，礼因情而立。同样，人的现实生存矛盾亦展现为情礼互证之矛盾，具体而言就是个人即时而动的情感与普遍而稳定的礼文规范之间的矛盾。一方面，个体即时而动的活泼情感总是力图突破现实普遍而稳定的礼文规范的束缚而求自我的本然实现，故有"嫂溺援之以手"的经权之道，有"舜窃负而逃"的通情之义；另一方面，任何一种礼文规范一旦形成即不可避免地具有异化发展之倾向，这一倾向因礼文的持续稳定存在往往会得到进一步加强，以致礼文形式化为僵死的教条而反噬人情的合理显现，所谓礼教杀人、吃人之说以及礼教乃维护等级特权之说即源于此。当这一趋势再进一步发展下去，则礼文往往又会成为人恣情纵欲的工具。司马光在论及宋代的丧葬时说："今之葬书，乃相山川、岗畎之形势，考岁月日时之支干，以为子孙贵贱、贫富、寿夭、贤愚皆系焉。非此地、非此时不可葬也，举世惑而信之。"① 这段话可谓是点明了宋代葬俗之文弊，即当时流行的丧葬实质是为了死者后代之前程，它直接影响着子孙未来的贵贱、贫富、寿夭、贤愚，可见十分重要，故须谨慎处理。在此，本来体现人失亲之哀的葬礼反成为子孙求福佑、谋私利的道具，这无疑是发人深省的。以上情礼之冲突即是儒学视域中的生存矛盾所在，它的适时而合理的解决亦是人之生存理想建构的

---

① 司马光：《葬论》，《司马文正公传家集》卷六十五。

基础。

（三）意义的显明与价值的认定

儒学以情感基础上的情、礼互证的生存实践为人之生存内涵，可谓意义深远，价值独特。首先，儒学肯定了情感在人之生存世界的基础地位，并以内在的情理实现为人之合理生存的内涵。如此一来，人的价值实现过程便体现为自身情理自觉的逐次的展开。在此过程中，人是自我成全而非依赖外力拯救，是自信而非他信。儒学所言的仁义、诚明、中和之德莫不是由此而言。如果说西方文化是沿袭着古希腊哲学"形式与质料的割裂与对立"的思路展开，尊崇抽象的、普遍的、纯形式的神以及由神所赋予的抽象普遍原则而以现实中的人为个人本位的私利存在的话，那么中国的儒学对于宇宙人生的理解则不具有这种"割裂与对立"。在儒学中，人的情感是存在的现实基础，道作为情理代表着人的情感存在的合理性，二者是贯通为一的，故郭店简《性自命出》云："道始于情"、"始者近情，终者近义"。由此出发，儒学对于那种脱离人情的抽象普遍原则始终是质疑乃至否定与批判的。这一点集中体现在不同历史时期的古人对礼与理的反思批判上。如孔子曾言："人而不仁，如礼何？人而不仁，如乐何？"（《论语·八佾》）这是孔子在当时礼乐失序的社会背景下，对失去道德情感的仪礼形式的批判。同样，孟子以"嫂溺不援，是豺狼也。男女授受不亲，礼也；嫂溺援之以手者，权也"的主张批判了那些不通情理而一味拘泥礼仪形式的做法。明清之际，一些学者则据经世致用的实学主张对程朱理学和陆王心学展开了批判，这其中尤以戴震、凌廷堪为著。戴震有言："理也者，情之不爽失也。未有情不得而理得者也。"① 这里即是将理建基于情之上，批判了宋儒理、欲对立的观念。而他解"克己复礼"，则在破除理学对人欲的负面解读的基础上，指出礼作为"至当不易之则"是情不爽失的现实体现②。戴震之后，凌廷堪又在"实事求是"的宗旨下，提出了"以礼代理"的说法，以为宋儒言理乃是"外乎礼而言者也，空无所依也"③。认为礼之要则在于养情节欲以复人性。可见，在儒学中，人之

---

① 戴震：《孟子字义疏证》卷上，第1—2页。
② 戴震：《孟子字义疏证》卷下，第56页。
③ 凌廷堪：《复礼》下，《校礼堂文集》卷三十五。

价值实现乃是以情感为基础的情理表达，其具体落实形式是自觉行礼。在此情况下，人的存在便是在情理认同的前提下的自我实现、自我完成，它彻底拒斥了异化、非我的生存方式。首先，这对于现时代片面强调制定、应用抽象性的普遍原则而忽视人之本真存在的极端做法无疑是有益的提示。其次，儒学的情理实现并非是个体本位下的私欲横行、外向争夺。它一方面有其内在的情感基础，即孔子所言的合道的好恶之情以及孟子所言的四端之情，尤以"恻隐"为标的；另一方面则是在真情实感的前提下有其重要的实践原则，这就是忠恕、絜矩之道，这一原则主张"己欲立而立人，己欲达而达人"（《论语·雍也》）、"己所不欲，勿施于人"（《论语·颜渊》），强调"所恶于上，毋以使下；所恶于下，毋以事上。所恶于前，毋以先后；所恶于后，毋以从前。所恶于右，毋以交于左；所恶于左，毋以交于右"（《礼记·大学》），其宗旨是推己及人。以上二者皆表明，儒学以情理成人绝非是单纯的成己私欲，而是包含了和合宇宙人生的整体关怀之意，即在"天生烝民，有物有则"的前提下，基于"生生"之意而成己、成人、成物。故任何破坏整体和谐的分裂格局皆是对儒学所言的人的情感世界的伤害。这对于现时代一味强调个体权利、个体自由至上的思想倾向无疑是一种警醒。再次，以上儒学情理实现的实践原则最终须落实在具体个人的情感与情境上来体现，否则就不具有真正的权威和现实说服力。换句话说，任何脱离具体情感体验和存在情境的形式原则在儒学体系中都是值得反思批判的，儒学的情理实现必是一个形式原则于具体的情感体验与情境上的时中体现。由此可见，儒学意义上的情感人生并非没有原则的情感任意，但绝不存在一个抽象绝对的标准原则。因此，在儒学中，具体的同情的理解是一切原则得以诠释并获得认同的内核。这对于当代中国各种制度的合理建设与实行应具有深切的警示作用。最后，儒学的情理实现乃具体体现在礼乐为主、刑政为辅的行礼实践之中。这种礼的教化与规范实践，可以使人们在自信与他信的基础上，既自觉建立道德人格，成就自我，又潜移默化地在不同层面上促成社会的整体和谐。这对于一味在性恶论的基础上强调依靠赏罚来待人和治理社会以致人文疲敝、人人自危的做法来说，无疑更具积极意义。

总之，中国传统儒学以情为本，以情、礼互证为生存实践的生存理解具有独特的中华文化特征。它深刻地影响着国人的思想，并广泛渗透于历史与现实方方面面的生活之中。故系统、深入地了解并阐释这一点，既有学术理论意义，又有现实关怀意义。这也正是本书写作的背景所在。

性命与人生

——孟子性命思想研究

第一章　孟子性命思想研究述评

所谓"性命"，是指天赋之人性与人所禀受之天命；所谓"性命思想"则是对天赋之人性与人所禀受之天命之间关系的系统认识。由于人性天赋、命亦人受之于天，故性命思想又是天人思想在人自身上的一种深刻反映。因此，谈性命思想自是内含天人思想在里面①。傅斯年先生曾言："命自天降，而受之者人；性自天降，而赋之者人，故先秦之性命说即当时之天人论。至于汉儒天人之学，宋儒性命之论，其哲思有异同，其名号不一致，然其问题之对象，即所谓天人之关系者，则并非二事也。"②

古人对天人、性命问题的研究可谓蔚为大观。关于其思想流变，近人傅斯年、唐君毅、徐复观以及牟宗三诸先生都从不同的角度各有论述。概言之，古人大都立足于人自身的生存实践以言天人、性命，而非将天人、性命看作外在的客观对象并做知识意义上的追问。对此，唐君毅先生曾言道："依吾人之意，以观中国先哲之人性论之原始，其基本观点，首非将人或人性，视为一所对之客观事物，……而主要是就人之面对天地万物，并面对其内部所体验之人生理想，而自反省此人性之何所是，以及天地万物之性之何所是。缘是而依中国思想之诸大流，以观人之性，……而当由人之内在的理想之如何实践，与如何实践以知之。"③ 此处所谓由人之内在理想的实践以观人性的思想即可作为理解

---

① 天人思想与性命思想既联系又区别。一方面，性命思想乃是天人思想在人自身的一种深刻表现，如《中庸》云："天命之谓性"，此处性命思想便内含天人思想；另一方面，天人思想又不全然显现为性命思想，如《尚书·汤誓》云："有夏多罪，天命殛之。"此处言天人思想虽然重视天命主宰，但不及性命问题。此外《荀子·天论》云："故明于天人之分，则可谓至人矣。"又云："唯圣人为不求知天。"此处论天人思想虽是重人为，但也并不是从性命思想的角度讲的。

② 傅斯年：《性命古训辨证·上卷释字》，商务印书馆1940年版，第47页。

③ 唐君毅：《中国哲学原论·原性篇》，台湾学生书局1989年版，第21—22页。

古人天人、性命思想的理论参照。除了上述特征以外，古人天人、性命思想在形态上亦有一定范式。庞朴先生在《天人三式》一文中将古代天人思想概括为以下三种形态：一曰天人合一；二曰天人有分；三曰"天人非一非二、亦一亦二或者叫做二而不二、不二而二"。此天人关系之三种形态落实在性命关系上亦可以体现为性命关系的三种形态，即：一曰性命相合；二曰性命相分；三曰"性命非一非二、亦一亦二或者叫做二而不二、不二而二"①。此三种性命样态即是对性命思想形态的一个总体概括。以上认识为我们深入理解古人性命思想提供了良好的借鉴。

一　孟子性命思想概论

（一）思想之发端

　　天人、性命问题是古代思想家思考的一个重要问题。古代思想家何以会如此看重这一问题呢？这是因为在古代思想家那里，天人、性命问题乃关涉着人的存在基础，对此问题的解答最终直接指向立人之道，而所谓天人、性命思想即现实人们建构其生活世界的义理本原。在此基础上，对天人、性命问题进行探求与解答便成为确立人之生存本原、实现合理生活的一种必要。故邵雍有言曰："学不际天人，不足以谓之学。"（《观物外篇》，《皇极经世》卷十二）此外在现实中，此本原之道往往只在人们思想与行为的最深处暗自发挥着影响作用，不易为人们觉察，颇类似《易传》中所说的"百姓日用而不知"。如果人们对此情况不能即时加以自觉反思，则人们在具体认识与行为上就可能会出现背离本原之道的异化现象。故对天人、性命问题的回应亦是一个不间断的切己体察过程。孟子性命思想的确立即立足于以上认识基础上。

　　此外，孟子性命思想的形成还有其外在因素的触动。这主要表现为对当时两种不同思想流向的回应：

　　首先，孟子性命思想的形成乃是对孔子以来由神到人之人文转向的

---

① 参见庞朴《天人三式》，转引自《郭店楚简国际学术研讨会论文集》，湖北人民出版社 2000 年版，第 31 页。

继承与发展。夏、商、周三代时期，天命的主宰作用十分明显。虽然周初出现了尚德的人文精神的"跃动"，但此时的尚德并没有成为人自我的本然要求，而是为了实现祈天邀福的外向性目的，故言"天命靡常……永言配命，自求多福"（《诗经·大雅·文王》）、"惟不敬厥德，乃早坠厥命"（《尚书·召诰》）。由此来看，尚德仍是天命所在，并没有成为人自身的本质内容。这表明当时人们在根本上仍然处于天命主宰之下，并没有真正确立自身的位置。真正实现由神到人之人文转向的乃是春秋时期的孔子。孔子"仁""命"并举：一方面把行仁看作是人道之可能与应当之事，故有所谓"我欲仁，斯仁至矣"（《论语·述而》）、"志士仁人，无求生以害仁，有杀身以成仁"（《论语·卫灵公》）。在此，行仁道既是自由主体之事，亦是守死善道、切己为人的本分；另一方面孔子又以为"道之将行也与，命也。道之将废也与，命也"（《论语·宪问》），以为人生行事虽有其应当，然成败利钝则自有运命主宰。故而孔子有言："不怨天，不尤人。下学而上达。知我者其天乎！"（《论语·宪问》）这表明孔子的天人观已经具有切己有为、行仁道之应当、尽人事以听天命的人文内涵。孔孟之间，这一人文转向获得进一步发展。这一时期的天人、性命思想主要体现为以下两种形式：一种是郭店简《穷达以时》提出的"天人有分"、"察天人之分"，力行人道之当然；另一种是《礼记·中庸》讲的"诚者，天之道也；诚之者，人之道也"，即尽人道以合于天道。前者在于明察命分，行人道之当然；后者在于尽人道实现天赋所有。二者殊途而同归，皆归本于行人道之本分以证得天命所归。孟子性命思想即是对以上立足于人道之应当以言天命之所归的人文思想的继承与发展。

其次，孟子性命思想的形成亦是源于对当时流行思想的批判。孟子生逢乱世，针对当时的诸子纷争，孟子曾有言曰："圣王不作，诸侯放恣，处士横议，杨朱、墨翟之言盈天下。天下之言不归杨，则归墨……杨、墨之道不息，孔子之道不著，是邪说诬民，充塞仁义也……我亦欲正人心，息邪说，距诐行，放淫辞，以承三圣者。岂好辩哉？予不得已也。能言距杨、墨者，圣人之徒也。"（《孟子·滕文公下》）从这段话中，我们可以看出孟子对杨、墨之言的极端不满。不满的原因在于他不赞成杨、墨各走一极的思想观点。杨朱一味固执于私爱，拔一毛利天下而不为；而墨子则力倡兼爱，并以外在的天帝为其保障。孟子以为二者的主张是邪说。孔子讲仁者爱人。在孟子看来，爱人之仁即是人之道德本性，所谓"仁，人心也"（《孟子·告子上》）。此人心即是人之良心本性。孟子讲仁包含个体亲亲之仁和普遍恻隐之仁两方面规定。其所谓仁德的实现体现为一个"爱有差等"、"亲亲而仁民，仁民而爱物"、层层推进、逐次扩展的过程。此一过程由于是本于人性之仁两方面规定自我实现的内在要求，故无须外在强制。依循孟子的立场来看，杨、墨所言的偏颇之处在于：杨朱使人局限于一己之私爱而遮蔽了人本有的普遍恻隐之心，由此人性之仁的内涵无法全面展开；而墨子讲兼爱则又忽视了人内在的具有自然差序的亲亲之仁，从而使人丧失了行仁的内在源动力，结果只能靠外在强制力来推动。如此一来，仁爱之仁便不再显现为人性之内在要求，而沦为一种外在规范。二者所言与孟子的理解相去甚远。故孟子把当时流行的杨朱、墨翟等人的言论看作是邪说惘民。孟子认为欲行仁义，承继圣统，必得"正人心，息邪说，距诐行，放淫辞"。孟子之性命思想在一定意义上即是其自觉承继圣统、拒斥邪说的需要①。

（二）主题与意义

孟子性命思想即是孟子对性命问题的系统认识。关于其内涵，我们可以通过《孟子·尽心上》中的两段话来认识：

> 君子所性，仁义礼智根于心。其生色也睟然，见于面，盎于背，施于四体，四体不言而喻。
>
> 尽其心者，知其性也。知其性，则知天矣。存其心，养其性，所以事天也。夭寿不贰，修身以俟之，所以立命也。

以上两段话是孟子对其性命思想的整体说明，其意可以概括为以下四个主题，即：人性论、心性论、身心论、性命论。

具体来说，孟子人性论的要旨在于以道德性作为人之本性，故其有言曰"君子所性，仁义礼智根于心"；孟子心性论的要旨在于指出人之

---

① 牟宗三先生的弟子袁保新先生1992年发表《孟子三辨之学的历史省察与现代诠释》一文，从历史背景着眼，指出孟子性善论主要是针对当时反儒学的人性论逆流（如杨朱、告子等）企图借人性论的诉求反对儒家的仁义教化，因此才发展出一种卫道性的学说。以上观点参看黄俊杰《中国孟学诠释史论》，社会科学文献出版社2004年版，第13页。

道德本心对人之道德性的显现和存养，故言尽心知性与存心养性；孟子身心论的要旨是强调人之道德性于人之形色气质上的显现，故言"其生色也睟然，见于面，盎于背，施于四体，四体不言而喻"；而孟子性命论的要旨在于指出人之道德性存于心、发乎情、显现于形色气质的切己生命经历乃成人之本分。人即此天职的实践以获得的结果虽有命运的影响，却是正命所在，故曰"妖寿不贰，修身以俟之，所以立命也"。概言之，孟子的性命思想可体现为以上四个主题的一贯。简言之则可表述为这样一句话：自觉实现人之道德本性，以此修身正命乃是人切己之应当。

基于以上对孟子性命思想四个主题的大体认识，我们可以发现，孟子性命思想具有两方面突出的特征：一方面它即存在以言本质，充分显现人性之事实义；另一方面，它又将"是什么"与"应如何"结合起来，充分表明人性事实义与价值实现义的有机统一。比照以上所言古代性命思想的三种形态，孟子"修身以俟之，所以立命"的性命思想自当属于最复杂的第三种。

徐复观先生曾讲过这样一段话："儒家的良心理性，以集义通向生命，成就生命。"① 这段话有两点内容可以引起我们的注意：第一点是徐先生所称的"良心理性"。徐先生以良心为理性，实际肯定了道德本性乃是人理性自觉的内容，这就与生物欲望区分开来，从而揭示出人性的本质含义，并为人道的确立提供了基本的指向；第二点是徐先生指出良心理性"以集义通向生命，成就生命"。所谓"集义"，徐先生释为"积善"，即"不断地实现其所当为之事"②。如此看来，良心理性的活动实即人通过道德本性的不断扩充以实现其生命意义的经历，亦即人道实践。徐先生以上的分析可谓指出了孟子性命思想的意义所在——将生命成就建立在人之道德本性（良心理性）确立与扩充的基础上，由此消解自我私欲的主宰，呈现一个理性自觉的"大我"，写就一个坦荡的"人"字。

关于孟子性命思想的意义，古人与今人皆有中肯的评论。朱子曾言

---

① 徐复观：《中国思想史论集》，上海书店出版社 2004 年版，第 129 页。
② 同上书，第 120 页。

道："孟子说性善，但说得本原处。"① 此所谓"本原"实即人道之根本。近人唐君毅先生说："近忽有会于孟子言心性之善，乃意在教人缘此本有之善，以自兴起其心志，而尚友千古之旨……吾对整个孟子之学之精神，遂宛然见得其中有一'兴起一切人之心志，以自下升高，而向上植立之道'，自以为足以贯通历代孟学之三大变中之义旨。斯道也，简言之，可姑名之为'立人'之道。"② 在唐先生看来，孟子言心性之善，其意在由此兴起立人之道，并以心、性、道一体而呈现生命理路。牟宗三先生也曾讲道："中国儒家正宗为孔孟，故此中国思想大传统的中心落在主体性的重视，亦因此中国学术思想可大约地称为'心性之学'。此'心'代表'道德的主体性'，它堂堂正正地站起来，人才可以堂堂正正地站起来。"③ 牟先生在此也强调了孟子之学重在通过人之道德主体性的确立来达成人生的挺立。以上所论皆可为有识者共鉴。

二　古今研究略论

从古至今，对孟子性命思想的诠释可谓不胜枚举。这里只摘要举其一二，以大体窥探以往孟子性命思想研究的一些特点。

（一）古代研究概要

孟子性命思想以人性论为基础，具体体现为人性论、心性论、身心论、性命论等四个主题的一贯。古人在诠释孟子性命思想时，对这四个主题皆有所涉及，并形成了几个辩论焦点，现分述如下：

其一，古人在诠释孟子人性论的过程中，曾出现了性理与气质各执一端的现象。朱熹与戴震对孟子人性论的诠释便体现了这一点。

朱子论性既讲天命之性，又讲气质之性④。他说："人性皆善，然

---

① 《朱子语类》卷四，中华书局1986年版。
② 唐君毅：《中国哲学原论·导论篇》（香港，新亚研究所1974年版），第82页。转引自黄俊杰《中国孟学诠释史论》，社会科学文献出版社2004年版，第21—22页。
③ 牟宗三：《中国哲学的特质》，上海古籍出版社1997年版，第69页。
④ 除了《孟子集注》以外，朱熹解析《孟子》的著作还有《孟子要略》、《孟子精义》、《孟子或问》、《孟子问辩》以及《朱子语类》卷五一到卷六一。

而有生下来善底，有生下来便恶底，此是气禀不同"①，又说："性者，人所禀于天以生之理也，浑然至善，未尝有恶。"② 这里的"性"可以理解成他的"天命之性"。又如在解释孟子的仁义礼智圣"命也，有性焉"的时候，他引程子之语曰："仁义礼智天道，在人则赋于命者，所禀有厚薄清浊，然而性善可学而尽。"③ 此处讲性禀有厚薄清浊之分，便是指气质之性。以上朱子论性固有其深刻之处，但他毕竟是以己意解经。其思想特征主要有以下两点：（一）孟子论性皆从人之共通性上讲，而不重人个体差异性。朱子论性既发挥天道本体，又言个体气质差异。（二）孟子言性善不离气质，气质并非为恶的根据。而朱子以为天命之性为纯善，气质之性有善有恶。如此以来，性善与气质不复为一体，求善性便不得不改变气质的限制。

　　清代戴震以"血气心知"来阐释孟子的人性论④。他说："欲者，血气之自然，其好是懿德也，心知之自然，此孟子所以言性善。心知之自然，未有不悦理义者，未能尽得理合义耳。由血气之自然，而审察之以知其必然，是之谓理义；自然之与必然，非二事也。"⑤ 戴震所言的血气、心知分别指人之生理欲求和人之价值判断能力。他以为二者皆属于人的自然禀赋，并且二者的关系是同源共生，而非对抗消长⑥。故而他说："心知之自然，此孟子所以言性善。"此心知并不与血气相冲突，亦非对血气的超越。如此一来，血气与心知一本同源，人性便成为人与生俱来的生理自然禀赋⑦。戴震之所以会如此诠释孟子的"人性"，是基于他对宋儒"理欲之辨"的抨击和对情欲与理不相离的理解⑧。不过他的这一诠释与孟子原意有着很大的出入。孟子言性虽然也分耳目欲求等生物性与仁义礼智等道德性，然而他在二者间作了大体与小体的区

---

　　① 《朱子语类》卷四，中华书局 1986 年版，第 69 页。

　　② 朱熹：《四书章句集注》，中华书局 1983 年版，第 251 页。

　　③ 同上书，第 369 页。

　　④ 例如，他曾言道："血气心知，性之实体也。"见戴震《孟子字义疏证》，中华书局 1961 年版，第 21 页。

　　⑤ 戴震：《孟子字义疏证》，中华书局 1961 年版，第 18 页。

　　⑥ 参见黄俊杰《中国孟学诠释史论》，社会科学文献出版社 2004 年版，第 297 页。

　　⑦ 同上书，第 295—303 页。

　　⑧ 钱穆先生以为《孟子字义疏证》："其大要在抨击宋儒之言理，谓其理、欲之辨，乃以意见祸天下。"参见钱穆《国学概论》，商务印书馆 1997 年版，第 280 页。

分：大体者，心思理义；小体者，耳目之欲。孟子强调"先立乎其大者，则其小者弗能夺也。此为大人而已矣"（《孟子·告子上》）。可见心知与血气在孟子处并非是"同源共生、非对抗消长"的关系。二者间存在着制约与被制约的基本原则。由此看，戴震对孟子人性论的诠释与孟子原意尚有差异。

比较以上朱熹与戴震二人对孟子人性论的诠释，我们可以发现，朱子有脱离气质以言性善的倾向，而戴震则以血气心知一本自然的思想消解了孟子道德主体性的超越含义。二人的诠释各走一端。

其二，古人在诠释孟子心性论的过程中，曾出现了"析心、理为二"与"心即理"两个诠释方向。朱熹与王阳明、黄宗羲的诠释便说明了这一点。

朱子在诠释孟子心性论的时候"析心、理为二"，这在他对孟子"知言"的理解上已有体现。如他曾讲："知言者，尽心知性，于凡天下之言，无不有以究极其理，而识其是非得失之所以然也。"[1] 在此，朱子以知言为对象来探究是非得失之理，从而把孟子心性论中"知言"的道德主体活动解释为对象性的知识活动，由此心、理自然为二。朱子如此诠释孟子心性论与他以上既讲性理纯善，又讲气质分殊的人性论思想是一脉相承的。对于朱子的这一诠释，王阳明和黄宗羲从"心即理"的诠释角度出发提出异议。阳明先生曾言道："心之本体原自不动。心之本体即是性，性即是理。性元不动，理元不动。集义是复其心之本体。"[2] 黄俊杰先生以为阳明先生所言的"心"即是指人的道德自觉能力，所谓"理"即是指德性意义，并以为阳明先生以"'复其心之本体'诠释孟子的集义，很能掌握孟子学以一本为特色的心性哲学的精神"[3]。此外，黄宗羲也曾沿着"心即理"的思路来批判朱子"析心、理为二"的做法，他说："'集义'者，应事接物，无非心体之流行……心之集于事者，是乃集于义矣。"[4] 黄宗羲以"心体之流行"诠释孟子的"集义"，这与朱子"析心、理为二"、由穷理知言以集义的

① 朱熹：《四书章句集注》，中华书局1983年版，第231页。
② 王阳明：《传习录·上》，上海古籍出版社2000年版，第192页。
③ 黄俊杰：《中国孟学诠释史论》，社会科学文献出版社2004年版，第204页。
④ 黄宗羲：《孟子师说》卷2，收入《黄宗羲全集》第1册，浙江古籍出版社1985年版，第62页。

思路显然不同①。

其三，与以上思想相对应，古人在诠释孟子身心论的过程中，亦曾出现了穷理认知与德性扩充两个诠释方向。这可由朱熹与黄宗羲、王夫之的分歧得到说明。

朱子曾以穷理认知来解读孟子的身心思想。譬如他以为"集义，犹言积善，盖欲事事皆合于义也"②。在《朱子语类》中，他又把"集义"解释为"事事都要合道理，才有些子不合道理，心下便不足。才事事合道理，便仰不愧，俯不怍"③。由此看来，朱子对孟子身心论的理解较偏于穷理一面。对此，王夫之曾提出激烈的批评，其有言曰："若人将集义事且置下不料理，且一味求为知言之学，有不流而为小人儒者哉？知言是孟子极顶处，唯灼然见义于内而精义入神，方得知言。苟不集义，如何见得义在内？"④ 王夫之此言实即以集义为人之道德本性的实践扩充。由此出发，孟子的身心论在王夫之处便体现为道德本心于人形色气质上即时流行。此外，黄宗羲也曾对此言道："人身虽一气之流行，流行之中，必有主宰。主宰不在流行之外，即流行之有条理者。自其变者而观之谓之流行，自其不变者而观之谓之主宰。"⑤ 在此，黄宗羲强调的也是以内在的道德本心作为修身养气之根本。综上所述，我们可以看出，朱子与王夫之、黄宗羲对孟子身心论的诠释一本于对外在穷理认知的身体力行，一本于道德本心于形色气质上的扩充，二者体现为两条迥异的诠释路向。

其四，尽管以上三个主题存在诸种诠释差异，但古人在诠释孟子性命论时则有一较为普遍的认识。这就是认为人性虽为天赋，然有命分差异，各自不同。对此，赵岐、朱熹、戴震、焦循等人都有相似的阐述。如赵岐一贯以"命禄"有限来看待人性的扩充⑥，朱子则以品节限制、气禀厚薄清浊来澄释人性⑦。赵岐、朱子的诠释很有代表性，后来的戴

---

① 参见黄俊杰《中国孟学诠释史论》，社会科学文献出版社 2004 年版，第 207 页。
② 朱熹：《四书章句集注》，中华书局 1983 年版，第 232 页。
③ 《朱子语类》第四册卷 52，中华书局 1986 年版。
④ 王夫之：《读四书大全说》卷 8，《船山全书》，岳麓书社 1991 年版，第 919 页。
⑤ 黄宗羲：《孟子师说》，收入《黄宗羲全集》第 1 册，浙江古籍出版社 1985 年版，第 61 页。
⑥ 参见焦循《孟子正义》，中华书局 1987 年版，第 990—991 页。
⑦ 参见朱熹《四书章句集注》，中华书局 1983 年版，第 369—370 页。

震、焦循皆从之。不过对照孟子文本，这一诠释路径还存在一定问题。孟子言人性当有两方面含义：一曰自然生物性，二曰人之道德性。孟子以为人之自然生物性的扩充为求在外、求无益于得，有命分限制；而人之道德性的扩充乃是求在内、求则得之，是求有益于得。故孟子以人之道德性为人之本性，其意在强调其人人本有、切己自为的共通性，而不以命分限制言其差异。由此来看，以上古人的诠释有削弱孟子道德本性之共通性之嫌。

在前文中，我们曾经指出孟子性命思想有两个基本特征：一为"即存在以言本质"，二为"'是什么'与'应如何'相统一"。以上古人对孟子性命思想四个主题的诠释亦贯穿着这两个基本特征。不过在这两个基本特征下，与原典相比较，古人对孟子性命思想的诠释还有其特殊的一面，这主要表现为古人在诠释孟子性命思想时，除了充分肯定人性本善并强调自觉实践此本有之善以外，还更加关注另外一个问题——"恶是如何形成的？"孟子以本心陷溺、不能尽其才以言"恶"的形成，这充分表明了孟子一本于心性的思想特征。然而参考以上古人的诠释路向，我们可以发现古人的理解并不局限于此。古人在天赋性善之理的理解基础上，还进一步指出人性天赋气禀的差异以及各自运命对善性扩充的局限。由此，孟子性命思想与古人对孟子性命思想的诠释便呈现出一种本然一贯与现实差异的理解分歧。

（二）近现代研究概要

近现代学人在新的时代背景与知识背景下对孟子性命思想又有了进一步的认识[1]。

首先，近现代学人结合新的时代背景与新的知识背景对孟子所言人性的本原进行了深入的探讨，我们可以徐复观、杨泽波、李明辉三位先生为例说明。徐复观先生对孟子性善论的形成做了历史性的考察，他指出："从人格神的天命，到法则性的天命；由法则性的天命向人身上凝集而为人之性；由人之性而落实于人之心，由人心之善，以言性善；这是中国古代文化经过长期曲折、发展，所得出的总结论。"[2] 李明辉先

---

[1] 黄俊杰先生著有《中国孟学诠释史论》一书，其第一章第二节对近现代学人关于孟子性命思想的研究作了一个全面的综述。可参见黄俊杰《中国孟学诠释史论》，社会科学文献出版社2004年版，第8—34页。

[2] 徐复观：《中国人性论史·先秦篇》，台湾商务印书馆1969年版，第164页。

生阐释孟子性善论的专著是 1994 年出版的《康德伦理学与孟子道德思考之重建》一书。李先生在此书中以康德哲学中的"理性的事实"概念来诠释孟子的道德思考。关于"理性的事实",康德在《实践理性批判》中指出:"我们可以把有关这种原理的意识称作理性的一个事实,……我们还必须注意:它不是任何经验的事实,而是纯粹理性的唯一事实;纯粹理性凭借这个事实宣布自己是原始地立法的(这是我的意志和命令,让我的意志为行为作保)。"① 李明辉先生认为,康德之所以将这种基本的道德法则称之为"理性事实",是因为它是"既与的",可直接呈现于我们的意识之中,"这种未经反省的意识即是英国哲学家波蓝尼(Michael Polanyi)所谓的'隐默之知'"②。由此,李明辉先生进一步指出:"普遍的道德法则之基础在于作为隐默之知的道德洞识中,故道德思考底目的仅在于抉发和确定隐默的道德法则,将它提升到哲学反省的层面上。通过这种哲学反省之提炼,我们可以稳住我们的道德洞识,使它不致因外来的影响而变质。这也正是道德教育底真正目标。"③ 此"隐默之知"需要自我修证、学习方能自觉肯定自己。但是这种修证学习的工夫并不足以否定自身具足的"见成良知"④。由此观点出发,李明辉先生批驳了孙星衍、焦循、陈大齐及傅佩荣等人所持的"孟子主张人性向善"说。李先生对孟子人性论的事实义与价值义的这一诠释是很有启发意义。如此以康德思想会通孟子的性善论,则人之道德性便成为理性觉知的唯一事实内容。杨泽波先生对孟子人性论诠释的贡献在于提出"伦理心境"一词。关于"伦理心境",杨泽波先生曾在不同的著述中予以阐释,其大体含义是指"社会生活和理性思维在内心结晶而成的心理的状况和境界"⑤,伦理心境是对这种情况的简称。对于李

---

① 康德:《纯粹理性批判》,韩水法译,商务印书馆 1995 年版,第 32 页。转引自杨泽波《论"理性事实"与"隐默之知"》,《中国哲学史》2004 年第 1 期。

② 李明辉:《康德伦理学与孟子道德思考之重建》,台北"中研院"中国文哲研究所1994 年版,第 13 页。转引自杨泽波《论"理性事实"与"隐默之知"》,《中国哲学史》2004年第 1 期。

③ 李明辉:《康德伦理学与孟子道德思考之重建》,台北"中研院"中国文哲研究所1994 年版,第 20 页。转引自杨泽波《论"理性事实"与"隐默之知"》,《中国哲学史》2004年第 1 期。

④ 参见黄俊杰《中国孟学诠释史论》,社会科学文献出版社 2004 年版,第 18 页。

⑤ 杨泽波:《孟子性善论研究》,中国社会科学出版社 1995 年版,第 76 页。

明辉先生以"理性的事实"来诠释孟子的道德性的做法，杨泽波先生从自己的立场表达了不同的意见，他说："随着现象学、精神分析学、认识发生论的进展，我们很容易看出，良心良知是由其他原因决定的……仅仅因为康德以'理性事实'作为其道德思考的起点，就否认其他所有关于寻找新的道德思考起点的努力，根据恐怕是不充分的。"① 也就是说，杨泽波先生认为，就现时代而言，如果以理性事实、隐默之知等作为道德思考的绝对起点的话，这个绝对起点并不绝对。他同时指出，即便伦理心境在内涵上可同于理性事实，但是并不能成为道德思考的绝对起点，也不能成为理解孟子人性义理的终极指向。依照杨先生的理解，孟子人性论的建立、道德思考更深刻的起点显然应该建立在对社会生活和理性思维发展变化及其对人性影响的深刻探寻基础之上。杨泽波先生对李明辉先生的批评亦是由此理解而发。杨先生的见解深刻体现了现时代广博的知识背景，但他对孟子人性论所做的诠释又隐然具有一种存在发生论的事实倾向，这也在一定程度上削弱了孟子人性论的实在本体特征。

其次，近现代学人对孟子心性论也有了一定深入的研究。我们以唐君毅、牟宗三、徐复观三位先生的诠释思想为例。关于孟子心学，唐君毅先生在《中国哲学原论》中多有阐发。黄俊杰先生将其概括为以下三点，即：①孟学即心学；②孟学精神在于兴起心志以立人；③孟学的关键在于使人自觉为人。由此可见唐先生对孟子心性论重心志自觉兴起的含义作了深刻的揭示。牟宗三先生对孟子心性论亦多心得，黄俊杰先生也将其概括为三点，即：①孟子的人性论乃是仁义内在的道德进路；②孟子学即是心性之学，此"心"即是"道德主体性"；③"孟子思想中的'心'具有自我立法性，是一种既主观又客观的'心即理'之心。"牟先生对孟子心性论的诠释亦在于确立心志主宰的地位。至于徐复观先生对孟子心性论的创见则在于指出孟子思想中的"心善"乃是其性善论的根据。徐先生的意见是以心善证成性善②。以上三位先生对孟子心性论的阐发其共同之处在于指出了孟子即心善言性善之事实、即心善以证成性善之事实的心性一体的思想内涵。

---

① 杨泽波：《论"理性事实"与"隐默之知"》，《中国哲学史》2004 年第 1 期。
② 参见黄俊杰《中国孟学诠释史论》，社会科学文献出版社 2004 年版，第 378—394 页。

再次，近现代学人对孟子身心论的研究也有了相当的进展。对此我们主要以杨儒宾先生的理解为例。近年来杨儒宾先生从身体哲学立场探讨了先秦思想史上的身体观，著述颇为丰硕。杨儒宾先生认为战国儒家最重要的身体思想见于孟子学派，它以"道德、身心、气与道的关系"为其主题。他还指出这个思想流派的肇始者之一当是公孙尼子，孟子发扬光大之，《管子》四篇和帛书《五行篇》叙后，且各有其建树。杨儒宾先生认为这其中孟子最为重要，而孟子学说中又以"践形"理论最为根本①。为此，杨先生对孟子的"践形"理论进行了新的解释。他认为孟子虽然讲大体与小体的区别，也主张大体对小体的制约作用，但经历持志、养气的历程之后，大体可以彻底转化为小体，此时小体的存在性格经过转化后乃成为大体外显的一种表征，"有德君子可以睟面盎背，仁义充乎四体，因此，旁人从其表面的躯体即可体会其人内在的精神向度。当人充分转化其躯体后，由于全身已为浩然之气流注，而浩然之气是人意识底层与世界同流的一种模态，因此随人之践形，可以感受到与万物合而为一的境界"②。黄俊杰先生称赞杨儒宾先生以上的论点极具创新价值，并具有相当的发展潜力。

以上近现代学人对孟子性命思想三个主题的诠释同样贯穿着"即存在以言本质"、"'是什么'与'应如何'相统一"这两个基本特征。较之古人的诠释，近现代学人的诠释还具有自己的一些特点，并主要体现在以下两个方面：①近现代学人已经不满足于古人对人性天赋的解释，开始对孟子所谓人性的本原进行更为深刻的探寻。这种探寻大体体现为前文所述的三个思想向度，即徐复观先生所持的思想史发展的向度、李明辉先生所持的"以西摄中"的哲学思辨向度以及杨泽波先生所持的存在发生向度。可以说，积极探索人性本原乃是近现代学人诠释孟子性命思想的一个重要特征。②与古人对孟子性命思想之"性、理"与"心、理"的积极诠释相比较，近现代学人更强调通过道德心志的

---

① 参见杨儒宾《导论》，收入杨儒宾《中国古代思想中的气论及身体观》，巨流图书公司1993年版，第24—25页。

② 参见杨儒宾《论孟子的践形观——以持志养气为中心展开的工夫论面相》，《清华学报》新20卷第1期（1990年6月），收入杨儒宾《儒家身体观》（台北"中研院"中国文哲研究所1996年版），第三章，第129—172页。转引自黄俊杰《中国孟学诠释史论》，社会科学文献出版社2004年版，第28页。

崛起以实现"践形",即强调人之道德性在身体上的具体显现。身体实践性可谓近现代学人诠释孟子性命思想的另一个突出特征。

通过对孟子性命思想基本内容和以往研究成果的梳理,我们可以认识到这样一个问题,即:尽管孟子性命思想与以往孟子性命思想研究共同具有"即存在以言本质"、"'是什么'与'应如何'相统一"这两个基本特征,然而由于人们对孟子言人性本善具有不同的理解,因而对孟子性命思想的诠释也不尽相同。人们对孟子言人性善有不同理解的原因在于:孟子言人性善与人现存的不完善状态之间,存在着很大的差异,人们对此差异有着不同的理解,于是形成了对孟子言人性善的不同诠释。在以往人们对此差异的不同理解中,有两种比较具有代表性:(一)将人性善理解为天命之性理;将人现存的不完善状态,归结为人气质禀赋的厚薄清浊不同。朱子所谓的天命之性与气质之性,可谓此观点的代表。然而朱子以气质禀赋为人现存不完善状态的根源,则纯善的天命性理与具体的气质禀赋之间便有了隔阂,由此人性之善更多地表现出抽象的性理含义,而其事实义则难以得到证实。(二)将人性善归为一种通过理性自觉所获得的内容。如此一来,人性善与人现存不完善状态之间的差异,便取决于人是否建立理性自觉。李明辉先生援引康德的"理性事实"对孟子人性论所做的诠释,便是这一观点的代表。不过虽然康德承认人对道德法则有直接的意识(在《实践理性批判》中,他将这种对道德法则的意识称为一种"理性事实"[①]),但同时他又认为,人的情感只具有个体局限性,不具有共同普遍性,故而对其持否定态度。因此尽管康德指出人对道德法则的意识是一种理性事实,但由于他对人的情感的排斥,导致他无法使这种理性事实通过人的自觉实践显现为现实实存,而只能使它表现为一个空的形式。

以上对性善与现存的不完善状态之间差异的两种理解,既有不同之处,也有相通之处。二者的不同在于,针对性善与现存之不完善状态的差异,前者以气质禀赋不同来加以诠释,后者则以理性自觉与否来加以注解;一重天赋气禀,一重人为自觉。二者的相通之处集中表现在承认纯善性理的存在。但他们对性善与现存之不完善状态差异的解读,又都

---

① 转引自李明辉《当代儒学的自我转化》,中国社会科学出版社 2001 年版,第 38—39 页。

具有在纯善的性理与人具体实存的情感、气质间形成隔阂的倾向，故纯善性理难以被证成为事实。这两种理解都很难体现出孟子所言性善的事实义，亦难以揭示出孟子性命思想中"'是什么'与'应如何'相统一"的深刻含义。我们发现，在孟子性命思想研究中，如何证成孟子所言性善是一个事实，而不使其流于一个架空而无法落实的道德形式或一种先天的纯善性理，是一个亟须解决的问题。针对上述问题，笔者拟结合对康德"理性事实"这一概念的理解与转化，在前人思想基础上作些阐发，以期探讨孟子所言性善的事实义，并在"'是什么'与'应如何'相统一"的思想前提下尝试对孟子性命的思想加以诠释。

首先，让我们来看康德的"理性事实"有什么含义。康德在《实践理性批判》中曾有过这样一段陈述："我们可以将这项基本法则的意识称为理性的一项事实；因为我们无法由理性之先行的所与物——例如自由的意识（因为这并非先被给予我们的）……将它推衍出来，而是它作为不以直觉（无论是纯粹的，还是经验的）为依据的先天综合命题，自行强加于我们——尽管当我们预设意志的自由时，这个命题将是分析性的。可是要得到这种自由的积极概念，就需要有一种智的直觉，而我们在此决不可假定有这种直觉。但要无误解地将这项法则视为既与的，我们可得注意：它并非经验的事实，而是纯粹理性的唯一事实，理性借此事实宣告自己是原初的立法者（此乃我所欲，此乃我所命）。"①这里的"基本法则"即是指道德法则。康德这段话中有三点内容需要我们注意：①康德以为人对道德法则的意识是"理性的一项事实"，且是"纯粹理性的唯一事实"。②由于理性在康德那里具有普遍的、超越的、"原初的立法者"的含义，所以由理性呈显出来的道德意识也具有了主体性含义。③康德之所以将理性对道德法则的意识称之为"理性事实"，乃因为道德法则是先天"既与的"内容，可由理性自觉直接呈现于我们的意识之中，而非"经验的"——"这种未经反省的意识即是英国哲学家波蓝尼（Michael Polanyi）所谓的'隐默之知'。"②

---

① 转引自李明辉《当代儒学的自我转化》，中国社会科学出版社 2001 年版，第 38—39 页。

② 李明辉：《康德伦理学与孟子道德思考之重建》，台北"中研院"中国文哲研究所 1994 年版，第 13 页。转引自杨泽波《论"理性事实"与"隐默之知"》，《中国哲学史》2004 年第 1 期。

以康德的"理性事实"来诠释孟子的性善论有必要疏通一个环节，即"理性事实"与"道德情感"的统一性问题。那么"理性事实"与"道德情感"是否可以统一呢？对此我们可参考牟宗三先生有关"有限心与无限心"的论述来认识。牟宗三先生在解读康德之"物自身"概念时，曾经指出人同时具有有限心与无限心，并言："有限心与无限心的对照根本即是执与无执的对照。此对照在吾人身上可建立，因此吾人有标准作'超越的区分'，而此超越的区分即在此对照下可充分证成而不摇动。"① 李明辉先生曾将以上内容概括如下："从客体方面看，同一个对象对无限心之无执而言，无时空性而为无限的。对有限心之执而言，有时空性而为有限的。……从主体方面看，人虽为有限存在，但又具有无限心（智的直觉），可通往无限性。"② 在以上思想基础上，牟先生指出，人可以在有限物上说其无限性，③ 并以为无限心乃通于儒家之本心良知。因为儒家之本心良知乃是指具有自由的道德主体，而道德主体的自由正是了解这种无限性的关键。④ 由以上牟宗三先生和李明辉先生对"有限心与无限心"的论述，我们可以得出这样的认识：既然人同时具有有限心与无限心，可呈显有限性与无限性两方面内容，那么由心之好恶所表现出来的情感自然也可以同时表现出有限性与无限性两方面内容。又因为无限心通于道德本心良知，则由无限心发出的情感亦可以体现为道德情感。由此，道德良知、无限心、道德情感三者获得了统一；理性作为普遍的、超越的、"原初的立法者"，当属于人之无限心的范畴。由此，作为理性事实的道德法则亦可以呈显在人的无限心之中，并体现为人的道德情感，以充分表明它的事实义。因此，以"人具有无限心"为思想前提，"理性事实"与"道德情感"相统一是可能的。

结合理性事实自身的含义，"理性事实"与"道德情感"相统一可具有以下四方面内涵：①道德法则乃是一先天既与的存在，而非经验之

---

① 牟宗三：《现象与物自身》，台湾学生书局 1975 年版，第 111—112 页。转引自李明辉《当代儒学的自我转化》，中国社会科学出版社 2001 年版，第 32—33 页。

② 李明辉：《当代儒学的自我转化》，中国社会科学出版社 2001 年版，第 32 页。

③ 牟宗三：《现象与物自身》，台湾学生书局 1975 年版，第 111 页。转引自李明辉《当代儒学的自我转化》，中国社会科学出版社 2001 年版，第 31—32 页。

④ 李明辉：《当代儒学的自我转换》，中国社会科学出版社 2001 年版，第 33 页。

知。②道德法则作为先天既与的内容，在未经反省的情况下，乃是一"隐默之知"，故不可言无。③道德法则惟经理性自觉呈显为道德意识、并表现为道德情感，方才真正具有事实义，故不可言已成；所谓理性自觉即是人之无限心的呈显。④由于理性是普遍、超越的"原初的立法者"，故由理性自觉所呈显的道德意识具有价值主体含义。笔者以为，以上"理性事实"与"道德情感"相统一的四方面内涵对于理解孟子所言性善的事实义、诠释孟子性命一贯的思想特征是很有帮助的，即：孟子所言性善亦可谓之人自身的一种先天既与的存在内容。此性善在孟子那里乃体现为人之道德良知。在它未得人之道德本心呈显时乃为一种隐默之知，故不可言无。当它即道德本心自觉发乎情、显于形色气质之上时，方才实现其事实义，故又不可谓之已成。孟子性命思想的核心便在于：在生命实践中，人即道德本心自觉将此先天既与的存在内容、亦即道德良知呈现为道德意识，并表现为道德情感；此道德良知的实现即是人安身立命之本，即是正命所在。以上思想亦可以视为作者孟子性命思想研究的理论基础。

第二章　孟子人性论研究

一　孟子其人及其时代之人性论

（一）孟子其人

孟子，名轲，字不详①，战国中后期邹国人②。现存最早记述孟子生

---

①　汉代赵岐和三国徐擀都认为孟子的字没传下来，魏人王肃则讲是子车，晋人傅玄讲是子舆。王应麟对此表示怀疑。焦循在《孟子正义》中指出"王肃、傅玄生赵氏后，赵氏所不知，肃何由知之？《孔从》伪书，不足证也。王氏疑其附会是也。"参看焦循《孟子正义》，中华书局1987年版，第4页。

②　孟子具体生卒年不详。《史记》、《汉书》以及流传下来的《孟子》的最早注本（东汉赵岐的《孟子章句》）对此都没有谈。后人说法很多，杨泽波先生在《孟子评传》中列举了至少九种不同说法。董洪利先生在《孟子研究》中则主要列举了以下三种说法：①宋元时期的《孟氏家谱》认为孟子大体生于周定王三十七年，卒于周赧王二十六年，寿八十四岁。②元代程复心《孟子年谱》认为孟子大体生于周烈王四十年，卒于周赧王二十六年（公元前372—公元前289），寿八十四岁。清代陈宝泉作《孟子时事考微》，对此表示赞成。由于这一说法大体符合孟子的活动事迹，因此后人大多采之（杨伯峻先生依据《四库总目提要》指出，元代程复心《孟子年谱》一书，不是他做，而是指谭贞默的《孟子编年略》，见杨伯峻先生的《孟子译注·导言》，第14页）。③明代陈镐《阙里志》，清代周广业《孟子四考》则认为孟子生于周安王十七年，卒于周赧王十二三年。钱穆先生在《先秦诸子系年·诸子生卒年世约数》中指出孟子大体生于公元前390年，卒于公元前305年。近人杨伯峻先生在《孟子译注·导言》中则用原书推断，认为孟子生于周安王十七年（公元前385前后），卒于周赧王十一年（公元前304前后）。比较而言，钱穆先生和杨伯峻先生的观点比较一致。当然这种看法之所以与其他看法相区别，恐怕与三个问题的处理有关系。第一个问题是钱穆先生在《先秦诸子系年》一书中曾作《孟子在齐威王时先已游齐考》和《孟子自梁反齐考》，从而表明孟子一生曾经先后在齐威王、齐宣王两个不同的历史时期来到齐国。第二个问题是钱穆先生在《先秦诸子系年》一书中曾作《齐魏会徐州相王乃魏惠王后元元年非魏襄王元年乃齐威王二十四年非齐宣王九年辨》，依据《竹书纪年》改正《史记·六国年表》，确定孟子游梁在梁惠王后元十五年，而不是惠王三十五年。第三个问题是钱穆先生在《先秦诸子系年》中曾作《鲁平公欲见孟子考》，改正了鲁平公欲见孟子的时间，确定鲁平公元年为公元前322年，从而将《史记》中的相关年份向前推了8年。杨泽波先生在钱穆先生考证的基础上，对孟子生卒年还曾经提出自己

平事迹的文献当属西汉司马迁的《史记·孟子荀卿列传》和东汉赵岐的《孟子题辞》。关于孟子的祖先，赵岐在《孟子题辞》中说："或曰：孟子，鲁公族孟孙之后。"由此推断，东汉时孟子的祖系已不可确知。关于孟子父母的情况，史籍中没有确切的记载，赵岐《孟子题辞》、刘向《列女传》以及韩婴的《韩诗外传》等文献中，多少记有一些传说。赵岐在《孟子题辞》中讲："孟子生有淑质，夙丧其父，幼被慈母三迁之教。"《列女传》和《韩诗外传》则多言"孟母三迁"、"断机"、"杀豚"、"去妻"之事。这些记载反映了孟母对孟子成长的重要影响。有关孟子的师承，历来有所争议①。以今人杨伯峻先生为代表的学者倾向于同意《史记·孟子荀卿列传》的说法，以孟子为"子思之门人"。

　　关于孟子的生平经历，钱穆先生的《先秦诸子系年》、杨泽波先生的《孟子评传》、董洪利先生的《孟子研究》以及刘鄂培先生的《孟子大传》都有相关论述。他们除在一些事件的具体时间上互有出入，其基本思路大体相当。杨伯峻先生对孟子生平的梳理较为详尽，他在《孟子译注·导言》中，结合《孟子》书中的有关细节，记述孟子行历

的见解。实际上这个问题的争论由于材料的不足，一时难以有定论。对这一问题的态度，我很赞同钱穆先生的观点，钱穆先生在《先秦诸子系年·孟子生年考》中指出："知人论世，贵能求其并世之事业，不务详其生卒之年寿。今谓孟子生于烈王四年，或谓生于安王十七年，前后相去不越十五年，此不过孟子一人享寿之高下，与并世大局无关也。荀既详考孟子游仕所至，并世情势，及列国君卿大夫往来交接诸学士，则孟子一人在当时之关系已毕显，可无论其年寿之或为七十或为八十矣。无征不信，必欲穿凿，则徒自陷于劳而且拙之讥，又何为者？"关于孟子的籍贯，赵岐在《孟子题辞》中说："邹本春秋邾子之国，至孟子时改曰邹矣。"参看焦循《孟子正义》，中华书局1987年版，第4页。

　　① 历史上关于孟子的师承主要有三种说法：第一，以为孟子是子思的学生。《列女传》和《孟子题辞》都持此论（参看杨伯峻《孟子译注·导言》，中华书局1960年版，第1页）。班固的《汉书·艺文志》也说："《孟子》十一篇，名轲，邹人，子思弟子，有《列传》。"（《汉书》卷三十，中华书局1962年版，第1728页）此外应劭的《风俗通义·穷通篇》有云："孟子受业于子思，既通，游于诸侯"（汉应劭：《风俗通义·穷通篇》，文渊阁《四库全书》卷862，台湾商务印书馆1986年版，第392页）。司马光的《资治通鉴》也说："初，孟子师子思，尝问牧民之道何先。"（《资治通鉴》卷2，中华书局1956年版，第64页）不过后人如清代周广业、曹子升、梁玉绳等都曾经对此详细考证，指出孟子与子思在时间上衔接不上（参见杨泽波《孟子评传》，南京大学出版社1998年版，第20—26页）。第二，以为孟子受业于子思门人。《史记·孟子荀卿列传》说："孟轲，邹人也，受业子思之门人。"近人杨伯峻先生在《孟子译注·导言》中依据《史记·孔子世家》也得出了相同的结论。第三，以为孟子受业于子上。《孟子外书》说："子思之子曰子上，轲尝学焉。"但是对此说法，杨伯峻先生也提出了反驳。杨先生以为无论从时间上推，还是从《孟子外书》的伪造角度上讲，这一说法都是难以成立的。参见杨伯峻《孟子译注·导言》，中华书局1960年版，第1页。

云：孟子先于邹地受业、讲学。四十岁左右于齐威王之世首次游齐，并与匡章游。齐威王三十年，宋王偃称王，欲行仁政，孟子便由齐到宋，其间两次会见滕文公。由于在宋国不能施展抱负，又由宋经薛地归邹，其间与邹穆公问答。因得罪邹穆公，由邹去鲁，由于臧仓的破坏，不遇鲁侯。滕文公即位后，孟子又由鲁国来到滕国。滕国狭小，难有作为，故又于梁惠王后元十五年至梁国，并与梁惠王问答。第二年，梁惠王去世，襄王即位，孟子离梁游齐。这是孟子第二次游齐，此时齐威王已死，齐宣王即位。由于止君伐燕一事，孟子与齐宣王意见相左，又再次离开齐国，而后归邹。从此与"万章之徒序《诗》、《书》，述仲尼之意，作《孟子》七篇"，不复出游，直至去世①。

对于孟子"道既通"、游事诸侯、不合于世的生平经历，司马迁曾有"迂远而阔于事情"之辞（《史记·孟子荀卿列传》）。司马迁何以有此评论呢？对此我们可以从当时的时代背景和孟子所学的内容这两方面来做一初步的探讨。

孟子所处的时代背景，我们可从以下两条史料中窥及。其一为司马迁《史记·孟子荀卿列传》所记：

当是之时，秦用商君，富国强兵；楚魏用吴起，战胜弱敌；齐威王、宣王用孙子、田忌之徒，而诸侯东面朝齐。天下方务于合从连衡，以攻伐为贤。

其二，为赵岐《孟子题辞》对孟子时代的剖析：

周衰之末，战国纵横，用兵争强，以相侵夺。当世取士，务先权谋，以为上贤，先王大道，凌迟堕废。

综合以上两条史料，我们可知，孟子身处诸侯纷争、战乱不已的时代。在这样的局面下，当权者为了眼前各自的生存利益，大多本着实用、功利的目的来选拔人才、制定政策。于是，各种实用、功利的思想纷然而起。故赵岐有言曰："异端并起，若杨朱、墨翟放荡之言，以干

---

① 杨伯峻：《孟子译注·导言》，中华书局1960年版，第2—3页。

时惑众者非一。"（《孟子题辞》）孟子本人也曾讲过"圣王不作，诸侯放恣。处士横议，杨朱、墨翟之言盈天下，天下之言不归杨，则归墨"这样的话（《孟子·滕文公下》）。在孟子看来，杨朱的思想弊在"为我"，亦即"拔一毛而利天下，不为也"（《孟子·尽心上》）。《淮南子》亦云："全生葆真，不以物累形，杨子之所立也，而孟子非之。"（《淮南子·汜论训》）这显然是从道家的立场着眼，强调杨朱之学注重个人养生，不为外物牵挂。孟子称其为异端，正是因为杨朱之学具有一味关注自身养生、逃避社会责任担当的利己实用倾向。再看墨家，墨子既讲"兼相爱"，又言"交相利"，并以为"兼相爱"必须表现为"交相利"（《墨子·兼爱下》），可见墨子亦是从实用、功利的角度出发来理解仁爱的。杨朱消极避世以保全自身，墨子积极入世以求取功利，二者各走一个极端，都有实用功利色彩。二者思想之流行亦可谓是当时时代注重实用、功利之特征的反映。

　　与以上时代背景和流行思想相比较，孟子之学则体现出截然不同的价值取向。对此，司马迁的陈述是："孟轲乃述唐、虞三代之德。"（《史记·孟子荀卿列传》）赵岐则言道："孟子闵悼尧、舜、汤、文、周、孔之业将遂湮微，正途壅底，仁义荒怠，佞伪驰骋，红紫乱朱。于是则慕仲尼周流忧世，遂以儒道游于诸侯，思济斯民。"（《孟子题辞》）由司马迁、赵岐的叙述可知，二人皆以孟子之学为继承古代圣贤思想的道德之学。孟子自己也曾说道："乃所愿，则学孔子也"（《孟子·公孙丑上》），以自觉继承孔子之道为己任。在《孟子·尽心下》中，孟子亦曰："由尧、舜至于汤，五百有余岁，若禹、皋陶，则见而知之；若汤，则闻而知之。由汤至于文王，五百有余岁，若伊尹、莱朱，则见而知之；若文王，则闻而知之。由文王至于孔子，五百有余岁，若太公望、散宜生，则见而知之；若孔子，则闻而知之。由孔子而来至于今，百有余岁，去圣人之世，若此其未远也；近圣人之居，若此其甚也，然而无有乎尔，则亦无有乎尔。"孟子在此明确提出尧、舜、汤、文王、孔子之间的圣道传承关系，这可谓是儒家道统的先声。杨伯峻先生据此认为这一章放在全书之末是有特殊意义的。以当时和孔子出生地最近的有名望的儒者而言，只有孟子。自然应该由他来继承孔子的圣人之道，只是孟子没有明说①。孔子之学重仁，主张"志士仁人，无求生以害仁，有杀身以成仁"（《论语·卫灵公》），又言"君子喻于义，小人喻于利"（《论语·里仁》），可见孔子以行仁为人道之应当，反对人们崇尚实用、急功近利的做法。孟子继承孔子之仁道思想，直言性善，并以实现此天赋之善为人之切己本分和最终的归宿，故云："王何必曰利？亦有仁义而已矣。"（《孟子·梁惠王上》）孟子这种本于仁义道德的性命思想显然与当时重实用、尚功利的时代背景相背离。加之，孟子本人又"不肯枉尺直寻"，故"时君咸谓之迂阔于事，终莫能纳其说"，结果孟子只好退而"垂宪言以诒后人"（《孟子题辞》）。

（二）孟子时代的人性论

中国古人很早就认识到人性问题。成书于殷周之际的《尚书》和《诗经》中就有很多涉及人性的内容。例如《尚书·召诰》有云："节性，惟日其迈。王敬所作，不可不敬德。"《诗经·卷阿》中也有"俾尔弥尔性"的诗句。《国语》《左传》中也有不少地方提到"性"。但这些文献中所言及的"性"大多是指人的自然属性，是一般意义上的天性②。到了孟子所处的时代，人们对人性已经具有了比较丰富、系统的认识。在《孟子·告子上》中，公都子有一段话谈到当时的一些人性观点：

> 公都子曰："告子曰：'性无善无不善也。'或曰：'性可以为善，可以为不善；……'或曰：'有性善，有性不善；……'今曰'性善'，然则彼皆非与？"

这段材料涉及包括孟子"性善论"在内的四种人性观点。我们先对孟子以外的三种人性观点做一简单梳理，以便与孟子相关思想进行比照。

---

① 杨伯峻：《孟子译注·导言》，中华书局1960年版，第9—10页。
② 傅斯年认为先秦典籍中没有独立的"性"字，其中的"性"字是汉代人由"生"字改写来的。在先秦，"性"与"生"是相互混用的。有时指人天然禀赋的品质，有时指人出生这一事件。参见傅斯年《性命古训辨证》上卷，商务印书馆1940年版，第1—41页。转引自廖其发《先秦两汉人性论与教育思想研究》，重庆出版社1999年版，第2页。

1. 告子的"性无善恶"论

告子对人性的理解体现在《孟子·告子上》孟、告二人的辩难之中。在孟、告之辩的四个回合里，告子表达了自己对人性问题的四点看法，即：

（1）告子曰："性，犹杞柳也；义，犹桮棬也。以人性为仁义，犹以杞柳为桮棬。"

（2）告子曰："性犹湍水也，决诸东方则东流，决诸西方则西流。人性之无分于善不善也，犹水之无分于东西也。"

（3）告子曰："生之谓性。"

（4）告子曰："食色，性也。仁，内也，非外也；义，外也，非内也。"

对告子人性论的第一点看法，赵岐曾注云："告子以人性为才干，义为成器。"① 焦循《正义》疏解赵氏之注云："赵氏以人性为才干。桮棬是器，故赵氏以义为成器。杞柳本非桮棬，其为桮棬也，有人力以之也。以喻人性本非仁义，其为仁义也，有人力以之也。"② 朱子则将此处"性"字解释为"人生所禀之天理也"，并指出："告子言人性本无仁义，必待矫揉而后成，如荀子性恶之说也。"③ 可见，赵注侧重指出告子以人之禀赋才干为性，朱注则重点指出告子所言之性源出于天理。结合赵注与朱注，我们可以看出，告子以为人性是指人之天赋才干。后天的人生发展是人即此天赋才干，施以人为努力的结果。因此不应以人的天赋才干混同于后天的人生发展。在此基础上，告子讲"仁义外在"则具有这样一种含义，即：人性乃是人之天赋才干，乃是一本于自然的先天规定；仁义等道德内容乃是后天人为选择的结果，而非性中应有之义。依照告子的这种理解，人性与后天人生发展之间并不具有必然的联系；告子人性论的第二个观点是讲人性本无善与不善，人生发展在于后天人为的选择，这与其"仁义外在"在思想上是一贯的；告子人性论

---

① 焦循：《孟子正义》，中华书局 1987 年版，第 732—733 页。
② 同上书，第 732 页。
③ 朱熹：《四书章句集注》，中华书局 1983 年版，第 325 页。

的第三个观点"生之谓性"是告子对人性的基本看法。对此焦循引
《荀子·正名篇》所云"生之所以然者，谓之性"来加以疏解，又引
《春秋繁露·深察名号篇》中"其生之自然之资谓之性"和《白虎通·
性情篇》所云"性者，生也"以及《论衡·初禀篇》中"性，生而然
者也"诸说来佐证告子之说。焦循自云："性从生，故生之谓性也。"①
焦循之意在于指出告子"生之谓性"的自然天赋倾向，即所谓"生之
谓性"是指人生来自然禀有的即是性。告子的这一看法乃是从生成起
点上来确认人性的内涵，这与他的前两点认识是一致的。其目的在于把
先天禀赋和后天人为发展区别开来。总的说来，告子论性的前三点看法
旨在说明一个问题，即：生之谓性，仁义外在。

　　告子在第四点看法中明确把食色看作是人性本有的内容，并提出
"仁内义外"的主张。告子此处提到的"仁内义外"与告子论性的前三
点认识有所不同。王博先生曾指出："就较早的情形来看，内外的问
题，在一定意义上可以转化为子贡所说的'性与天道'问题。但如同
内和外的区别所显示的，这里的人性与天道之间有着明显的界限。属于
人性的就不可能是属于天道的，反之亦然。这种区分，提醒我们正视早
期儒家在同一个'天'的概念之下所包含的不同意义。因为如《性自
命出》中'性自命出，命自天降'所表示的，人性也是从天而降的。
显然，作为人性基础的天与以义为内容的天道是不同的。后者无疑是善
的，道德性的，而前者则更像是自然性的。但是，一方面，同一个
'天'字仍然为它们的可能联结创造了条件。另一方面，'天'之中的
内在紧张也为后来的思想家们提出要解决的问题。这正是稍后孟子提出
'尽心、知性、知天'的思路，欲以贯通天道和人性的前提。"② 王博先
生以上的论述，对我们理解告子"仁内义外"思想起到了提示作用。
也就是说，告子"仁内义外"的主张"显然是由于看到了仁与义的区
别，爱与敬的不同，所以力图对其发生的基础进行说明"③。王博先生
还认为："按照《庄子·天下篇》'以仁为恩，以义为理'的说法，仁
实际上是偏重在情的方面，义则侧重在理的方面。"④ 比照以上王博先

---

① 焦循：《孟子正义》，中华书局 1987 年版，第 736 页。
② 王博：《论〈仁内义外〉》，《中国哲学史》2004 年第 2 期。
③ 同上。
④ 同上。

生的见解，结合以下《孟子·告子上》的相关文句，我们对告子之"仁内义外"说也许会有明确的了解。

> 告子曰："食色，性也。仁，内也，非外也；义，外也，非内也。"
>
> 孟子曰："何以谓仁内义外也？"
>
> 曰："彼长而我长之，非有长于我也；犹彼白而我白之，从其白于外也，故谓之外也。"
>
> 曰："异于白马之白也，无以异于白人之白也；不识长马之长也，无以异于长人之长与？且谓长者义乎？长之者义乎？"
>
> 曰："吾弟则爱之，秦人之弟则不爱也，是以我为悦者也，故谓之内。长楚人之长，亦长吾之长，是以长为悦者也，故谓之外也。"
>
> 曰："耆秦人之炙，无以异于耆吾炙，夫物则亦有然者也，然则耆炙亦有外与？"

由以上《孟子》文句，我们可以看出，所谓"仁内"，是指"爱亲之情"，体现为"爱"与"不爱"的内在自主性；所谓"义外"乃是指"长人之长"，体现为对外在之理的遵循。告子在此的意图是指出"义"的行为是由外在之理所引起的，不是出自"我"，故而是外而不是内。由此，告子对仁与义、爱与敬的实现依据做了内与外的区分。告子这一思想反映出当时人们已经从内、外两个发展角度对"性与天道"这一主题进行深度思考了。

在告子人性论的第一点看法中，告子曾以为仁义皆在性外。此处则又以仁为内，以义为外，仁、义分而言之。这两个提法显然不同。那么告子为什么会有这种变化呢？焦循《正义》曾注意到这个问题，并以《管子·戒篇》"仁从中出，义从外作"和《墨子·经下》"仁义之为内外也，内，说在仵颜"① 作为后者的思想根据，但是他并没有具体指出告子这一思想转换的内在环节。此外，焦循所引胡煦《篝灯约旨》

---

① 焦循：《孟子正义》，中华书局 1987 年版，第 743 页。

亦曾云告子言性"往复辩论，不惮烦琐，又且由浅入深，屡易其辞"①，这表明告子思想经历了一个发展的过程。不过胡氏也没有就此一环节作进一步论证。笔者以为，可以把这一问题放在告子对人性认识的四点内容中加以综合考虑。通过分析告子人性论的前三点内容，我们可以看出，告子以为人性是指先天自然禀赋的才干。在告子人性论的第一点看法中，告子之所以把仁义放在性外，是从自然与人为、先天与后天的角度出发，将仁义道德看作是人性之外的内容。在告子人性论的第四点看法中，告子之所以又讲仁内义外，则是告子从仁义形成的角度出发，指出仁的实现基础在于人情，故言仁内；而义的标准乃是外在之理，义的实现基础则是遵循外在之理，故言义外。结合以上两点分析，我们可以发现，告子言"仁义外在"与"仁内义外"之说法的变化体现了告子对人性内涵以及仁义形成的具体理解。

综上所述，告子人性论可以概括为两个要点：（1）告子所言人性乃是指人生而禀赋的自然才干言，无所谓善与不善。所谓仁义乃是人经过后天努力之后形成的结果。对此，焦循曾引翟灏《考异》之语，指出《荀子·性恶篇》中"然则礼义法度者，是生于圣人之伪，非故生于人之性也"之语可证告子人性义。即是说，就后天成善、为仁义的角度看，告子与后来荀子"化性起伪"的见解相同②。（2）告子"仁内义外"的观点表明，告子后来承认为仁的实现基础在人自身，义的实现基础在外在之理。由此，行仁义乃成为人综合内外两方面的实践活动。由告子对人性的两点认识，我们可以发现：告子所谓的人性只具有天赋才干的事实含义，并不具有自我实现的价值主体含义。告子"仁义外在"的说法，表明告子认为善的原则在人性之外。故仁义的实现便体现为一种外求的功利需要，而非人自身的内在要求。而"仁内义外"的说法，旨在说明实现仁义的基础有内外之别，并不意味着人性中存有必然的仁的内涵。根据对告子人性论的这种理解，我们可以认识到一个问题——告子并不看中人性的先天内容，相反，他很重视后天有目的的人为塑造作用，这便隐含了实用功利的思想在里边。

---

① 焦循：《孟子正义》，中华书局1987年版，第731页。
② 同上书，第750页。

2. 世子的"性有善有恶"论

从现存文献看，最早提到人性有善有恶的是周人世硕①。王充《论衡·本性篇》云："周人世硕以为人性有善有恶，举人之善性，养而致之则善长；恶性养而致之则恶长。如此，则性各有阴阳，善恶在所养焉。故世子作《养性》书一篇。宓子贱、漆雕开、公孙尼子之徒，亦论情性，与世子相出入，皆言性有善有恶。"王充提到的《养性》之书，今已亡佚。除了王充转述的这几句话以外，还有哪些已不可考。不过以上材料至少可以表明一点，即：在孟子之前，有关人性善恶问题已经有人谈到了。

从王充《论衡》提供的材料来看，世子的"性有善有恶"论可以表述为以下内容，即：世子以为，人性本身包含着截然不同的善与恶两部分内容。人之成善、成恶决定于后天人为。后天人为的作用在于把人性中已经存在的善、恶某一部分加以扩充。这里有三个问题需要解决：（1）世子论善恶的价值标准是什么？（2）世子讲人性有善、有恶是否含有一个价值主体？（3）这个价值主体是在人性内，还是在人性外？以上三个问题的回答直接影响着我们对世子人性论的理解。

第一个问题的回答比较简单。由于世子属于七十子之弟子，因而我们可以推测，世子言善恶当以儒家道德为标准。这与孟子、告子、荀子，乃至后儒无异。第二个问题关乎世子对善恶的价值评价。世子讲人性"有善有恶"，又讲分养"善性"与"恶性"，则可见"善性"与"恶性"是人性中两种不同的内容。以世子儒家弟子的身份，我们可以推测他对道德之善当持肯定的态度，故呈显人性中的善性应该是世子的价值取向。第三个问题涉及善、恶抉择的价值主体是在人性之内还是在人性之外的问题，世子言"举人之善性，养而致之则善长；恶性养而致之则恶长"，以善、恶并举。由此我们大体可以看出，世子并没有把呈显人性中的善性，看作人性本有的价值主体。如此一来，举善举恶的价值选择便只能是依据人们后天外在需要来进行，故价值主体在性外，所以有"是故文、武兴则民好善，幽、厉兴则民好暴"（《孟子·告子上》）的说法。

结合以上三个问题的分析，我们可以发现，世子的"性有善有恶"

---

① 《汉书·艺文志》："《世子》二十一篇，名硕，陈人也。七十子之弟子。"

论一方面承认人性中有善、恶两方面内容，另一方面又以为人之善、恶内容的实现有待于后天人为有目的的抉择。故其人性论同样具有实用功利色彩。

3. "有性善有性不善"论

在历史上，董仲舒、王充和韩愈都持"有性善有性不善"论。例如董仲舒就曾有"圣人之性"、"中人之性"、"斗筲之性"（《春秋繁露·实性》）说法。王充在《论衡·本性》和《论衡·率性》中也曾言道："论人之性，定有善有恶"、"实者，人性有善有恶，犹人才有高有下也，高不可下，下不可高。谓性无善恶，是谓人才无高下也。禀性受命，同一实也，命有贵贱，性有善恶。谓性无善恶，是谓命无贵贱也。"也就是说，人性在王充那里是一个关于人的先天规定，此先天规定内容因人而异。为此王充进一步指出："余固以孟轲言人性善者，中人以上者也；孙卿言人性恶者，中人以下者也；扬雄言人性善恶混者，中人也。"（《论衡·本性》）这就是王充的"性三品"思想。后来韩愈亦云："性之品有上中下三，上焉者善焉而已矣，中焉者可导而上下也，下焉者恶焉而已矣。"（《原性》）以上论性皆可谓之"有性善有性不善"论。

对于"性有善有恶"论与"有性善有性不善"论，焦循《正义》疏云："盖或人二说，皆原于圣门，而各得其一偏。可以为善，可以为不善，所谓'性相近，习相远'也。有性善有性不善，所谓'上智与下愚不移'者也。"① 由焦循的解释，我们可以看出，前者"性有善有恶"论是言性的内容有善、恶差异，注重后天的人为养成教化；后者"有性善有性不善"论是讲人性之间有善、恶差异，注重人与人之间的现实区分。二者所指的理论重心有着很大的差别。

古人提出"有性善有性不善"论的意义是什么呢？笔者以为大体可以体现为以下两点：首先，古人曾有言曰："是故以尧为君而有象，以瞽瞍为父而有舜，以纣为兄之子且以为君而有微子启、王子比干。"② 在此基础上，古人提出"有性善有性不善"的观点。这表明古人已经认识到，在现实中，人与人之间的行为价值取向存在着明显的差异，并

① 焦循：《孟子正义》，中华书局1987年版，第749页。
② 同上书，第748页。

且力图从人性的角度来找到解释这一差异的根据。其次，古人言"有性善有性不善"并不意味着要完全依仗天赋自然，放弃后天个人的努力。董仲舒在《春秋繁露·实性》中说："圣人之性不可以名性，斗筲之性又不可以名性，名性者，中民之性……性待渐于教训而后能为善。善，教训之所然也，非质朴之所能至也，故不谓性。性者宜知名矣，无所待而起，生而所自有也。善所自有，则教训已非性也。"以上所言表明，尽管董仲舒承认人具有"有性善有性不善"的差异，但其做如此区分的目的在于通过这种对人性的认识，依托外在教化来转化中民之性，使其得以成善，故不以圣人之性和斗筲之性这两个极端来言性之常态。此外王充虽主张性三品，但也更重后天的教化修养，故言："亦在于教，不独在性也"（《论衡·率性》），又言："圣主之民如彼，恶主之民如此，竟在化，不在性也。"（《论衡·率性》）以此看来，人之善性、恶性乃由后天熏习而可以相互转化。由此出发，王充以为"今夫性恶之人，使与性善者同类乎？可率勉之，令其为善；使之异类乎？……教导以学，渐渍以德，亦将日有仁义之操"（《论衡·率性》）。在王充看来，人性虽然生本自然、善恶有定，但是却可通过后天熏习来实现人性转化，且善恶可以相互转化。为此，王充提出要立圣人礼义之教，行法禁之道（《论衡·率性篇》），以使性恶者变易其性，转化成德。根据以上的论述，我们可以看出，在"有性善有性不善"论的思想中，行善并非人性的内在要求，而是一种人性之外的外在需要。古人所以提出"有性善有性不善"论，目的在于根据外在对善的需要，对既有的人性进行相应教化。因此，"有性善有性不善"论也体现出实用功利的特征。

综合以上对孟子时代三种人性论的分析，我们基本可以形成这样的认识，即：在这三种人性论中，成善都不是人性的内在要求，皆体现为一种外在的规范、需要。这也应被视为孟子时代重实用、尚功利的时代特征的反映。孟子人性论正是在这一点上与它们形成了根本的差异。

二　孟子人性论的三层内涵

孟子的人性论可具有以下三层含义。一曰："有物有则"；二曰：

"以德为性";三曰:"则故言性"。"有物有则"是指人人皆有天赋既与的人性;"以德为性"是指人性根本在于道德性;"则故言性"是指人性与人生发展相始终。"则故言性"的过程即是先天既与的道德性发显为人的道德情感并显现于具体生活中人的形色气质上的过程。以上三层含义是一个贯通的整体,由此可体现出孟子人性论的内在逻辑。

(一) 有物有则

《孟子·告子上》中有这样一段话:

> 《诗》曰:"天生烝民,有物有则。民之秉彝,好是懿德。"孔子曰:"为此诗者,其知道乎!故有物必有则,民之秉彝也,故好是懿德。"

赵岐注云:"言天生众民,有物则有所法则,人法天也。民之秉彝,彝,常也。常好美德。孔子谓之知道,故曰人皆有善也。"① 朱子《集注》亦云:"有物必有法……是民所秉执之常性也,故人之情无不好此懿德者。"② 结合赵氏、朱子的注释,我们对以上引文可形成这样一种认识,即:人禀天而生,自有一定法则,此法则即是人性,亦是人常持之美德。孟子之所以引述以上《诗经》和孔子的话,旨在说明人生而皆具有天赋的法则,此法则即为人之善性。基于同样的道理,孟子还曾言道:"离娄之明,公输子之巧,不以规矩,不能成方员;师旷之聪,不以六律,不能正五音;尧、舜之道,不以仁政,不能平治天下"、"规矩,方员之至也;圣人,人伦之至也"(《孟子·离娄上》)、"大匠不为拙工改废绳墨,羿不为拙射变其彀率。君子引而不发,跃如也。中道而立,能者从之"(《孟子·尽心上》)。所谓"规矩""六律""仁政""圣人""绳墨""彀率"皆指事物固有的法则。孟子之意在于说明:事物皆有其特定的法则,不遵循法则,不足以成人、成物。

以上孟子所言皆在于从"天生烝民,有物有则"的角度来说明人皆具有天赋既与的人性,此人性乃是为人的固有法则,非此不足以为人的思想。

---

① 焦循:《孟子正义》,中华书局 1987 年版,第 758 页。
② 朱熹:《四书章句集注》,中华书局 1983 年版,第 329 页。

孟子以上所言的意蕴，后人也有述及。例如朱子就曾言道："天下无无性之物。盖有此物，则有此性；无此物，则无此性。"① 朱子之言明确体现出"有物有则"之意。此外，程瑶田在《通艺录·论学小记》中也有一段话，对此说得很明白，即："天分以与人而限之于天者，谓之命。人受天之所命，而成之于己者，谓之性。此限于天而成于己者，及其见于事为，又有无过无不及之分，以为之则。是则也，以德之极地言之，谓之中庸。"② 在程氏那里，命、性、则与中庸之德四者内在一体贯通。事物受命于天、成就自身时，即已内含有此性，性的真实而合宜展开体现为法则，此法则的自洽即可谓之中庸之德。可见程氏也以为"有物有则"。以上二人所论皆与孟子上面言性之旨相合。

（二）以德为性

关于人性的内涵，孟子主要是从两个角度来论述：一是讲"人禽之辨"，二是讲人类的共通性。二者实质上是一体两面的关系，都是从类的角度来界定人性，只是思考问题的视角有着内外之别。

关于"人禽之辨"，我们可以从孟子与告子的对话中了解。《孟子·告子上》云：

> 告子曰："生之谓性。"
> 孟子曰："生之谓性也，犹白之谓白与？"
> 曰："然。"
> "白羽之白也，犹白雪之白，白雪之白犹白玉之白与？"
> 曰："然。"
> "然则犬之性犹牛之性，牛之性犹人之性与？"

告子讲"生之谓性"，是将事物生而本有之一切属性都普遍概括为性。以"生之谓性"讲性，体现的是"天生烝民，有物有则"这一具有普遍共通性的含义。孟子言性与告子有所不同。孟子论性主要是从事物存在之特殊性入手，其要在确立事物存在的根本。故而孟子提出："然则犬之性犹牛之性，牛之性犹人之性与？"这表明孟子对人性的思

---

① 《朱子语类》卷四，中华书局 1986 年版，第 56 页。
② 焦循：《孟子正义》，中华书局 1987 年版，第 759 页。

考是建立在人之为人的特殊性基础上。那么人之为人的特殊性又是什么呢？我们可以结合以下两条材料来体会。《孟子·离娄下》云：

> 孟子曰："人之所以异于禽兽者几希，庶民去之，君子存之。舜明于庶物，察于人伦，由仁义行，非行仁义也。"

又《孟子·尽心上》云：

> 孟子曰："舜之居深山之中，与木石居，与鹿豕游，其所以异于深山之野人者几希。及其闻一善言，见一善行，若决江河，沛然莫之能御也。"

所谓"几希"者，赵岐注云："无几也"①，朱子注云："少也"②。所谓"人之所以异于禽兽者几希"、"其所以异于深山之野人者几希"即是说人与禽兽、深山野人相比较差异很小。赵岐注云："人与禽兽，俱含天气，就利避害，其间不希。"③ 焦循《正义》云："饮食男女，人有此性，禽兽亦有此性，未尝异也。"④ 以上二人所言可以说明人禽相通之处。那么所谓差异、人之为人的特殊性又是指什么呢？赵岐以为是"知义与不知义之间耳"⑤。焦循则以为性善、知义乃是人禽之分⑥。所谓性善、知义便是指"明于庶物，察于人伦，由仁义行，非行仁义也"。由此可见，人之为人的特殊性便是指人能够知仁行义。

孟子通过"人禽之辨"来辨析人性，主要目的就是揭示人之为人的特殊性亦即人的道德性特征，这也是孟子人性论确立的基础。

关于人类共通性，我们可以参考《孟子·告子上》中的一段话来体会：

---

① 焦循：《孟子正义》，中华书局 1987 年版，第 567 页。
② 朱熹：《四书章句集注》，中华书局 1983 年版，第 293 页。
③ 焦循：《孟子正义》，中华书局 1987 年版，第 569 页。
④ 同上书，第 568 页。
⑤ 同上书，第 567 页。
⑥ 同上书，第 568 页。

口之于味，有同耆也。易牙先得我口之所耆者也。如使口之于味也，其性与人殊，若犬马之与我不同类也，则天下何耆皆从易牙之于味也？至于味，天下期于易牙，是天下之口相似也。惟耳亦然。至于声，天下期于师旷，是天下之耳相似也。惟目亦然。至于子都，天下莫不知其姣也。不知子都之姣者，无目者也。故曰：口之于味也，有同耆焉；耳之于声也，有同听焉；目之于色也，有同美焉。至于心，独无所同然乎？心之所同然者何也？谓理也，义也。圣人先得我心之所同然耳。故理义之悦我心，犹刍豢之悦我口。

孟子在此主要阐释了人类的共通性。他通过口之于味、耳之于声、目之于色皆有所同然来证人心亦当有所同然，并以理、义为心之所同然的实质内容。由此，口之于味、耳之于声、目之于色、心之于理义四者共同构成了人类的共通性。

孟子不仅揭示出人类共通性，他还对其内涵做了进一步的分析。对此我们可以分别参考以下两段材料来认识。

《孟子·告子上》有云：

孟子曰："人之于身也，兼所爱。兼所爱，则兼所养也。无尺寸之肤不爱焉，则无尺寸之肤不养也。所以考其善不善者，岂有他哉？于己取之而已矣。体有贵贱，有小大。无以小害大，无以贱害贵。养其小者为小人，养其大者为大人。今有场师，舍其梧槚，养其樲棘，则为贱场师焉。养其一指而失其肩背，而不知也，则为狼疾人也。饮食之人，则人贱之矣，为其养小以失大也。饮食之人无有失也，则口腹岂适为尺寸之肤哉？"

公都子问曰："钧是人也，或为大人，或为小人，何也？"

孟子曰："从其大体为大人，从其小体为小人。"

曰："钧是人也，或从其大体，或从其小体，何也？"

曰："耳目之官不思，而蔽于物，物交物，则引之而已矣。心之官则思，思则得之，不思则不得也。此天之所与我者，先立乎其大者，则其小者弗能夺也。此为大人而已矣。"

对第一段中的"小"与"大"，赵岐解释为："小，口腹也。大，心志也"①，朱子解释为："贱而小者，口腹也；贵而大者，心志也"②，可见朱子关于"小"与"大"的理解与赵岐相同。对第二段中的"大体"与"小体"，赵岐解释为"大体，心思礼义。小体，纵恣情欲"③，朱子解释为："大体，心也。小体，耳目之类也。官之为言司也。耳司听，目司视，各有所职而不能思，是以蔽于外物，则亦一物而已。又以外物交于此物，其引之而去不难矣。心则能思，而以思为职。凡事物之来，心得其职，则得其理，而物不能蔽；失其职，则不得其理，而物来蔽之。此三者，皆天之所以与我者，而心为大"④，由上可见赵岐与朱子对"大体"与"小体"的理解略有不同。赵岐以"大体"为心思礼义，"小体"为纵恣情欲；朱子以"大体"为心，"小体"为耳目之类。前者侧重行动，后者侧重实体。不过从"小""大"的价值判断上看，二人还是一致的。依据以上二人的解释，我们可以发现，孟子对人类共通性做了一个价值上的区分，即：孟子将口之于味、耳之于声、目之于色等人类生物性视做"小"，而将"心悦礼义"之人类道德性视作"大"，并指出"先立乎其大者，则其小者不能夺也。此为大人而已矣"，从而表现出其对人类共通性更深刻的认识。

对孟子此一思路，我们可以从以下三个方面来理解：

首先，孟子对人类共通性做"小""大"的价值区分与他从人之为人的特殊性角度看待人性有关。所谓口之于味、耳之于声、目之于色等人类生物性属于一般生物之养，它体现的是与物同流而不相别的非主体性特征。此不足以揭示出人自身存在的根本特征，故可谓之"小"。相反，"心悦礼义"之人类道德性则从人之为人之特殊性角度揭示出人类生命存在的根本价值，具有深刻的主体性特征，故可谓之"大"。

其次，关于人类共通性，孟子之所以形成以上"小""大"思想与人类生物性、道德性各自不同的满足方式有关。孟子以为，口之于味、耳之于声、目之于色等人类生物性虽属于人类共通性，但是它们的满足需要依赖对外物的追逐，故为"求在外者也"（《孟子·万章上》）。由

---

① 焦循：《孟子正义》，中华书局 1987 年版，第 789 页。
② 朱熹：《四书章句集注》，中华书局 1983 年版，第 334 页。
③ 焦循：《孟子正义》，中华书局 1987 年版，第 792 页。
④ 朱熹：《四书章句集注》，中华书局 1983 年版，第 335 页。

于其满足程度受外在因素的影响，非人所能独自决定，故不足以表明人自身存在的根本，因可谓之"小"。相反，人类道德性的满足乃是人对自身本质内涵的显现，故而为"求在内"，而其欲求的满足程度，亦由人自身努力所决定，具有自主性，故云："求则得之，舍则失之，是求有益于得也"（《孟子·尽心上》）、"思则得之，不思则不得也。此天之所与我者"（《孟子·告子上》），因可谓之"大"。

再次，孟子对人类共通性做"小"、"大"的价值区分与耳目、心各自不同的功能有关。孟子一方面说："心之官则思，思则得之，不思则不得也。此天之所与我者"（《孟子·告子上》）、"心之所同然者何也？谓理也，义也"（《孟子·告子上》）；另一方面又说："耳目之官不思，而蔽于物，物交物，则引之而已矣"（《孟子·告子上》）。通过比较二者"思"与"不思"的功能上的差别以及由此导致的"不蔽"与"蔽""得"与"不得"的结果，孟子明确了"大""小"的价值区分，并强调"先立乎其大者，则其小者弗能夺也。此为大人而已矣"（《孟子·告子上》）。

通过以上孟子对人类共通性的阐述，我们可以发现，孟子一方面揭示了人性内涵生物性与道德性两方面内容，另一方面又明确把道德性作为人性的根本，把道德实践作为人之最本己的职能。以上两点说明，孟子人性论具有人之自立、自为、自成的道德本性特征。

综上所述，孟子从"人类共通性"和"人禽之辨"内外两个角度对人性内涵做了揭示。这种揭示表明：孟子所谓的人性主要是指人的道德性，道德性乃成为孟子人性论的实质内容。

（三）则故言性

"则故言性"是孟子人性论的第三个层面。对于"则故言性"的含义，我们可以结合《孟子·离娄下》中的一段话来理解：

> 孟子曰："天下之言性也，则故而已矣。故者，以利为本。所恶于智者，为其凿也。如智者若禹之行水也，则无恶于智矣。禹之行水也，行其所无事也。如智者亦行其所无事，则智亦大矣。天之高也，星辰之远也，苟求其故，千岁之日至，可坐而致也。"

《孟子》"天下之言性"章是理解孟子人性论的要点之一，亦是解读《孟子》的难点之一。所谓"难"者，在于如何划分这段话的层次结构以及如何理解文中两个"故"字。首先，人们对这段话层次结构的划分有很大不同。这种不同大体表现为"天下之言性也，则故而已矣"这句话究竟应该理解为孟子引述当时人们的观点，还是孟子自己关于性的说法？其次，依据对以上文本的不同理解，文中两个"故"字的解释也就不同。对此历史上曾有多种不同说法。近人徐复观先生和今人梁涛先生也曾撰文做过一定的总结和阐释。将有关说法归纳起来，大体可分为两类：

一类说法是将"天下之言性也，则故而已矣"看作是孟子言性之语。由此，文中两个"故"字便可以理解为"事物固有的律则"，此律则即是事物之本性。例如赵岐释"故"，便以"顺其故"和"改戾其性"对称，并联系孟子"顺杞柳之性以为桮棬"的观点以言"能修性守故，天道可知"[1]之意。其"故"字含义与"性"相对，当为事物固有之律则。朱子释"性"为"人物所得以生之理"，释"故"虽然将其解释为"已然之迹"[2]，不同于赵岐，但其根本目的是要借此"已然之迹"来揭示事物固有规律，显现事物本性。故而他对"故"字的解释虽然在字面上不同于赵岐，但其思想内涵则可以互通。焦循对这两种说法便是兼而论之[3]。今人杨伯峻先生在《孟子选译·导言》中也曾指出："孟子已经朦胧意识到事物有其客观规律，他叫做'故'。'故'就是所以然"[4]。其《孟子译注》中便将"则故"解释为"推求其所以然"[5]。所谓"天下之言性也，则故而已矣"，意即：言性乃是推求事物所以然之理。此"所以然"便是指事物固有之律则，亦即是事物之本性。

在以上理解基础上，对于下面"故者以利为本"一句，我们便可以解释为：推究事物固有之律在于以因顺自然之理为根本。而接下来的"苟求其故，千岁之日至，可坐而致也"亦可以理解为：只要能够推求

---

① 焦循：《孟子正义》，中华书局 1987 年版，第 584—588 页。
② 朱熹：《四书章句集注》，中华书局 1983 年版，第 297 页。
③ 焦循：《孟子正义》，中华书局 1987 年版，第 584 页。
④ 杨伯峻：《孟子选译·导言》，人民文学出版社 1988 年版，第 5 页。
⑤ 杨伯峻：《孟子译注》，中华书局 1960 年版，第 196 页。

事物固有之律则，以后一千年的冬至都可以坐着推算出来①。这样前后两个"故"字做一体解，原文首尾思想可得一贯。

依据以上对"故"字含义的理解，通观上面引文，我们可对孟子之意做如下的解释，即：孟子以为，天下言性皆是在于推究事物固有之律则，推究此律则，要以因顺自然之理为根本。唯其如此，才能使事物的自然本性真实呈现出来。在此基础上，孟子进一步指出：人如果能够把握事物所以然之固有律则，就可以做到"天之高也，星辰之远也，苟求其故，千岁之日至，可坐而致也"。由此我们可以看出，孟子不仅以为性是天赋的法则，而且认为此法则是事物存在与发展之根本，贯串于事物存在与发展的整体历程中。从这个角度看，孟子言性便具有"则故言性"的含义。

对《孟子》"天下之言性"章不同理解的另一类说法是将"天下之言性也，则故而已矣"理解为孟子引述当时人们的观点，并加以评论。由这类说法出发，关于文中"故"字的理解又可以有以下数种区分，这些区分主要体现在对第一个"故"字的不同解读上。

其一，清代毛奇龄将"故"字释为"智"，认为"是以孟子言，天下言性不过智计耳。顺智亦何害，但当以通利不穿凿为主"②。毛氏这种解读也有一定的根据。因为当时人言"故"常与"知（智）"相连，如"去知与故，遁天之理"（《庄子·刻意》）、"恬愉无为，去智与故"（《管子·心术上》）等。此外，年代在孟子之前的郭店简《性自命出》中亦有"节性者，故也"③之语。所谓"节性者，故也"之"故"，可从下文"有为也之谓故"④获解，亦即有目的、有意图、用心智之意。按照这种解释，孟子讲"天下之言性也，则故而已矣"便可以理解为孟子认为当时人们言性多有人为智虑谋划之意。针对这种情况，孟子指出推究事物固有律则当顺其自然之理，不假穿凿附会。虽可人为用智，其旨在于行其所无事也。由此可见，孟子即物言性有"内外一体，始末贯通"之旨，固言"天之高也，星辰之远也，苟求其故，千岁之日至，可坐而致也"。此亦可谓之"则故言性"。

---

① 参见杨伯峻《孟子译注》，中华书局1960年版，第196页。
② 焦循：《孟子正义》，中华书局1987年版，第585页。
③ 李零：《郭店楚简校读记》，北京大学出版社2002年版，第105—106页。
④ 同上书，第106页

其二，近人徐复观先生对上述引文中的两个"故"字则加以分别解释，前者释为"习惯"，后者释为"本性"①。之所以将前者释为"习惯"，徐先生引《庄子·达生》"吾始乎故，长乎性，成乎命……吾生于陵，而安于陵，故也"一段为证。在这段话中，"故"、"性"、"命"三者并论。徐先生以此"故"字同于习惯的"习"字，与"则故而已矣"的"故"字同解，意为"人在不自觉状态下的反复行为，即生理上的惯性"。徐氏同时指出，孟子以为当时"一般人说性，都是照着人的习惯性来说"。徐先生之所以又将后一个"故"字释为"本性"，在于他认为孟子并不主张把性理解为习惯。因为习惯可以由后天培养形成，存在变数，并不能体现事物的本质。他认为孟子言性更侧重事物固有法则的含义。基于此，他将后一个"故"字释为"本性"。依据徐先生对两个"故"字的解释，我们可以发现，孟子所言之性作为事物固有法则依然体现为事物存在与发展的根本，并贯穿于事物整个发展过程中，此亦显现出"则故言性"的含义。

其三，梁涛先生亦曾撰文对此问题进行了阐释②。梁先生首先引述裘锡圭先生的研究成果，认为"故"字似"伪"字，有"人为"之意③；在此基础上，梁先生又进一步指出"故"与"伪"除了具有以上"人为"之意外，还有积习、习惯之意。对此，他主要采取的是以"伪"字释"故"字的办法。他指出，在《荀子·正名》中有"情然而心为之择谓之虑。心虑而能为之动谓之伪。虑积焉，能习焉，而后成谓之伪"。其中前一个"伪"字可做"人为"讲，而后一个"伪"字则指"经历人为而形成的能力、积习"。由此他证明当时"故"字还有"积习、习惯"之意。不过梁氏所言"习惯"与徐复观先生所言"习惯"有别。前者含有人为积习、教化成性之意，后者乃是指"生理上的惯性"。再次，梁氏还联系上文所引简书，作进一步的论证。他指出郭店简《性自命出》中"节性者，故也"之"故"字可以由"有为也"之"人为智虑谋划"的含义引申出"规范、成例"之意。就原文

---

① 徐复观：《中国人性论史》，上海三联书店 2001 年版，第 147 页。

② 梁涛：《竹简〈性自命出〉与〈孟子〉"天下之言性"章》，《中国哲学史》2004 年第4 期。

③ 裘锡圭先生曾由《荀子·性恶》"圣人积思虑，习伪故，以生礼义"一句，得出"'故'字在古书中的用法，跟'伪'颇有相似之处"的说法。梁先生在此引述了他的观点。

而言，"故"字指合乎儒家思想的各种礼制和伦理规范。梁氏以为这一解说与前面的"人为"以及"积习、习惯"之意是相互关联的，即：此规范、成例乃是由人为之积习、习惯而形成的。这体现了竹简注重对人性进行教化、培养、塑造的特点，这也是古代人性论的基本特征之一。

在以上对"故"字的理解基础上，笔者以为可将孟子相关原文分为前后两节。前者"天下之言性也，则故而已矣"可释为"当时天下人论性，侧重于后天人为的教化培养"。此可谓之养性论。联系下文，我们可以发现，孟子言性虽然也重教化、养成之意，但主张此教化、养成要因袭自然之理，行其所无事，不假穿凿附会。由此往下"苟求其故"一句，便依然可以理解为"对事物固有之律则的探求把握"。如此理解，原文也能通畅。可见，依照梁先生的理解，孟子所言之性仍然是事物存在与发展之根本，仍然可以体现出"则故言性"的特征。

综上所述，笔者以为，对孟子"天下之言性"章的诸种解读，虽有一定的差异，但从以性为事物固有律则并贯串事物发展始终的思路看，孟子言性始终具有"则故言性"的含义。

事实上，类似的思想，孟子在与告子的辩论中也曾有过表述，例如《孟子·告子上》就有这样一段对话。

> 告子曰："性，犹杞柳也；义，犹桮棬也。以人性为仁义，犹以杞柳为桮棬。"
> 孟子曰："子能顺杞柳之性而以为桮棬乎？将戕贼杞柳而后以为桮棬也？如将戕贼杞柳而以为桮棬，则亦将戕贼人以为仁义与？率天下之人而祸仁义者，必子之言夫！"

由以上对话，我们大体可得到这样一个认识，即：告子倾向于认为人性与人的后天发展无关。而孟子则倾向于认为人性是人后天发展的基础。故有"顺杞柳之性而以为桮棬"的说法，这也体现出孟子"则故言性"思想的特征。

《礼记·中庸》有言："喜怒哀乐之未发谓之中，发而皆中节谓之和。中也者，天下之大本也；和也者，天下之达道也。致中和，天地位焉，万物育焉。"所谓"致中和，天地位焉，万物育焉"，即只有呈现事物的固有本性，才能使天地各安其位，使万物生长发育、各尽性命。言外之意是，如果不能呈现事物本性，则可能导致天地失位，影响万物育成。由此可见，事物的本性乃是事物存在与发展的根本。《礼记·乐记》对此亦有云："人生而静，天之性也；感于物而动，性之欲也。物至知知，然后好恶形焉。好恶无节于内，知诱于外，不能反躬，天理灭矣。夫物之感人无穷，而人之好恶无节，则是物至而人化物也。人化物也者，灭天理而穷人欲者也。于是有悖逆诈伪之心，有淫泆作乱之事。是故强者挟弱，众者暴寡，智者诈愚，勇者苦怯，疾病不养，老幼孤独不得其所。此大乱之道也。"所谓"好恶无节于内"便是指违背人固有之律则，失去人之本性；所谓"反躬"者，便是指确立人固有之律则、人之本性。上文所言在于说明，人如果违背自身本性，放纵欲望，便会造成人自身的物化、进而形成天下大乱。可见人性是人存在与发展的根本。以上两条材料的思想内涵，皆可以与孟子"则故言性"思想互通。

　　以上我们初步阐释了孟子人性论的三个层面。透过这三个层面，我们可以窥探到孟子人性论的基本逻辑结构，这有助于我们对孟子人性论形成一个概观的认识。

第三章　孟子心性论研究

在孟子心性论中，人之道德性实存于人之道德本心，发显为人的道德情感，表现于人的道德生活，故而其性、心、情实乃贯通为一。后来的小程子曾有云："性之有形者谓之心，性之有动者谓之情。凡此数者，皆一也。"（《宋元学案·卷十五·伊川学案》）小程子此言与孟子之意可相通。近人牟宗三先生曾将孟子人性论概括为八个字，即"仁义内在、性由心显"①。牟先生的概括显然也注意到了孟子"性、心一体"的思想特征。这一特征的实质在于表明，道德法则作为先天既与的存在本质内容经由人的本心自觉后得以呈现为一种道德意识。此道德意识乃是一种自觉的事实。在现实中，它具体表现为人的道德情感。由此，道德法则的实存义乃得以充分彰显。概言之，孟子心性论在于一方面揭示其所言人性的事实义，另一方面则突出其道德本心的主体地位。

一　心性论溯源

孟子心性论的形成有其一定的思想渊源：

首先，在孟子之前，古人已经具有了心、性一体的思想倾向。孔子本人很重视心与德之间的关系。孔子言心知虽然也有获得知识的含义，如所谓"博学之，审问之，慎思之，明辨之，笃行之"（《礼记·中庸》），但其主旨则在于人格修养，故云"志于道，据于德，依于仁，游于艺"（《论语·述而》）。孔子言心思亦是如此，故有"博学而笃志，切问而近思，仁在其中"（《论语·子张》）之语。由孔子言心知与心思之特征可以看出，孔子言心立足于体察人道、培养人格而非单纯追

① 转引自黄俊杰《中国孟学诠释史论》，社会科学文献出版社 2004 年版，第 12 页。

求知识，这与孔子重仁道、以行仁为人之天职的一贯思想相契合。孔孟之间的儒者也很重视以心成德。譬如郭店简《五行》言："耳目鼻口手足六者，心之役也。"① 可见当时人们已经认识到心的地位很重要。在此基础上，《五行》又云："不聪不明，（不明不圣），不圣不智，不智不仁，不仁不安，不安不乐，不乐无德"②，这里已经系统地将心念下的聪、明、圣、智与建立仁德联系起来。《礼记·中庸》亦云："唯天下至圣，为能聪明睿智，足以有临也；宽裕温柔，足以有容也；发强刚毅，足以有执也；齐庄中正，足以有敬也；文理密察，足以有别也。"又云："唯天下至诚，为能经纶天下之大经，立天下之大本，知天地之化育……苟不固聪明圣知达天德者，其孰能知之？"此亦是将心念下的聪明睿智与成德贯通起来。《尚书·洪范》曾云："视曰明，听曰聪，思曰睿。"以上郭店简《五行》中的"聪明圣智"与《礼记·中庸》中的"聪明睿智"可谓是对此古义的进一步发挥。在此基础上，《五行》《中庸》皆具有即心思耳目以言人之德行成就的思想。与此同时，这一时期的人们也已经开始注意性、心、情、道、德之间的关系。例如郭店简《性自命出》有云："道始于情，情生于性。始者近情，终者近义。知情（者能）出之，知义者能入之。"③ 此处性、情、道便可以理解为是一体的。此外《礼记·中庸》亦有言曰："喜怒哀乐之未发，谓之中；发而皆中节，谓之和。中也者，天下之大本也；和也者，天下之达道也。"朱子《集注》解之为"喜、怒、哀、乐，情也。其未发，则性也，无所偏倚，故谓之中。发皆中节，情之正也，无所乖戾，故谓之和。大本者，天命之性，天下之理皆由此出，道之体也。达道者，循性之谓，天下古今之所共由，道之用也。此言性情之德，以明道不可离之意"④。结合朱子的诠释，可以看出《中庸》亦具有性、情、道一体的思想倾向。再如郭店简《五行》云："仁形于内谓之德之行，不形于内谓之行。义形于内谓之德之行，不形于内谓之行。礼形于内谓之德之行，不形于内谓之（行。智形）于内谓之德之行，不形于内谓之行。圣形于内谓之德之行，不形于内谓之行。德之行五和谓之德，四行和谓

① 李零：《郭店楚简校读记》，北京大学出版社 2002 年版，第 80 页。

② 同上书，第 79 页。

③ 同上书，第 105 页。

④ 朱熹：《四书章句集注》，中华书局 1983 年版，第 18 页。

之善。善，人道也。德，天道也。君子无中心之忧则无中心之智，无中心之智则无中（之悦，无中心之悦则不）安，不安则不乐，不乐则无德。"① 这里述及的"忧""悦""安""乐"皆可谓中心之情，而所谓"德"则是即中心之情以行人道的人格成就，体现了心、情、道、德之统一。综合三段材料内容来看，孔孟之间的儒者已具有性、心、情、道、德一体贯通的思想倾向。

其次，在孟子之前，"存心"、"养性"的思想也已有所发展。例如孔子曾云："性相近也，习相远也"（《论语·阳货》），由此他特别强调后天教化对保养人性的重要作用。对此我们可以从两个方面来理解，即：一方面通过思，即由"仁以为己任"由内而外来达成"志于道，据于德，依于仁"之功；另一方面则通过学，即由学"六艺"由外向内以涵泳成德。对此孔子曾有言曰："克己复礼为仁"（《论语·颜渊》），表明仁的实现必须通过内心自觉与礼教规范相统一来完成，这充分反映了孔子内外合一的教化成仁精神。此外，孔孟之间的儒者也有"存心""养性"的思想。郭店简《性自命出》有云："四海之内，其性一也，其用心各异，教使然也。"② 此言心、性之间因教而有疏离现象。《性自命出》还指出："凡学者求其心为难，从其所为，近得之矣，不如以乐之速也。虽能其事，不能其心，不贵。求其心有伪也，弗得之矣。"③ 此处所言"求其心"可理解为"即本心以求本性"。以上《性自命出》所言便体现了古人"存心""养性"的倾向。《礼记·中庸》对"存心""养性"亦有所论，《中庸》提出的"慎独"之说，即是有关"存心""养性"思想的具体体现。徐复观先生认为"慎独"之"独"字乃如《大学》"诚意"之"意"字，即"动机"。由于其未形于外，只有自己知道，所以方称其为"独"④。所谓"慎"乃是戒慎谨慎之意。依照徐先生的理解，"慎独"二字便具有了从人之内心处下手，做明心见性之教养工夫的含义。

综上所述，在孟子之前，心性思想已经出现。孟子心性论即是在此基础上逐步发展起来的。

---

① 李零：《郭店楚简校读记》，北京大学出版社 2002 年版，第 78 页。

② 同上书，第 105 页。

③ 同上书，第 107 页。

④ 徐复观：《中国人性论史·先秦篇》，上海三联书店 2001 年版，第 109 页。

二 性由心显

(一) 以心言性

孟子言性重在明类，这可以从内外两个角度来理解：一为"凡同类者，举相似也，何独至于人而疑之？圣人与我同类者"（《孟子·告子上》）；二为"人之所以异于禽兽者几希"（《孟子·离娄下》）。二者虽然审视角度有异，但它们所触及的人性整体内涵则是一致的，即：人性具有生物性和道德性两方面内容。

首先，孟子在人之口、耳、目、鼻、四肢对美味、美声、美色、美臭、安逸具有共同欲求的事实基础上言道："口之于味也，目之于色也，耳之于声也，鼻之于臭也，四肢之于安佚也，性也"（《孟子·尽心下》），即认为以上五种欲求皆为人性。由于它们体现的是人生物方面的特征，故又可谓之生物性。

其次，孟子又在心的切实体验基础上来认识人的道德性。对此，我们可以参考以下几段话来理解。首先看《孟子·滕文公上》中的一段话：

> 孟子曰："盖上世尝有不葬其亲者。其亲死，则举而委之于壑。他日过之，狐狸食之，蝇蚋姑嘬之。其颡有泚，睨而不视。夫泚也，非为人泚，中心达于面目，盖归反虆梩而掩之。掩之诚是也，则孝子仁人之掩其亲，亦必有道矣。"

孟子在这里指出，孝亲之情乃是人心自然本有的内容。故言："孝子仁人之掩其亲，亦必有道矣。"再看《孟子·尽心上》中孟子的一段话：

> 孟子曰："人之所不学而能者，其良能也；所不虑而知者，其良知也。孩提之童，无不知爱其亲者；及其长也，无不知敬其兄也。亲亲，仁也；敬长，义也；无他，达之天下也。"

朱子解释这段材料说："良者，本然之善也。程子曰：'良知良能，皆无所由；乃出于天，不系于人。'"① 结合朱子的解释，我们对上文可以形成这样的认识，即：孟子以为亲亲、敬长乃是人天赋的良知良能。由亲亲、敬长出发，可彰显仁义之德。

此外，《孟子·公孙丑上》中还有一段经常被学者引用的话：

> 孟子曰："人皆有不忍人之心。先王有不忍人之心，斯有不忍人之政矣。以不忍人之心，行不忍人之政，治天下可运之掌上。所以谓人皆有不忍人之心者，今人乍见孺子将入于井，皆有怵惕恻隐之心。非所以内交于孺子之父母也，非所以要誉于乡党朋友也，非恶其声而然也。由是观之，无恻隐之心，非人也；无羞恶之心，非人也；无辞让之心，非人也；无是非之心，非人也。恻隐之心，仁之端也；羞恶之心，义之端也；辞让之心，礼之端也；是非之心，智之端也。人之有是四端也，犹其有四体也。有是四端而自谓不能者，自贼者也；谓其君不能者，贼其君者也。凡有四端于我者，知皆扩而充之矣，若火之始然，泉之始达。苟能充之，足以保四海；苟不充之，不足以事父母。"

以上孟子借助"孺子将入于井"这一事例来说明"人皆有不忍人之心"的事实存在。并由此普遍的"不忍人之心"出发，指出人皆有恻隐之心、羞恶之心、辞让之心、是非之心。以上四心由情而显，故又可谓之"心、情一体"。孟子以为，以上四心乃是仁、义、礼、智四德之端。所谓"端"者，赵岐注为"首"②；朱子注为"绪"，乃"因其情之发，而性之本然可得而见，犹有物在中而绪见于外"之意③。可见，仁、义、礼、智四德正是人固有的"四端始发于内而呈显于外"的德性内涵，亦人性本然的内容。基于以上认识，孟子有言曰："君子所性，仁义礼智根于心，其生色也，睟然见于面，盎于背，施于四体，四体不言而喻"（《孟子·尽心上》），意即仁、义、礼、智作为人之道

---

① 朱熹：《四书章句集注》，中华书局 1983 年版，第 353 页。
② 《诸子集成·孟子正义》，中华书局 1954 年版，第 139 页。
③ 朱熹：《四书章句集注》，中华书局 1983 年版，第 238 页。

德性乃存于人心之中，并即人心而显现于人的形色上。综上所述，可见孟子对人之道德性的发掘乃是建立在人心的活动体验上，其道德性由此也相应具有了实存义。

再次，孟子以本心为基准对人性的价值主体做了说明。对此，我们可以参考《孟子·告子上》中的一段话来进行了解。

> 孟子曰："鱼，我所欲也；熊掌，亦我所欲也，二者不可得兼，舍鱼而取熊掌者也。生，亦我所欲也；义，亦我所欲也，二者不可得兼，舍生而取义者也。生亦我所欲，所欲有甚于生者，故不为苟得也；死亦我所恶，所恶有甚于死者，故患有所不辟也。如使人之所欲莫甚于生，则凡可以得生者，何不用也？使人之所恶莫甚于死者，则凡可以辟患者，何不为也？由是则生而有不用也，由是则可以辟患而有不为也，是故所欲有甚于生者，所恶有甚于死者，非独贤者有是心也，人皆有之，贤者能勿丧耳。一箪食，一豆羹，得之则生，弗得则死。呼尔而与之，行道之人弗受；蹴尔而与之，乞人不屑也。万钟则不辨礼义而受之，万钟于我何加焉？为宫室之美、妻妾之奉、所识穷乏者得我与？向为身死而不受，今为宫室之美为之；向为身死而不受，今为妻妾之奉为之；向为身死而不受，今为所识穷乏者得我而为之，是亦不可以已乎？此之谓失其本心。"

理解孟子心性论，把握上面这段话的内涵很重要。孟子这段话大体包含两个意思：一是在人之所欲有甚于生者、所恶有甚于死者的认识基础上提出人皆有之、义以为上的道德本心，并由此确立了人之道德性的价值主体地位。对此，孟子以乞者亦有不食之食的心志做了深入说明。二是指出立身取义其要在于常持此道德本心，勿使其丧失。对此，孟子以有人以往舍生取义而后又为利而受万钟之财的矛盾之举来说明人之道德本心的得失。合而观之则可以发现，孟子正是依托本心的显明来确立起人之道德性的价值主体地位。

综上所述，我们可以发现，孟子关于人性的认识始终贯穿着人心的真实体验。他以恻隐等人之道德心来彰显人之道德性，又以此心为人之本心来确立人之道德性的价值主体地位，故有以心言性、心性一体之特征①。对此朱子亦曾有言曰："孟子说：'仁义礼智根于心。'如曰：'恻隐之心'，便是心上说情。盖道无形体，只性便是道之形体。然若无个心，却将性在甚处！须是有个心，便收拾得这性，发用出来。盖性中所有道理，只是仁义礼智，便是实理。"② 朱子这番话即揭示了以上孟子以心言性、心性一体的思想特征。

（二）大体与小体

由前文可知，孟子所谓人性整体上包括生物性与道德性两个方面。在孟子看来，生物性乃是人耳目之欲的反映，故言"口之于味也，目之于色也，耳之于声也，鼻之于臭也，四肢之于安佚也，性也"（《孟子·尽心下》）；道德性则是心思的反映，故言"君子所性，仁义礼智根于心"（《孟子·尽心上》）。在此认识基础上，孟子又以本心为基准，明确了道德性的价值主体地位。对此，我们可结合耳目之官与心之官的各自特点来做进一步说明。

孟子认为，耳目之官与心之官虽然皆是属人的，然二者间亦存在一定的差异：

首先，耳目之官大体具有以下三个特征：其一，耳目之官表达的是人之一般生物性欲求。孟子有云："饮食之人，则人贱之矣，为其养小以失大也。饮食之人无有失也，则口腹岂适为尺寸之肤哉？"（《孟子·告子上》）孟子以为这并不足以体现人之存在的根本，故谓之小体。其二，耳目之官表达的人之生物性欲求的满足需要求之于外，故为外在因素所限。对此，孟子曾有言曰："求之有道，得之有命，是求无益于得也，求在外者也。"（《孟子·尽心上》）这说明耳目之官所表达的生物性欲求的满足不具有自主性。其三，耳目之官不思，故无法节制自身而只能顺着本能的好恶倾力外求其生物性的满足，随物流转。对此，孟子

---

① 西方文化一直力图通过普遍理性实现对人自身的超越，进而达到自由的境界。其根源就在于他们所理解的人乃具有先天难以克服的自然有限性。由此，他们将人身自由建于对人自然有限性的剥离和对普遍理性的高扬基础上。而人的自然之情作为个体有限性的存在亦由此失去了其与理性的联系。在此基础上，自然与文明、教化之间便呈现为一种断裂的状态。也正因此，虽然康德提出了道德自律，但它作为一种普遍理性在具体实践中难以获得强有力的内在支撑。相比之下，孟子"性、心、情一体观"则体现了文化与自然的整体一贯性，并为人成就道德本性提供了内在不绝的力量源泉。

② 《朱子语类》卷4，中华书局1986年版。

亦有言曰："耳目之官不思，而蔽于物，物交物，则引之而已矣"（《孟子·告子上》）。此亦无法彰显人之存在的主体性特征。基于以上三点内容，可以看出耳目之官所表达的生物性欲求并不能成为人性之价值主体。

其次，心之官亦有自己的特征。孟子以为"心之官则思"，那么如何看待这个"思"呢？对此，我们可结合《孟子》原文来逐次体会：其一，关于"人之所求"，孟子曾讲过这样一段话："求则得之，舍则失之，是求有益于得也，求在我者也。求之有道，得之有命，是求无益于得也，求在外者也"（《孟子·尽心上》）。由此我们可以发现孟子思想中有这样一条规则，即：以"求则得之，舍则失之"为"求在我"；以"求之有道，得之有命"为"求在外"。其二，孟子言"心之官则思，思则得之，不思则不得也"（《孟子·告子上》）。结合以上孟子言求之理，可见孟子所谓的"思"属于"求在我"。其三，对于"思"的内容，孟子曾言道："仁义礼智，非由外铄我也，我固有之也，弗思耳矣。故曰：'求则得之，舍则失之'。"（《孟子·告子上》）可见，所"思"者乃仁、义、礼、智。通观以上三点内容，可知孟子所谓"思"即是人通过"求在我"的路径而获得内在固有的道德性①。在此基础上，

① 针对以上孟子以心思自觉人之内在德性的思想，有两点补充。其一，关于外向致知、内证于心体以成德性的思路。对此我们可以结合小程子与朱子之学来论之。小程子论心思同于大程子，皆是"集义"和"持敬"并举，故有"涵养须用敬，进学在致知"之语。只是小程子在持敬基础上，更重致知，并指出"敬只是持己之道，义便知有是有非。顺理而行，是为义也。若只守一个敬，不知集义，却是都无事也"（《近思录·卷二》），由此可见其对致知的关注。至于如何进行致知，小程子以为"今人欲致知，须要格物。物不必谓事物然后谓之物也。自一身之中，至万物之理，但理会得多，相次自然豁然有觉处。"由此可见，小程子言心思乃有格物穷理、外索内证以成德性的理路。后来的朱子亦是侧重此一路。朱子《四书章句集注》言格物致知，曾有云："所谓致知在格物者，言欲致吾之知，在即物而穷其理也。盖人心之灵，莫不有知，而天下之物，莫不有理。惟于理有未穷，故其知有不尽也。是以大学始教，必使学者即凡天下之物，莫不因其已知之理而益穷之，以求至乎其极。至于用力之久，而一旦豁然贯通焉，则众物之表里精粗无不到，而吾心之全体大用无不明矣。"朱子以外知内证、穷理存心、相须并进言心思成性，这并不合于孟子。孟子言心思本于内证德性。其并非不及外知，只是其所谓外知乃是建立在内证自得之基础上，故有"人之所以异于禽兽者几希，庶民去之，君子存之。舜明于庶物，察于人伦，由仁义行，非行仁义也"（《孟子·离娄下》）。所谓"明于庶物，察于人伦"便是此德性之知的外在开显，所谓"由仁义行，非行仁义也"，便是指心知外显的内在德性之基。一个"由"字便深刻地揭示出孟子以自觉人之内在德性为心思之本的内证特点。其二，关于以心思仅为一认知功能，却无本然内在认知内容的思路。对此，我们主要结合荀子所论而言之。《荀子·性恶》云："凡古今天下之所谓善者，正理平治也；

官亦体现出以下三点特征：其一，心之所思乃是人之道德性，它体现了人存在之根本，故以心之官为大体。对此孟子有言曰："此天之所与我者，先立乎其大者，则其小者弗能夺也。此为大人而已矣。"（《孟子·告子上》）其二，作为人心所思之内容，道德性乃是人自身所固有，正所谓"仁义礼智，非由外铄我也，我固有之也"（《孟子·告子上》），故人心无须倾力外求，这体现了心之思具有深刻的主体性特征。其三，由于"心之官则思"，所以人可以即时反省自身所为，避免随波逐流，对此孟子云："孔子曰：'操则存，舍则亡；出入无时，莫之其乡。'惟心之谓与?"（《孟子·告子上》）此亦是心思之主体性表现。基于以上三点内容，心之官所表达的道德性诉求乃可谓人性之价值主体。

　　孟子以心之官为大体，借助心思的主体性来凸显人之道德性的价值主体地位具有重要的思想意义，对此我们可以结合耳目之官与心之官的关系来做进一步理解。

　　首先，孟子曾有言曰："耳目之官不思，而蔽于物，物交物，则引

所谓心之恶者，偏险悖乱也。是善恶之分也已。"此荀子所谓善恶之分。随后《荀子·正名》又云"治乱在于心之所可，亡于情之所欲。"此荀子即心知、情欲而言善恶之道。并于《性恶》中指出："然则从人之性，顺人之情，必出于争夺，合于犯分乱理而归于暴。故必将有师法之化，礼义之道，然后出于辞让，合于文理，而归于治。用此观之，然则人之性恶明矣，其善者伪也。"由此可见，荀子以人性出于情欲，故由情欲而发乃为性恶之意。至于为善，荀子以为在于人的心知，《荀子·正名》云"性者，天之就也；情者，性之质也；欲者，情之应也。以所欲为可得而求之，情之所必不可免也。以为可而道之，知所必出也。"《荀子·性恶》又云："今涂之人者，皆内可以知父子之义，外可以知君臣之正，然则其可以知之质、可以能之具，其在涂之人明矣。……今使涂之人伏术为学，专心一志，思索孰察，加日且久，积善而不息，则通于神明，参于天地矣。故圣人者，人之所积而致矣。"由此可见，荀子以为涂之人"皆有可以知仁义法正之质，皆有可以能仁义法正之具"。由此出发则"以所欲为可得而求之，情之所必不可免也。以为可而道之，知所必出也"。在此，荀子明确肯定了人有为善之质具。而其所谓心知便是指可以知、可以能之识别操作质具而言。故《正名》云"治乱在于心之所可，亡于情之所欲。"可是荀子虽然承认人有心知识别判断的功能，但是由于他否认人性中本有仁义善德，并指出"礼义者，圣人之所生也，人之所学而能，所事而成者也。不可学、不可事而在人者谓之性，可学而能、可事而成之在人者谓之伪。是性、伪之分也"，将仁义善德划为外在于性的行为规范，如此一来，荀子所谓的心知便成为后天的经验体察和基于此的实践价值判定，而不具有先天德性之意。由此观之，荀子所谓的心知便缺失了其人性内在质的规定，而只是外向认知的一种实践功能。故其言成善乃是对外在规范的实践认知和服从，而不具有人性内在本有的道德冲动的含义。其为不善则具有人性本于情欲之发显而为恶的原动力和对外在必要规范的无知。此皆与孟子所言心思之意不合。《论语·为政》有云："子曰：'道之以政，齐之以刑，民免而无耻；道之以德，齐之以礼，有耻且格。'"意即以开启人之内在道德自觉而为制民之道乃是为政根本之策，结合以上孟荀所言心知之意，我们对此当有更深的体会。

之而已矣。"（《孟子·告子上》）朱子《集注》云："耳思聪，目思视，各有所职而不能思，是以蔽于外物。既不能思而蔽于外物，则亦一物而已。又以外物交于此物，其引之而去不难矣。"① 结合朱注，可知孟子所言大意是：耳目之官不思，故在外求于物的过程中容易为外物所遮蔽，导致人的生存发展出现异化现象。对此孟子亦曾举例说明，即："饥者甘食，渴者甘饮，是未得饮食之正也，饥渴害之也。"（《孟子·尽心上》）由此可见，偏执耳目之官很容易形成人的生存物化，使人失去自身的主体性。此外，由于耳目之官不思，故无法节制自身，如此则容易导致人之生物性欲求的无限膨胀。在此情况下，人为满足其生物欲求便可能无所不用其极，乃至集天下之人、物而经营一己之私利。如此一来，它便会对宇宙万物之存在形成伤害。对此，孟子曾以义利之辩而言之，所谓"万乘之国弒其君者，必千乘之家；千乘之国弒其君者，必百乘之家。万取千焉，千取百焉，不为不多矣。苟为后义而先利，不夺不餍"（《孟子·梁惠王上》）。司马迁读孟子此言时亦是感慨万千，并云："余读孟子书，至梁惠王问：'何以利吾国'，未尝不废书而叹也。曰：嗟乎，利诚乱之始也！夫子罕言利者，常防其原也。故曰：'放于利而行，多怨。'自天子至于庶人，好利之弊何以异哉。"（《史记·孟子荀卿列传》）

其次，与"耳目之官不思"相反，孟子以为"心之官则思。思则得之，不思则不得也"。在此，心思因其所求的对象乃是人植根于心、彰显存在根本的道德性，故具有了"求在我"的存在之主体性特征。而道德性也由此成为人性之价值主体。对此孟子有云："仁，人心也；义，人路也……学问之道无他，求其放心而已矣"（《告子上》），又云："君子所以异于人者，以其存心也。君子以仁存心，以礼存心。"（《孟子·离娄下》）在此基础上，孟子又进一步言道："居天下之广居，立天下之正位，行天下之大道。得志与民由之，不得志独行其道。富贵不能淫，贫贱不能移，威武不能屈，此之谓大丈夫。"（《孟子·滕文公下》）此处孟子所言之大丈夫气概即为在心思主宰下人之道德性的岿然挺立，由此我们尽可以看出道德性之价值主体确立的意义所在。

综上所述，我们可以看到，借助心之官来确立道德性之价值主体地

---

① 朱熹：《四书章句集注》，中华书局1983年版，第335页。

位可具有以下两方面意义，即：一方面，它可以消解生物性盲目发展所可能带来的种种非主体性的负面影响；另一方面，它又可以充分体现"求在我"的心思主体性特征，彰显以德性为价值主体的人格光辉。

三　自觉与存养

（一）本心自觉

孟子曾有云："仁义礼智，非由外铄我也，我固有之也。"（《孟子·告子上》）孟子这番话是否意味着人的道德性是一个先天既与的自然圆满的事实呢？对此我们可以结合《孟子》以下的论述来理解。《孟子·告子上》云：

> 乃若其情，则可以为善矣，乃所谓善也。若夫为不善，非才之罪也。恻隐之心，人皆有之；羞恶之心，人皆有之；恭敬之心，人皆有之；是非之心，人皆有之。恻隐之心，仁也；羞恶之心，义也；恭敬之心，礼也；是非之心，智也。仁义礼智，非由外铄我也，我固有之也，弗思耳矣。故曰："求则得之，舍则失之。"或相倍蓰而无算者，不能尽其才者也。

依据以上这段材料，我们大体可以得出以下两点认识：其一，孟子有言："乃若其情，则可以为善矣，乃所谓善也。若夫为不善，非才之罪也……仁义礼智，非由外铄我也，我固有之也。"可见，孟子认为仁义礼智作为人的道德性乃是人自身先天固有的内容，并且人本有为善之才具，即顺乎人情自可为善。其二，孟子云："仁义礼智，非由外铄我也，我固有之也，弗思耳矣。故曰，'求则得之，舍则失之。'或相倍蓰而无算者，不能尽其才者也。"可见，孟子虽然以为仁义礼智内在于心，是人心先天的内容，但并不认为它们是现成的存在。他认为只有经过人心的思与求的过程，人之道德性才能真实呈现出来。借用李明辉先生的话，内在于心的仁义礼智只可谓之"隐默之知"，我们既不能因为它们不是完成了的德行就否定它们的存在，也不能因为肯定它们的存在就把它们视为既成的事实。事实上，人的本心自觉（思与求）对人的道德性显现起着至关重要的作用。

那么人之本心自觉何以能够呈现仁义礼智之道德性呢？对此，孟子有自己的解释，即"理义之悦我心，犹刍豢之悦我口"（《孟子·告子上》）。也就是说，心悦理义乃是其存在的本然欲求。由此说来，人对固有道德性的思与求便是人之本心自觉呈现的过程，故云"尽其心者，知其性也"（《孟子·尽心上》）。此过程亦是一个思诚的经历，故孟子有言"诚者，天之道也；思诚者，人之道也"。对于孟子即本心自觉以呈现人之道德本性的思想，我们也可以参照大程子之言来理解。大程子有云："当论以心知天，……只心便是天，尽心便知性，知性便知天。当处便认取，更不可外求。"（《宋元学案卷十三·明道学案》）大程子此言充分体现了其明心见性的思路。此外阳明先生亦曾有云："人但得好善如好好色，恶恶如恶恶臭，便是圣人……善是实实的好，是无念不善矣。恶是实实的恶，是无念及恶矣。如何不是圣人？故圣人之学，只是一诚而已。"（《传习录下》）又云："著实去致良知，便是诚意"、"良知只是天理自然明觉发现处。只是一个真诚恻怛，便是他本体"（《传习录中》）。在此，阳明以"诚意"和"致良知"贯通一体，即本心真诚发露以言人之德性的崛起，十分契合孟子"心悦理义"之意。

自孔子开启由神到人的人文转向、以文质合一精神确立人道以来，先秦儒学关于人性的阐述便不断取得深入发展。有人把这些阐述大体归为两类，即内证与外证。从上面有关孟子以本心自觉来呈现人之德性的论述中，我们可以清楚地看到孟子以心言性、本心显性的内证特征。由此出发，人之道德成就成为切己的自觉担当而非外在经验层面上的规范限制，我们通常所谓的儒学内在超越性亦由此得以彰显。

（二）存养本心

诚如上述，孟子通过本心的自觉，使人内在的德性得以呈现出来，并体现在人的现实情感活动中。由此，人之德性便具有了事实含义。然而，对于现实中存在的大量不善的现象又当如何解释呢？对此孟子有言曰："乃若其情，则可以为善矣，乃所谓善也。若夫为不善，非才之罪也。……或相倍蓰而无算者，不能尽其才者也。"（《孟子·告子上》）意思是说，人本有为善的才具，即顺乎本心、发乎人情，自然可以为善。不善者乃是因为不能尽其本有的才具。针对这种情况，孟子言道："自暴者，不可与有言也；自弃者，不可与有为也。言非礼义，谓之自暴也；吾身不能居仁由义，谓之自弃也。仁，人之安宅也；义，人之正路也。旷安宅而弗居，舍正路而不由，哀哉"（《孟子·离娄上》）、"不仁者可与言哉？安其危而利其菑，乐其所以亡者。不仁而可与言，则何亡国败家之有？有孺子歌曰：'沧浪之水清兮，可以濯我缨；沧浪之水浊兮，可以濯我足。'孔子曰：'小子听之：清斯濯缨，浊斯濯足矣。自取之也。'夫人必自侮，然后人侮之；家必自毁，而后人毁之；国必自伐，而后人伐之。太甲曰：'天作孽，犹可违；自作孽，不可活。'此之谓也。"（《孟子·离娄上》）由上可见，孟子对于有为善之才具而不能努力行善之人实是哀之、恨之、叹之。

通观孟子所述，我们可以发现使人不善的原因有很多，但大体可以分为内外两类：从内部原因上说，人过分偏执自身的生物欲求，可对人之德性主体造成遮蔽，由此可为不善。对此孟子多有言及，如："饮食之人，则人贱之矣，为其养小以失大也。饮食之人无有失也，则口腹岂适为尺寸之肤哉？"（《孟子·告子上》）又如："丈夫生而愿为之有室，女子生而愿为之有家。父母之心，人皆有之。不待父母之命、媒妁之言，钻穴隙相窥，逾墙相从，则父母国人皆贱之。古之人未尝不欲仕也，又恶不由其道。不由其道而往者，与钻穴隙之类也。"（《孟子·滕文公下》）从外部原因上说，外在形势的变化也可使人的德性主体得以遮蔽，从而出现不善的情况。对此，孟子亦曾言道："富岁，子弟多赖；凶岁，子弟多暴，非天之降才尔殊也，其所以陷溺其心者然也。"（《孟子·告子上》）

为了排除以上两种因素的干扰，确立人之德性主体，孟子进一步提出要"养心"。孟子所谓的"养心"亦可从内外两方面理解：

从内在方面看，孟子提出："养心莫善于寡欲。其为人也寡欲，虽有不存焉者，寡矣；其为人也多欲，虽有存焉者，寡矣。"（《孟子·尽心下》）为此，孟子举例云："虽有天下易生之物也，一日暴之，十日寒之，未有能生者也。吾见亦罕矣，吾退而寒之者至矣，吾如有萌焉何哉？今夫弈之为数，小数也；不专心致志，则不得也。弈秋，通国之善弈者也。使弈秋诲二人弈，其一人专心致志，惟弈秋之为听。一人虽听之，一心以为有鸿鹄将至，思援弓缴而射之，虽与之俱学，弗若之矣，为是其智弗若与？曰：非然也。"（《孟子·告子上》）以上孟子之意在于说明养心重在持志如一、心无旁骛，不能朝三暮四、心不在焉。阳明先生曾有云："真有圣人之志，良知上更无不尽。良知上留得些子别念挂带，便非必为圣人之志矣。"（《传习录下》）此亦可与孟子养心寡欲之意相通。

从外在方面看，孟子所谓"养心"还可以"礼"涵养之。对此，孟子有云："仁之实，事亲是也；义之实，从兄是也。智之实，知斯二者弗去是也；礼之实，节文斯二者是也；乐之实，乐斯二者，乐则生矣，生则恶可已也，恶可已，则不知足之蹈之、手之舞之。"（《孟子·离娄上》）由此可见，孟子以为"礼"乃是仁、义的文化形式，人可借此文化历练来发动本心自觉，规范现实行为，驱除恶念，显现德性主体。

综上所述，我们基本可以获得这样的认识，即：孟子所言人之德性作为先天内容并非是一种现成的、完成的状态。它必须在人之本心自觉和存养本心的修养历程中见诸人的形色后才能最终证成自身。郭店简《性自命出》云："牛生而长，雁生而伸，其性（使然，人）而学或使之也。"[1] 其所谓"学"者，也许正是此明心见性的体证经历吧。

---

[1] 李零：《郭店楚简校读记》，北京大学出版社 2002 年版，第 105 页。

第四章　孟子身心论研究

　　孟子身心论乃是有关孟子心性思想之践形的理论。在孟子的思想体系中，经过以心显性，其所言人之德性在"我善养吾浩然之气"的养气过程中成为心志所向和气质转化的内核。由此出发，在心性一体的基础上，孟子的身心论乃进一步呈现出"身心合一"的理论特征。

　　孟子的身心论在其"知言养气"章有着代表性的表述，因此我们主要围绕这段材料展开讨论。《孟子·公孙丑上》有云：

　　　　公孙丑问曰："夫子加齐之卿相，得行道焉，虽由此霸王不异矣。如此，则动心否乎？"
　　　　孟子曰："否。我四十不动心。"
　　　　曰："若是，则夫子过孟贲远矣。"
　　　　曰："是不难，告子先我不动心。"
　　　　曰："不动心有道乎？"
　　　　曰："有。北宫黝之养勇也，不肤挠，不目逃，思以一毫挫于人，若挞之于市朝。不受于褐宽博，亦不受于万乘之君，视刺万乘之君，若刺褐夫。无严诸侯。恶声至，必反之。孟施舍之所养勇也，曰：'视不胜犹胜也。量敌而后进，虑胜而后会，是畏三军者也。舍岂能为必胜哉？能无惧而已矣！'孟施舍似曾子，北宫黝似子夏。夫二子之勇，未知其孰贤；然而孟施舍守约也。昔者曾子谓子襄曰：'子好勇乎？吾尝闻大勇于夫子矣：自反而不缩，虽褐宽博，吾不惴焉；自反而缩，虽千万人，吾往矣。'孟施舍之守气，又不如曾子之守约也。"
　　　　曰："敢问夫子之不动心，与告子之不动心，可得闻与？"
　　　　告子曰："'不得于言，勿求于心；不得于心，勿求于气。'不得于心，勿求于气，可；不得于言，勿求于心，不可。夫志，气之帅也；气，体之充也。夫志至焉，气次焉。故曰：'持其志，无暴其气。'"

"既曰：'志至焉，气次焉。'又曰：'持其志，无暴其气'者，何也？"

曰："志壹则动气，气壹则动志也。今夫蹶者趋者，是气也，而反动其心。"

"敢问夫子恶乎长？"

曰："我知言，我善养吾浩然之气。"

"敢问何谓浩然之气？"

曰："难言也。其为气也，至大至刚，以直养而无害，则塞于天地之间。其为气也，配义与道；无是，馁矣。是集义所生者，非义袭而取之也。行有不慊于心，则馁矣。我故曰，告子未尝知义，以其外之也。必有事焉，而勿正，心勿忘，勿助长也。无若宋人然：宋人有闵其苗之不长而揠之者；芒芒然归，谓其人曰：'今日病矣，予助苗长矣。'其子趋而往视之，苗则槁矣。天下之不助苗长者寡矣。以为无益而舍之者，不耘苗者也；助之长者，揠苗者也。非徒无益，而又害之。"

"何谓知言？"

曰："诐辞知其所蔽，淫辞知其所陷，邪辞知其所离，遁辞知其所穷。生于其心，害于其政；发于其政，害于其事。圣人复起，必从吾言矣。"

这段材料是我们理解孟子"身心"论的要点所在。徐复观先生在概括孟子的"知言养气"思想时说："（知言养气）是指人我、人物，关联在一起而使显露出来的；所以在这种内容中，它会由内而一定要求通到外，由个体而一定要求通到群体，由理想而一定要通到行为。"[1]由此可见，"知言养气"章对于阐明身心关系、气质变化、人格实现等方面内容具有重要作用。关于此章的解释，历来众说纷纭。黄俊杰先生在《中国孟学诠释史论》的相关章节中对此做了大量的材料整理和分

---

[1]　徐复观：《孟子知言养气章试释》，收入《中国思想史论集》，上海书店出版社 2004 年版，第 128 页。

析工作，我们在具体论述时，可以对比参照。我们将以前文对孟子的人性论的阐释为基础，结合相关材料，围绕孟子的"身心"论这一主题，从两个方面做具体一贯的阐述，即孟子的身心论与知言养气——孟子身心论的具体展开。

一 孟子身心论概述

（一）身心论溯源

所谓身心问题乃指"心志"与"形气"之关系问题。在孟子身心论形成之前，儒家学者即对此有了一定的认识。

首先，在"心志"问题上，孔子曾言："父在，观其志；父没，观其行；三年无改于父之道，可谓孝矣。"（《论语·学而》）由孔子言"观其志"到言"观其行"的一贯立场，我们可以说，孔子已经认识到由"志"到"行"之间存在着一定的联系。此外，孔子又言："士志于道，而耻恶衣恶食者，未足与议也。"（《论语·里仁》）子夏亦云："博学而笃志，切问而近思，仁在其中矣。"（《论语·子张》）此皆表明"志"对行为的主宰作用。孔、孟之间的儒者对以上认识既有继承，又有所发展。例如郭店简《性自命出》云："凡人虽有性，心无定志，待物而后作，待悦而后行，待习而后定"、"凡心有志也，无与不（可。人之不可）独行，犹口之不可独言也。"[1] 郭店简《五行》又云："士有志于君子道谓之志士。善弗为无近，德弗志不成，智不思不得。"[2] 以上诸文言"观志""笃志""定志""有志"，皆着眼于心志对人性呈显、人道确立的主宰作用，这亦可视为对孔子言"志"思想的继承与发展。此外《性自命出》又讲："道始于情，情生于性。"在此，人情归本于人性，人道则建立在自然性情基础上。这反映了当时儒者对"心志"内涵以及人道确立的深刻理解。由此我们说，孟子之前的儒者言"心志"，已经注意从人性的角度看待"心志"之内涵，从情动的角度体察心志之主宰作用以及它对人的行为的影响，因而具有了相当的认

---

① 李零：《郭店楚简校读记》，北京大学出版社2002年版，第105页。
② 同上书，第78页。

识深度。

其次，在"形气"问题上，郭店简《性自命出》有言曰："凡悦人勿吝也，身必从之，言及则明举之而毋伪"、"君子身以为主心"①。郭店简《五行》讲："耳目鼻口手足六者，心之役也。"② 以上几条材料中论及的"身以为主心"、"心之役也"都是说人当以心作为身体的主宰，从而达成"身心合一"。而《礼记·中庸》则讲道："惟天下至圣，为能聪明睿智，足以有临也；宽裕温柔，足以有容也；发强刚毅，足以有执也；齐庄中正，足以有敬也；文理密察，足以有别也。"这里把与心志相关的"聪明睿智"等德目与"有临""有容""有敬"等形色对举，亦含有"身心合一"的思想理路。在此基础上，郭店简《五行》所谓的"（君）子之为善也，有与始，有与终也。君子之为德也，（有与始，无与）终也"③ 的君子终始之道也可以理解为以上"身心合一"之道的具体展开历程。

综上所述，可以看到，孟子之前的儒者言气、言身，并非将它们看作与人之内在精神无涉的单纯形气之物，相反，他们已经注意到人性、心志与形气之间的密切联系，并且也已经认识到人之心志以人性之显为指归，为形气之主宰，而人之形气则当为心志主宰下人性的变现。在此基础上的人生即是一个心性一体、身心合一的成就。

（二）孟子对身心关系的四点认识

关于身心关系问题，孟子论述颇繁。这些论述既有对以前思想的批判与继承，又有孟子本人的独到见解。概述其要，有以下四点内容：

首先，孟子认识到"心志""形气"与"人性"之间的密切关系，并对此做了深入的阐释。孟子以为："君子所性，仁义礼智根于心，其生色也，睟然见于面，盎于背，施于四体，四体不言而喻。"（《孟子·尽心上》）其大意是说，人之德性植根于人心，自然显现在人的形色上。孟子的这句话明确表达了人性与心志、形气合一的思想。不仅如此，孟子还对这种思想的义理基础作了深刻的阐释。如孟子讲道："诚身有道：不明乎善，不诚其身矣。是故诚者，天之道也；思诚者，人之

---

① 李零：《郭店楚简校读记》，北京大学出版社 2002 年版，第 108 页。
② 同上书，第 80 页。
③ 同上书，第 79 页。

道也。至诚而不动者，未之有也；不诚，未有能动者也。"（《孟子·离娄上》）朱子《集注》释"诚"为"实"，并言："诚者，理之在我者皆实而无伪，天道之本然也。思诚者，欲此理之在我者皆实而无伪，人道之当然也。"① 其意是说：人自我真实的存在状态即是诚，这也是天道本然。对此天道本然的切实理会亦即思诚乃是人道之应当。那么人如何才能呈现真实的自我，实现诚身呢？孟子言："诚身有道：不明乎善，不诚其身矣。"（《孟子·离娄上》）这就是说，诚身之道在明善。那什么又是善呢？孟子言："可欲之谓善。"（《孟子·尽心下》）孟子所谓"可欲"者，实际是指人禀于天命、"思则得之，不思则不得"、"求在内"的切己的具有价值主体地位的道德性。由于它是受于天命，并且"思则得之，不思则不得"，"求在内"，具有价值主体地位，故为可欲②。此道德性即是可欲之善。明善即是呈现人切己的道德性，即是诚身之道，即是思诚、行人道以尽天道。如此一来，孟子便将人性（德性）与心志（思诚）、形气（诚身）贯通为一，并将其建立在天道之本然、行人道之当然的理论框下，赋予其深刻的理论寓意。

其次，孟子阐释了心志对形气的主宰作用。对此，我们可以参看下面《孟子·公孙丑上》"知言养气"章中的一段话来体会：

告子曰："不得于言，勿求于心；不得于心，勿求于气。"

不得于心，勿求于气，可；不得于言，勿求于心，不可。夫志，气之帅也；气，体之充也。

在此，告子说"不得于心，勿求于气"，孟子以为"可"。赵岐评论说："孟子以为是则可，言人当以心为正也。"③ 朱子《集注》以为："彼谓不得于心而勿求于气者，急于本而缓其末，犹之可也。"④ 以上二注都认为，孟子曰"可"意在肯定告子以人心作为价值抉择根本的主张。由此可见，在心、气关系中，孟子很重视心的主宰作用。至于孟子

---

① 朱熹：《四书章句集注》，中华书局1983年版，第282页。
② 参见李景林《论"可欲之谓善"》，《教化视域中的儒学》，中国社会科学出版社2013年版，第36页，第44页。
③ 焦循：《孟子正义》，中华书局1987年版，第194页。
④ 朱熹：《四书章句集注》，中华书局1983年版，第230页。

云"夫志，气之帅也；气，体之充也"，则体现了孟子以"志"为形气之统帅，在心志的主宰下气通贯身体的思想。也就是说，在"心志"与"形气"关系中，孟子肯定了"心志"对"形气"的主宰作用。由此可见，一如此前儒者所论，孟子也以人的心志作为自身的主宰，并由此来影响形气，实现身心合一。孟子这个思想后来被王阳明大力阐发，并与其论"致良知"、"知行合一"自成一贯。在《传习录上》中，王阳明曾言道："未有知而不行者。知而不行，只是未知。圣贤教人知行，正是要复那本体，故《大学》指个真知行与人看，说如好好色，如恶恶臭，见好色属知，好好色属行。只见那好色时，已自好了，不是见了后又立个心去好……知行如何分得开？此便是知行的本体，不曾有私意隔断的。圣人教人必要是如此方可谓之知，不然只是不曾知。"在《答罗整庵少宰书》中，王阳明又说道："夫德之不修，学之不讲，孔子以为忧。而世之学者稍能传习训诂，即皆自以为知学，不复有所谓讲学之求，可悲矣！夫道必体而后见，非已见道而后加体道之功也；道必学而后明，非外讲学而复有所谓明道之事也。然世之讲学者有二：有讲之以身心者，有讲之以口耳者。讲之以口耳，揣摩测度，求之影响者也；讲之以身心，形著习察，实有诸己者也，知此则知孔门之学矣。"揣摩其意可知，以上阳明先生所讲"致良知""知行合一"皆可与孟子以心志为形气主宰，讲"身心合一"相一致。可见孟子这一思想对后人影响是很大的。

再次，孟子不仅以"志"为"气"的统帅，还进一步指出，"夫志至焉，气次焉。故曰：'持其志，无暴其气'"。所谓"夫志至焉，气次焉"是指心志所至，气即附焉。如此一来，心志的主宰义便即形气之载而化为一种具体实存的力量。这显然包含了志、气合一的意味。孟子曾言："存乎人者，莫良于眸子。眸子不能掩其恶。胸中正，则眸子瞭焉；胸中不正，则眸子眊焉。听其言也，观其眸子，人焉廋哉？"（《孟子·离娄上》）所谓"存"者，《尔雅·释诂》以为"存，察也"。这是说，观察一个人最好的办法就是看他的眼神。一个人的精神面貌，无论善恶，都可以通过他的眼神表现出来。在这句话里，孟子就表达了一种身心合一的思想①。对于"持其志，无暴其气"的原因，孟子的解释是"志壹则动气，气壹则动志也。今夫蹶者趋者，是气也，而反动其心"。所谓"壹"者，专一也②。孟子以为志与气之间虽然在心志主宰下具有志、气合一的特征，然二者也存在一定的相互影响作用——心志专一则可动形气，反之形气则会拨动心志。有鉴于此，孟子言："持其志，无暴其气"，即人应当坚定自己的心志，不能任由气之趋动以削弱心志主宰。人需要在心志主宰下，持志、养气兼容并蓄，以实现身心合一，此即朱子所谓"内外本末，交相培养"③之意。孟子的这一思路与前文论孟子人性思想之整体义与价值义是一致的。我们在前文中曾经言道，孟子所谓人性整体义在于人之自然生物性和道德性的统一。前者着落于人耳目之官，后者着落于心之官，二者共为人性内容，缺一不可；孟子所谓人性价值义，是指在大体与小体的辨析基础上，以德性为人性之价值主体。孟子所言人性的现实展开体现为在德性价值主体确立的前提下人之道德性与生物性在形气上的显现。由此回溯孟子论志气关系既讲心志主宰义，又言持志、养气并举的思想理路，此正与人性呈现历程相一贯。

最后，孟子还阐述了人性与心志、形气合一以成就人格的具体阶段性。孟子有言："可欲之谓善，有诸己之谓信，充实之谓美，充实而有光辉之谓大，大而化之之谓圣，圣而不可知之之谓神。"（《孟子·尽心下》这里所谓"信"者，是指道德之善实存诸己；所谓"美"者，是指以道德之善达乎四体，四体不言而喻；所谓"大"者，是说道德之善不仅实存诸己，而且发显于外，即朱子所谓"美在其中，而畅于四肢，发于事业，则德业至盛而不可加矣"；所谓"圣"者，是指君子行

---

① 所谓"夫志至焉，气次焉"的解释，历史上是有一定分歧的。赵岐以为孟子是从作用上讲"志"是主要的，"气"是次一级的（参见焦循《孟子正义》，中华书局1987年版，第196页）。今人杨泽波先生也持此论（见《孟子评传》，南京大学出版社1998年版，第367页）。毛奇龄《逸讲笺》则以"次"为舍止，认为孟子是说"气之所至，气即随之而止"（见焦循《孟子正义》，中华书局1987年版，第196—197页）。今人杨伯峻先生《孟子译注》亦持此说（见杨伯峻《孟子译注》，中华书局1960年版，第65页）。朱子《集注》先从赵岐，《语类》又讲："志至焉，则气便在这里，是气亦至了。"徐复观先生合此二言，以为"志与气之职分虽殊而实不可分"（见徐复观《中国思想史论集》，上海书店出版社2004年版，第119页）。今从徐说。

② 朱熹：《四书章句集注》，中华书局1983年版，第231页。

③ 同上书，第230页。

道德之善"大而能化"、"有与始,无与终也";所谓"神"者,程子以为是指"圣不可知,谓圣之至妙,人所不能测"①。以上诸义乃逐次体现了人性与心志、形气合一的阶段性发展成就。

综上所述,我们可以看出,孟子言身心关系问题既讲人性与心志、形气合一及其统合的义理基础和发展的阶段性,又言心志对形气的统帅、持志、养气并举,由此体现了孟子对身心关系问题的深刻认识。

二　孟子身心论的展开

(一) 心志与人性

孟子言身心关系,既讲心志的主宰作用,又讲"志至气次""持志养气"。比较而言,心志的主宰作用构成了身心关系中的主线,由此可见"心志"在孟子身心关系中的重要地位。那么应该如何理解孟子之"心志"的具体含义呢?

我们曾在上文指出,孟子之前的儒者在讨论身心关系时很强调心志的主宰作用,并表达出这样一种含义——人借助心志的主宰作用和对道德的认同来统率形气,在身心合一的过程中完成人生道德践履。孟子言心志亦大体沿袭了这一路向。

首先,孟子所言心、志内涵既有区别,又有联系。例如针对告子"不得于言,勿求于心;不得于心,勿求于气"的说法,孟子在论"知言"时,以"言""心"对举,固有"不得于言,勿求于心,不可"之说;而在论"心"与"气"时,则以"志""气"对举,固有"夫志,气之帅也;气,体之充也。夫志至焉,气次焉"之语。李景林先生认为此种转换很有意义。前者"言""心"对举,乃是借"知"以言"心";后者"志""气"对举,则是以人之行为必有其方向而言其内在之志的主宰义②。由此可见,在孟子那里,心、志的含义是有区分的。不过除了区分,二者之间还存在着具体的联系,如朱子曾言道:

①　朱熹:《四书章句集注》,中华书局1983年版,第370页。
②　李景林:《教养的本原》,辽宁人民出版社1998年版,第272页。

"志者，心之所向。持志却是养心，也不是持志之外别有一个养心。"①
在此，朱子以心的自然指向和主宰作用来说明心、志之间的一贯联系，
决无思虑忖度的挂碍。这对心志关系而言，可谓是一贯通的理解。如此
一来，"心志"合称则便具有了明觉、主宰、力量等综合的三方面
含义。

其次，以上孟子言心志的三方面含义是否具有一贯的内涵呢？这就
是我们下面要讨论的问题。孟子曾言："人之所不学而能者，其良能
也；所不虑而知者，其良知也。孩提之童无不知爱其亲者；及其长也，
无不知敬其兄也。亲亲，仁也；敬长，义也。无他，达之天下也。"
(《孟子·尽心上》) 在此，孟子讲人本有良知良能。良知是指人"无不
知爱其亲，无不知敬其兄"的道德觉知，由于它是"犹刍豢之悦我口"
的自然直觉，故"思则得之，不思则不得也"。良能是指人即道德良
知、行"亲亲、敬长"之德的"操存"的能力、才具。二者作为人之
先天内容共属于人性范畴，存显于心。从孟子性由心显的角度讲，我们
也可以把良知良能称为人的道德本心。关于"心"，孟子曾言："大人
者，不失其赤子之心者也"(《孟子·离娄下》)、"君子所以异于人者，
以其存心也"(《孟子·离娄下》)、"至于心，独无所同然乎"(《孟子·告
子上》)、"仁，人心也；义，人路也。舍其路而弗由，放其心而不知
求，哀哉！人有鸡犬放，则知求之；有放心，而不知求。学问之道无
他，求其放心而已矣"(《孟子·告子上》)。由上文我们可以看出，孟
子言心，皆是就实存的道德本心来发挥，不立他义。对此，杨泽波先生
也曾讲道："道德之心占有崇高地位，认知之心几乎没有位置，这是孟
子论说性善的一大特点，也是其理论的基本前提。"② 伊藤仁斋在《孟
子古义》卷二中也讲："盖孟子所谓心者，指良心而言。其曰思则得
之，不思则不得者，亦言得仁义与否耳，非徒言心也。"③ 在以上认识
的基础上，我们说孟子言心志亦当统摄于实存的人之道德本心中，与良
知良能自然呼应。具体说来，孟子所谓的"心悦理义"、心思理义之本
心自觉属于良知；而在"君子之志于道也，不成章不达"(《孟子·尽

① 《朱子语类》卷52，中华书局1986年版。
② 杨泽波：《孟子评传》，南京大学出版社1998年版，第297页。
③ 转引自黄俊杰《中国孟学诠释史论》，社会科学文献出版社2004年版，第214页。

心上》）中，君子心志的道德主宰义和力量义则属于良能。二者作用有所不同，前者偏重于人的道德本心的思与觉，后者注重道德本心的主宰与力量，但都共属于人之道德本心。

至于孟子将德性作为心志之一贯内涵的原因，我们在前文论身心关系时已经做了必要的说明。孟子以为人自有的德性即是可欲之善，此善的自然显现即为天道之诚。孟子以为人道就在于"思诚"，成就本有的德性，这是人心志所向，行所应当。由此孟子将德性与心志相联贯，并将它建立在尽人道以行天道的义理基础上。《礼记·中庸》云："诚者自成也，而道者自道也。诚者物之终始，不诚无物。是故君子诚之为贵。"朱子《集注》云："诚以心言，本也；道以理言，用也。"① 意即以心言诚乃立身之本，反之则是"不诚无物"。由此可见，以德性为根本内涵的心志对于人格成就具有重要的作用。

综合身心关系和心志自然呈显德性这两方面内容，我们可进一步领会孟子言身心关系的深意，即孟子既从心志为形气主宰、持志守气并举来讲人的身心关系，又言心志自然呈现德性，这表明孟子具有一种以德成人、身心合一的思想。这种身心合一具体体现为先天的德性即心志的明觉、主宰作用显现于人的形气之上。孟子所言人性的现实成就正是体现为这样一个贯通历程。在此，人由自我明觉德性、立志主宰到扩充践形，充分体现了儒学即内在而超越的价值主体特征。

（二）心志与知言

在以上论述的基础上，我们进一步探讨《孟子》文本中"心志"与"知言"的关系。

孟子曾讲道："告子曰：'不得于言，勿求于心；不得于心，勿求于气。'不得于心，勿求于气，可；不得于言，勿求于心，不可。"这段话主要是讲告子"不动心"的原理，以及孟子对此的看法。"不动心"关乎养勇。告子讲"不动心"牵涉到他对"心""知言"二者关系的理解。从孟子对告子的评价中，我们则又可以发现孟子自己对这二者关系的认识。在这个过程中，如何理解以上这段话当是一个关键。

关于告子的"不得于言，勿求于心；不得于心，勿求于气"的说法，朱子解释为："告子谓于言有所不达，则当舍置其言，而不必反求

---

① 朱熹：《四书章句集注》，中华书局1983年版，第33—34页。

其理于心；于心有所不安，则当力制其心，而不必更要求其助于气，此所以固守其心而不动之速也。"① 朱子的这种解释得到了徐复观先生的肯定②，但遭到了李明辉先生的质疑。李先生认为，如此理解告子的"不动心"，无法与告子的"义外"说相联系③。杨泽波先生在肯定李先生的质疑基础上，又反对李先生提出的"改写原文"的新解，并另辟蹊径地提出："不得于言，勿求于心"与"不得于心，勿求于气"是两个完全不同的观点，二者没有直接联系：前者属"知"，后者属"勇"④。

　　针对杨先生所言，笔者亦有自己的一点看法。结合上下文来看，孟子引述告子之言以及孟子对此所做的评论都是围绕一个主题，即"不动心"以"养勇"。因此对告子"不得于言，勿求于心；不得于心，勿求于气"的理解也应围绕"不动心"以"养勇"这一主题来进行。由此来看，告子讲"不得于言，勿求于心"表现的是他在应对外物过程中不为外物所动的决心，讲"不得于心，勿求于气"，表现的是他在身心关系上突出心志主宰作用的做法。二者的意图都是通过不动心达到养勇的目的。因此告子的思想是有一贯性的。对此，朱子作了很充分的表述。杨泽波先生从"言知"与"言勇"的角度出发，将告子以上所言直接断为两截，似为不妥。李明辉先生的质疑自有其道理。告子主张"义外"，又讲"不得于言，勿求于心"，讲"不动心"以"养勇"，的确存在矛盾。不过这种矛盾当不是我们理解上存在问题，而是告子思想本身固有的问题。告子所谓"义外"的主张，是指告子以为判断是非的标准在心外。由此出发，"不得于言，勿求于心"可以看作是对"义外"的解释。"不得于心，勿求于气"，是指在"义外"基础上的实践原则，即人应当在心获得了是非标准的基础上，进行实践活动。通过以上分析，我们可以发现，在告子思想中存在一个矛盾，即告子"不动心"以"养勇"的修养原则与他"义外"的是非主张并不统一，而是分裂的、各自一贯的两个体系。前者的价值标准在于内心主宰，后者的

---

　　① 朱熹：《四书章句集注》，中华书局 1983 年版，第 230 页。
　　② 徐复观：《中国思想史论集》，上海书店出版社 2004 年版，第 119 页。
　　③ 李明辉：《〈孟子〉知言养气章的义理结构》，转引自杨泽波《孟子评传》，南京大学出版社 1998 年版，第 363 页。
　　④ 杨泽波：《孟子评传》，南京大学出版社 1998 年版，第 365 页。

是非判断标准在于心外，二者彼此疏离。所以尽管告子可以做到"不动心"以"养勇"，乃至身心合一，但这算不上是真正的"知言"。这样一来，告子的"不动心"便成了一种自我强制把持，没有内外贯通依据的血气行为。这既是他理论自身的矛盾，也是造成以上理解分歧的重要原因。

孟子对告子的点评正是针对这一点。针对告子"不得于言，勿求于心"的说法，孟子认为"不可"，主张要"知言"；针对告子"不得于心，勿求于气"的说法，孟子曰"可"。这样一来，心的主宰作用被突出。将心志主宰作用与知言连贯起来，这也是孟子工夫论的一大特点。

关于"知言"，孟子曰："诐辞知其所蔽，淫辞知其所陷，邪辞知其所离，遁辞知其所穷。生于其心，害于其政；发于其政，害于其事。圣人复起，必从吾言矣。"从这段话我们可以看出，孟子讲"知言"涉及对人我、心物关系的理解。在这个问题上，朱子对孟的解释以及后人对朱子解释的评价可为我们理解孟子"心志"与"知言"关系提供很好的参照。朱子在《与郭冲晦》信中曾言："熹窃谓孟子之学盖以穷理集义为始，不动心为效。盖唯穷理为能知言，唯集义为能养浩然之气。理明而无可疑，气充而无所惧，故能当大任而不动心，考于本章次第可见矣。"[1] 在此，朱子以穷理为能知言，以集义为能养气。从而将孟子"知言"建立在"穷理"的基础上，将"养气"建立在"集义"的基础上。那么朱子是如何解释"穷理为能知言"的呢？对此朱子言道："知言者，尽心知性，于凡天下之言，无不有以究极其理，而识其是非得失之所以然也。"[2] 又言："人之有言，皆本于心。其心明乎正理而无蔽，然后其言平正通达而无病；苟为不然，则必有是四者之病矣。即其言之病，而知其心之失，又知其害于政事之决然而不可易者如此。非心通于道，而无疑于天下之理，其孰能之？"[3] 由上文可知，朱子将"穷理知言"解释为穷天下万物、言论客观之理的知识性活动。朱子如此理解孟子"知言"有他的思想前提。这是因为朱子有"理一分殊"的思想。朱子曾言："天下之理万殊，然其归则一而已矣，不容有二三

---

① 《朱文公文集》卷37，《朱子全书》，上海古籍出版社2002年版。

② 朱熹：《四书章句集注》，中华书局1983年版，第231页。

③ 同上书，第233页。

也"①，又言："圣人未尝言理一，多只言分殊，盖能于分殊中事事物物头头项项理会得其当然，然后方知理本一贯。"② 陈来先生对此解释说："事物的具体规律本是彼此相异的，但从更高的层次看它们都是普遍规律的具体体现，从而具有统一性，所以'到得极时'才能'见得是一理'。"陈先生进而又说道："客观世界的理一分殊决定了认识必须通过分殊而上升到理一……这样理一分殊也就为朱熹提供了认识论与方法论的基础。分殊决定了积累的必要性，理一决定了贯通的可能性。理会分殊是贯通一理的基础和前提，贯通一理是理会分殊的目的和结果。"③ 也正是在此基础上，朱子讲："穷理者，因其所已知而及其所未知，因其所以达而及其所未达。人之良知未所固有，然不能穷理，只是足于已知已达而不能穷其未知未达，故见得一截不曾见得又一截。"④ 根据以上的论述，我们自然明白朱子以"穷理"为能"知言"的原因所在。朱子正是以他这一贯的主张来阐释孟子"知言"思想的。牟宗三先生曾指出，朱子的系统是一"横的静摄系统"⑤，这是很形象的描述。黄俊杰先生也认为，从本质上讲，朱子之学也是德性之学。只是这种德性之学建立在认识活动基础上⑥。朱子学识深厚，气度宏大，故欲以穷天下之理为"知言""养气"的基础，这也是朱子自己治学的特点之一，不过他以此论孟子"知言"则有失偏颇，也遭到后来学者的批评。

朱子之后的王阳明、黄宗羲、王夫之等人皆对朱子的这一解释提出批评。黄梨洲在《明儒学案·序》中说："盈天地皆心也，变化不测，不能不万殊。心无本体，工夫所至，即其本体。故穷理者，穷此心之万殊，非穷万物之万殊也。"⑦ 这表明了黄宗羲内向尽心的思想进路。在此基础上，他讲孟子"知言"，故言道："先忠端公云：孟子'知言'，全将自己心源，印证群迹……知言者，但把常心照证，变态无不剖露。知得人心，亦只知得自己心。知得群心之变，亦只养得吾心之常。"⑧

---

① 《朱文公文集》卷63，《朱子全书》，上海古籍出版社2002年版。
② 《朱子语类》卷27，中华书局1986年版。
③ 陈来：《朱子哲学研究》，华东师范大学出版社2000年版，第122页。
④ 《朱子语类》卷18，中华书局1986年版。
⑤ 牟宗三：《心体与性体》第三册，正中书局1968年版，第48页。
⑥ 黄俊杰：《中国孟学诠释史论》，社会科学文献出版社2004年版，第190页。
⑦ 黄宗羲：《明儒学案》，《黄宗羲全集》第七册，浙江古籍出版社1985年版。
⑧ 黄宗羲：《孟子师说》卷二，《黄宗羲全集》，浙江古籍出版社1985年版。

黄宗羲引用他父亲的话来解释孟子"知言",指出人心自为本原,所谓"知言"便是用这本原来照物,则万物之理自然真实显露出来。黄宗羲对孟子"知言"的解释与朱子外向穷理正相反,他也正是依据自己的这个解释来批评朱子的。王船山也曾言道:"若人将集义事且置下不料理,且一味求为知言之学,有不流而为小人儒者哉?知言,是孟子极顶处,唯灼然见义于内,而精义入神,方得知言。苟不集义,如何见得义在内?"① 以上二人解释孟子"知言"皆主张内本于心,反对朱子一味穷理于外。

那么孟子"知言"的含义究竟是怎样的呢?它与"心志"的关系又是如何呢?以下拟对此略作分疏:

首先,孟子曾言道:"权,然后知轻重;度,然后知长短。物皆然,心为甚。"(《孟子·梁惠王上》)在此,孟子肯定了人心在与外物交接过程中本有价值判断标准。心志的价值主体在"知言"之前已经确立。在此基础上,孟子又言道:"君子所以异于人者,以其存心也。君子以仁存心,以礼存心。仁者爱人,有礼者敬人。爱人者人恒爱之,敬人者人恒敬之。有人于此,其待我以横逆,则君子必自反也:我必不仁也,必无礼也,此物奚宜至哉?其自反而仁矣,自反而有礼矣,其横逆由是也,君子必自反也:我必不忠。自反而忠矣,其横逆由是也。君子曰:'此亦妄人也已矣。如此,则与禽兽奚择哉?于禽兽又何难焉?'"(《孟子·离娄下》)由上可见,孟子讲"知言"、讲人我、心物关系是在"存心"的基础上展开的,侧重于在心志既有价值内涵基础上认识事物,形成彼此的交流和同情。故孟子曰:"君子深造之以道,欲其自得之也。自得之,则居之安;居之安,则资之深;资之深,则取之左右逢其源,故君子欲其自得之也。"(《孟子·离娄下》)如此看来,孟子讲"知言"主要在于由内向外的扩充,而不像朱子那样讲究由外向内的灌注。

其次,孟子曾言道:"仁义礼智,非由外铄我也,我固有之也,弗思耳矣"(《孟子·告子上》),又言:"君子所性,仁义礼智根于心"(《孟子·尽心上》)。朱子《四书章句集注》曰:"仁义礼智,性之四德也"②。

---

① 王夫之:《读四书大全说》卷八,中华书局 1995 年版,第 507 页。
② 朱熹:《四书章句集注》,中华书局 1983 年版,第 355 页。

在此，仁义礼智作为人之先天的德性实存在心，由思而显。我们在前文讲孟子"心志"含义的时候曾经指出，孟子讲"心志"乃是在人之德性内涵的基础上由道德本心立言，心志的抉择和主宰作用在于明觉和扩充人内在的道德本心，并使它自然显现于人的形气上。在这一过程中，心志充分体现出道德价值主体特征，绝非单纯知识性的外向认知。根据以上的分析，孟子"心志"的这个特征在"知言"的过程中必然发挥主导作用——由于心志道德主体性的影响，心志在人我、心物的交感过程中，不会单纯对外在事物进行认知，它将充分显现内在的道德意志。由此，外物便会融入心志主体的生命世界，成为主体自身德性价值实现的一个部分。孟子所谓"知言"正体现了在此心志主宰下心物、人我融通的过程。

由此看来，孟子讲"知言"乃是在人的德性主体确立的前提下，强调"知言"与"心志"的内外自然贯通。这既与告子学说中"知言"与"心志"的分裂根本不同，亦不同于朱子穷理于外的偏执，它深刻反映了孟子即内在而超越的心性主体思想[1]。

（三）心志与养气

"气论"是中国古代思想中一个很重要的主题。黄俊杰先生将孟子之前的"气论"思想概括为四种：①《易传》中的"二气感应说"。②"望云占气说"。《左传·襄公二十七年》说："晋、楚各处其偏。伯夙谓赵孟曰：'楚氛甚恶，惧难。'"杜预注："氛，气也。言楚有袭晋之气。"③"食气行气说"。这种学说与古代神仙家追求长生，讲究养身有关。《楚辞》中明确提到"食六气"可以"保神明"。④"激气利气说"。这种说法来源于古代兵家。曹刿论战讲："夫战，勇气也。一鼓作气，再而衰，三而竭。彼竭我盈，故克之。"[2] 杨泽波先生后来又补充了一条，即"节气通气"说，此说来源于古代中医。《左传·昭公元年》，医和为晋侯诊病，就是以气之运行来解释人的病因，以气的节制、通畅来讲去病之道[3]。以上一共四种"气论"思想各有特点，其一致之处在于都认为气是一种自然之物，与人的精神无涉。

---

① 虽然孟子、朱子所论皆是德性之学，但孟子所谓"知言"乃是人之道德本心自内而外的流出与朱子"穷理"、"知言"由外向内灌注的路径并不相同。

② 转引自杨泽波《孟子评传》，南京大学出版社1998年版，第374—375页。

③ 杨泽波：《孟子评传》，南京大学出版社1998年版，第376页。

不过情况也有例外。在孟子之前的儒家思想中，气渐渐与人的精神，乃至人性有了联系。如郭店简《性自命出》曾讲道："喜怒哀悲之气，性也。及其见于外，则物取之也。"① 所谓"喜怒哀悲之气，性也"，便是将人的自然情感与气联系起来，并通过情气显现来追溯人性。在此，气与人的思想情感，乃至人性已经具有了一致性。由此可见，孟子之前的儒家学者已经开始将气与人的情性联系起来，而不再把它看作纯粹的自然之物。这就为后来的孟子谈"我善养吾浩然之气"提供了契机。

关于"气"，孟子曾言道：

> 孟子自范之齐，望见齐王之子，喟然叹曰："居移气，养移体，大哉居乎！夫非尽人之子与？"（《孟子·尽心上》）

> 告子曰："不得于言，勿求于心；不得于心，勿求于气。"不得于心，勿求于气，可；不得于言，勿求于心，不可。夫志，气之帅也；气，体之充也。夫志至焉，气次焉。故曰："持其志，无暴其气。"（《孟子·公孙丑上》）

> 曰："我知言，我善养吾浩然之气。"
> "敢问何谓浩然之气？"
> 曰："难言也。其为气也，至大至刚，以直养而无害，则塞于天地之间。其为气也，配义与道；无是，馁矣。是集义所生者，非义袭而取之也。"（《孟子·公孙丑上》）

总结上文，可以发现，孟子言气大体具有相互联系的两方面内容：一方面孟子讲"居移气，养移体""气，体之充也"，这表明他继承了前人以"气"为自然才具的思想；另一方面孟子又讲"其为气也，配义与道；无是，馁矣"。所谓"义"，赵岐注云："义谓仁义，可以立德

---

① 李零：《郭店楚简校读记》，北京大学出版社 2002 年版，第 105 页。

之本也"①，朱子《集注》曰："义者，人心之裁制。"② 从以上两种解释中，我们都可以看出"义"所包含的人的道德内容。这表明孟子已经不再把气看作单纯的才具，而是直接赋予它具体的道德内容，故而其所言之气体现了道德精神与形质的结合。

孟子言气之所以具有以上两方面含义，我们可以从孟子讲"才"与"性""心""情""气"一体的关系中得到一定解释。

宋儒言"才"，是从气质上讲才的差异性，故小程子云："性出于天，才出于气，气清则才清，气浊则才浊……才则有善有不善，性则无不善。"③ 孟子言"才"虽然也与气相连属，但却不是为了讲人的才的差异，而是在性、心、情、才、气一体贯通的思想基础上，深入阐释其性善之意。对此，我们可以参考孟子以下几段话来理解：

> 孟子曰："乃若其情，则可以为善矣，乃所谓善也。若夫为不善，非才之罪也。……求则得之，舍则失之。或相倍蓰而无算者，不能尽其才者也。"（《孟子·告子上》）

> 孟子曰："富岁，子弟多赖；凶岁，子弟多暴，非天之降才尔殊也，其所以陷溺其心者然也。"（《孟子·告子上》）

> 孟子曰："牛山之木尝美矣，以其郊于大国也，斧斤伐之，可以为美乎？是其日夜之所息，雨露之所润，非无萌蘖之生焉，牛羊又从而牧之，是以若彼濯濯也。人见其濯濯也，以为未尝有材焉，此岂山之性也哉？虽存乎人者，岂无仁义之心哉？其所以放其良心者，亦犹斧斤之于木也，旦旦而伐之，可以为美乎？其日夜之所息，平旦之气，其好恶与人相近也者几希，则其旦昼之所为，有梏亡之矣。梏之反覆，则其夜气不足以存；夜气不足以存，则其违禽兽不远矣。人见其禽兽也，而以为未尝有才焉者，是岂人之情也哉？故苟得其养，无物不长；苟失其养，无物不消。孔子曰：'操

① 焦循：《孟子正义》，中华书局1987年版，第200页。
② 朱熹：《四书章句集注》，中华书局1983年版，第231页。
③ 《河南程氏遗书》卷19，《二程集》，中华书局1981年版。

则存，舍则亡；出入无时，莫知其乡。'惟心之谓与？"（《孟子·告子上》）

由以上这些材料看，孟子对于"才"的认识大体有以下几点内容：

首先，孟子言才，与性、心、情、气一体贯通。如孟子言："求则得之，舍则失之。或相倍蓰而无算者，不能尽其才者也。"这是依据"求在内"的德性主体来阐述才的内涵；又如孟子言："非天之降才尔殊也，其所以陷溺其心者然也。"这是从人的道德本心的隐显上讲才与心的统一；再如孟子言："乃若其情，则可以为善矣，乃所谓善也。若夫为不善，非才之罪也。"这是从顺情为善上讲情与才的统一；此外孟子还言道："夜气不足以存，则其违禽兽不远矣。人见其禽兽也，而以为未尝有才焉。"这是从夜气存亡上言气与才的统一。总体来看，孟子言才与性、心、情、气一体贯通。

其次，孟子言才，虽然与性、心、情、气一体贯通，但它们之间的层次并不同。孟子讲的性其实是一种先天内容。在孟子看来，这种先天内容就是人不学而能、不虑而知的良知良能，亦即仁义礼智等道德性。良知良能实存在心，从孟子以心言性的角度讲，我们又可以将良知良能称为道德本心或者良心。孟子所谓的"才"就是指良知良能的才具表现。它与性既是一体，又有区分。戴震的《孟子字义疏证》有言："言才则性见，言性则才见，才与性无所增损故也。人之性善，故才亦美。"① 这是讲二者一体；戴震又言："性以本始言，才以体质言也"②，这是讲二者区分。由此以来，这种才具的发挥，既本然指向人的德性，又体现为道德本心发显为情实，最终则着落在实存的"气"上，以达到践形的目的。唯其如此，孟子所言性善才能真正确立它的事实义。在以上引文中，孟子以"日夜之所息，平旦之气"对应人的才、情，实际便是将人之才、情着落在实存的"气"上讲的。

总的说来，孟子言"才"，可以理解为人之道德本心发动显现为情，并着落于实存的气上。所谓才与性、心、情、气一体贯通也是对此而言的。在此基础上，孟子言"气"自然具有以上道德精神与形质相

---

① 戴震：《孟子字义疏证》，载《戴震集》，上海古籍出版社1980年版，第309—310页。
② 同上书，第310页。

结合的两方面含义。

孟子具有以上言气的思想更深层的原因还在于孟子以为人之德性乃属天道之诚，为心志的一贯内涵和根本指向，人当以心志"思诚"的主宰作用来统率形气，由此实现"诚身"、尽人道之当然以行天道的人生历程。在此，人性与心志、形气是一连续、贯通的整体存在。人在此整体存在中得以实现自我的诚明、显现天道。故孟子言气，必含有人之德性内容，唯有如此，人方得以践形。

在以上思想基础上，孟子进一步讲"养气"，亦即"我知言，我善养吾浩然之气"。

孟子之所以提出养气，在于他一方面以为"夫志，气之帅也；气，体之充也。夫志至焉，气次焉。故曰：'持其志，无暴其气'"，另一方面又指出"志壹则动气，气壹则动志也。今夫蹶者趋者，是气也，而反动其心"。也就是说，人如果不能凭借心志的主宰作用使道德本心发显为情动并着落在实存的气上，而是任由气来发挥主宰作用，则气便要反过来侵蚀人的心志、遮蔽人的道德本心。如此一来，人也就无法尽人道之当然以行天道之诚，于是人的异化现象就发生了。对于气的这种变化，孟子有着深刻的认识，譬如孟子曾言道："其日夜之所息，平旦之气，其好恶与人相近也者几希，则其旦昼之所为，有梏亡之矣。梏之反覆，则其夜气不足以存；夜气不足以存，则其违禽兽不远矣。人见其禽兽也，而以为未尝有才焉者，是岂人之情也哉？故苟得其养，无物不长；苟失其养，无物不消。孔子曰：'操则存，舍则亡；出入无时，莫知其乡。'惟心之谓与？"孟子这里所谓的"平旦之气"、"夜气"正是道德本心即情动的实存反映。在白天，人们在行动中往往为各种功利欲念所左右，致使人的道德本心被遮蔽，由此"平旦之气"、"夜气"自然消亡。所以，在孟子看来，养气就变得很重要了。

孟子言养气可分为以下三方面：①"以直养而无害"；②"其为气也，配义与道；无是，馁矣"；③"是集义所生者，非义袭而取之也。"

我们首先来看第一方面，即"以直养而无害"。对于这句话，赵岐注曰："养之以义，不以邪事干害之"①，朱子《四书章句集注》释：

---

① 焦循：《孟子正义》，中华书局 1987 年版，第 200 页。

"惟其自反而缩，则得其所养；而又无所作为以害之"①，毛奇龄《逸讲
笺》云："以直养者，集义所生，自反而缩也。无害者，不助长也。"②
朱子与毛奇龄在讲"直养"时都言到"自反而缩"。不过"自反而缩"
是从内省的角度讲合于义，与"直养"的方向不同，将二者放在一起
讲，似为不洽。比较起来，赵岐注更明了。不过我们从以上三种注释中
可以发现一个共同点，那就是他们都将"直养"与"义"连贯起来，
在遵照"义"的前提下，实现"直养"。孟子以"仁"为"人心""安
宅"，以"义"为人路，又讲"居仁由义"，可见"义"是孟子所谓
"仁德"的恰当实践展开。从养气的角度看，在遵照"义"的前提下实
现"直养"，就是指人的道德本心即人的情感活动合宜显现在人的形气
上，不受其他干扰。如此，人的性、心、情、气一体贯通，这也就是孟
子所谓"直养"的含义。此外，在此基础上，孟子还提出"直养"过
程中需要注意的两个问题："心勿忘"和"勿助长"。"心勿忘"，是说
不要以为"养气"是以"义"为前提的自然直养，就放松思想，无所
作为。因为人的道德本心在形气上的自然显现是在心志主宰下完成的，
故虽然"养气"是自然直养，但还是需要人有所作为的；"勿助长"是
说自然直养虽然需要人有所作为，但这种作为有它的原则，那就是行其
所当行，故不能急功近利、揠苗助长。

孟子言"养气"的第二个方面是"其为气也，配义与道；无是，
馁矣"。关于"其为气也，配义与道"，赵岐注云："言此气与道义相配
偶俱行。义谓仁义，可以立德之本也。道谓阴阳大道，无形而生有形，
舒之弥六合，卷之不盈握，包络天地，禀授群生者也"③，朱子《四书
章句集注》曰："配者，合而有助之意。义者，人心之裁制。道者，天
理之自然。"④ 赵岐以"义"为"仁义"、"可以立德之本"，这与孟子
以"仁"统领四德的说法并不符合。孟子所谓"义"乃指"仁德"的
恰当实践显现，重在仁的推拓、发用，体现为"人路"。此外赵岐言
"道"有汉儒阴阳五行之意，亦不合于孟子，故赵注在此不可取。朱子
言"义"则可，言"道"则有"天理、人欲二分"之嫌，也不合于孟

---

① 朱熹：《四书章句集注》，中华书局 1983 年版，第 231 页。
② 焦循：《孟子正义》，中华书局 1987 年版，第 200 页。
③ 同上。
④ 朱熹：《四书章句集注》，中华书局 1983 年版，第 231 页。

子心、性、情、天一体贯通的本义。黄俊杰先生也认为以上两种解释皆有不达之处。他以为，比较而言，《朱子语类》卷 52 所云更为合理，即"道是体，义是用。程子曰：'在物为理，处物为义。'道则是物我公共自然之理；义则吾心之能断制者，所用以处此理者也"①、"'其为气也，配义与道；无是，馁也。'配，合也。义者，人心节制之用；道者，人事当然之理"②。黄俊杰先生以为，朱子以"道""义"对言，"道"代表普遍性，"义"代表特殊性的说法大致可取③。在此，黄先生的意见大体是值得肯定的，但也有一点需要补充，这就是孟子言性乃是从事物分类差别上讲各自的禀赋。所以孟子言"道"所具有的普遍性也只是同类之间所具有的普遍性，并非本体论上的普遍性。程朱言性则从本体上讲人物一理，故其言"道"的普遍性也就不局限于同类之间。这是我们在接受朱子以上说法时需要注意的问题。在此基础上，我们引用朱子以上的说法来理解孟子"其为气也，配义与道；无是，馁矣"，就会获得这样的认识——所谓"道者，人事当然之理"，乃是指人之德性，从实存上讲则为道德本心，亦即良知良能；所谓"义者，人心节制之用"，乃是指道德本心即情动合理变现于形气之上。孟子言养气须"配义与道；无是，馁矣"，其意既强调道德本心的本原指向作用，又强调道德本心即情感活动而显现于实存的形气上，由此既突显人之德性的内在价值主体性，又实现性、心、情、气的一体贯通。

对于养气的这方面含义，孟子与弟子公孙丑在一起讨论"不动心""养勇"问题时亦有过具体论述。孟子曾指出，北宫黝、孟施舍、告子等人虽有勇气，做到了"不动心"，但都不属于大勇。北宫黝纯凭血气，无心志主宰，实为匹夫之勇。孟施舍有意在心中培养无所畏惧的勇气，虽然用心，但目的在于守气，也没有真正确立心志主宰。告子虽然表面确立了心志的主宰作用，但由于他强调"义外"即价值判断标准在心外的是非原则，致使心志主宰的修养论与"义外"的是非观之间出现断裂。这种认识的结果，要么像徐复观先生说的那样，走上遗世独立、无为清修一路；要么就是以心为虚，走上穷理求知的外学一路。前

① 《朱子语类》卷 52，中华书局 1986 年版。
② 同上。
③ 黄俊杰：《中国孟学诠释史论》，社会科学文献出版社 2004 年版，第 197 页。

者自守清修，因任无为，所以心志本身无价值内容，也就谈不上心志主宰。后者纯任外学，故而"心志主宰"已经被外化了。由此看来，告子所谓"不动心"也不具有真正的内在价值主宰作用。故以上三人虽然都"不动心"，但在孟子看来，还不是大勇。那么孟子所谓的大勇是什么呢？孟子借曾子之口，对此做了说明，这就是：所谓"大勇"者，"自反而不缩，虽褐宽博，吾不惴焉；自反而缩，虽千万人，吾往矣。"所谓"缩"者，赵岐注为"义也"①，朱子《集注》释为"直也"②，《广雅·释诂》以为"直，义也"。焦循以二者互训，指出"缩之为义，犹缩之为直"③。孟子认为仁义内在，故这里的"义""缩""直"皆应视为人内在的价值原则。由此可知，孟子所谓"大勇"者，在于人依据内在之"义"的价值原则来反省自身，决定自己的行为。如果内省所为合于义，则必一往无前地行事；反之，如果内省不合于义，则必自觉，不可强为之。由此孟子通过言"勇"确立了养气过程中的内在价值主体原则以及性、心、气一体的养气观点。

综合以上两方面内容，我们可以看出，以上第一方面言"以直养而无害"是由道德本心本原贯通的角度讲"养气"；第二方面言"其为气也，配义与道"是从气自身从属的价值原则上讲"养气"。二者可谓首尾一贯。

孟子言"养气"的第三方面是"集义所生者，非义袭而取之也"。所谓"集义所生"者，赵岐注为"集，杂也。……言此浩然之气，与义杂生，从内而出，人生受气所自有者"④。焦循又以"杂""集"为合，意指气合于义，由内自生，"配义与道"⑤。朱子释"集义"不同以上二者。《集注》云："集义，犹言积善。盖欲事事皆合于义也。"⑥ 在《语类》中，朱子又言："'集义'，只是件件事要合宜，自然积得多。"⑦ 针对朱子所言，黄俊杰先生以为，朱子以"集"为"聚积"，以"义"为"理"，将"集义"理解为"积聚事事物物的分殊之理"，

---

① 焦循：《孟子正义》，中华书局 1987 年版，第 193 页。
② 朱熹：《四书章句集注》，中华书局 1983 年版，第 230 页。
③ 焦循：《孟子正义》，中华书局 1987 年版，第 193 页。
④ 同上书，第 202 页。
⑤ 同上。
⑥ 朱熹：《四书章句集注》，中华书局 1983 年版，第 232 页。
⑦ 《朱子语类》卷五二，中华书局 1986 年版。

从而使集义养气成为一种知识活动。黄俊杰先生并引徐复观先生的话说:"孟子的理是自内流出,而朱元晦则常常解为是从外面捡来"①,由此断定朱子解"集义"不合于孟子。王阳明解"集义"为"夫必有事焉,只集义。集义只是致良知。说集义则一时未见头脑。说致良知即当下便有实地步可用工。……若时时刻刻就自心上集义,则良知之体,洞然明白"②。阳明以孟子"集义"为向内做致良知的工夫,这与前面赵岐、焦循所解颇为相似。他又以"必有事焉"说明此工夫不断,如此一来,集义养气便成为不间断的内省活动,这就走向了与朱子相反的另一极。阳明之后的黄宗羲虽然也走心学一路,但是对"集义"的理解却不同于阳明,亦不同于朱子。黄宗羲言:"'集义'者,应物接物,无非心体之流行。心不可见,见之于事,所行无事,则即事即义也。心之集于事者,是乃集于义矣。"③黄俊杰先生认为黄宗羲在此是将孟子的"集义养气"解释为道德主体性的扩充,这一理解是很准确的。不仅如此,比较一下以上朱子、阳明的理解,黄宗羲的解释显然较为合理。因为孟子虽然以仁义礼智四德统属道德本心,然其核心在于"仁义"。关于"仁义",孟子曾讲道:"仁,人心也;义,人路也"、"仁,人之安宅也;义,人之正路也。"朱子《集注》解"义"为"义者行事之宜,谓之人路,则可以见其为出入往来必由之道,而不可须臾舍矣"④。由此可见,孟子以仁为人之道德本心,以义为人之道德本心的自然流行。黄宗羲以"心体之流行"解"义",自与孟子相合。在此基础上,孟子所谓"集义",便可以理解为:在具体行事中显现心体流行。这种显现又必然着落在人实存的形气上。故孟子云:"其为气也,……是集义所生者。"也是在此基础上,孟子又云:"我故曰,告子未尝知义,以其外之也。"告子讲"义外",不论心体流行,也不讲心体即气实存显现,所以孟子认为告子"未尝知义"。在明确"集义"内涵后,孟子又讲"必有事焉",即通过不间断地集义,使这种气得以保存,不致梏亡。对此孟子曾有言:"其为气也,……非义袭而取之也。"所谓"袭而取之",赵岐注为:"密声取敌曰袭。"焦循、朱子皆从之,意为

---

① 黄俊杰:《中国孟学诠释史论》,社会科学文献出版社2004年版,第199页。
② 王阳明:《传习录》中,《王阳明全集》,上海古籍出版社1992年版。
③ 黄宗羲:《孟子师说》卷二,《黄宗羲全集》,浙江古籍出版社1985年版。
④ 朱熹:《四书章句集注》,中华书局1983年版,第333页。

悄然袭取。孟子以上所言在于指出：气是人在具体行事中心体流行的实存显现，这种气并非偶行一义便能取得，故而"行有不慊于心，则馁矣"，为此需"必有事焉"。但是同时孟子也指出，虽"必有事焉"，但要"心勿忘，勿助长也"，即孟子所谓"有事"乃是行其所当然，既不是无为，也不是揠苗助长。由此，人的浩然之气便在心体不间断的自然流行显现中于形色上形成了。孟子言"养气"的第三方面是前两方面内容在具体行事中的显现，实际包含着前两方面的内容，故具有综括之意。

综上所述，我们可以发现，孟子论气，具有心体流行显现、性与心志、形气一体贯通之意，故孟子言气自然含有道德精神内容。孟子所言浩然之气也正是以此为基础而具体表现为贫贱不移、威武不屈、富贵不淫的大丈夫气概。

第五章　孟子性命论研究

　　性命论是孟子性命思想四个主题中的重要组成部分。因为它既关涉孟子人性论之发端与终极归宿，又贯串着孟子心性论和身心论之主旨。因此有关这一主题的讨论对理解孟子性命思想具有重要意义。关于"性命"，孟子曾言道："尽其心者，知其性也。知其性，则知天矣。存其心，养其性，所以事天也。殀寿不贰，修身以俟之，所以立命也。"（《孟子·尽心上》）孟子讲心性一体，他说的性即为德性，亦指道德本心。如此一来，孟子的这段话便表达了这样一种思想：在"天生人成"的天人关系下，人应当通过自觉的道德实践来觉知天赋德性，扩充道德本心，进而安身立命，实现天人之合。基于这一理解，我们对孟子性命论的阐释便具有了两方面的意义：一方面它有助于我们在天人一体的整体性上把握孟子关于人生的整体理解；另一方面它也有助于我们从天生人成的纵深发展角度来理解孟子的道德生命实践意义。

一　孟子天人论概要

　　天人论是性命论的前提基础，性命论则是天人论的深化发展。故了解性命论当以认识天人论为发端，认识天人论则当以发掘性命论为指归。孟子关于天人关系的认识有其一定的历史发展渊源。为了更好地理解他的思想，我们有必要先对孟子之前的天人论做一个回溯。

（一）天人论溯源

　　关于"天"字，《说文解字》释"天"为"至高无上"①。关于"命"字，傅斯年先生以为始出于西周中叶，盛用于西周晚期，与

---

① 许慎：《说文解字·卷一上》，中华书局1963年版，第7页。

"令"字仅为一文之异形①。《说文解字》释"令"为"发号也"②。由此，"天命"合言乃是指至高无上者的号令。天命观念在上古即已经形成，在夏、商、周时期最为盛行。在这一时期的历史发展中，天命观念自身曾经历了一个演化的过程。傅斯年先生曾言："抽象之上帝皇天决不是原始时代之天神观念。早年之图腾标识，自然物与自然力以及祖先，乃是初民崇拜之对象。从此演进，经若干步程，方有群神之主宰，方有抽象之皇天，方有普照之上帝，由不相干之群神进为皇天之系统，必经过甚多政治的、社会的、思想的变化，方可到达此种发展之步程。"③ 傅先生还指出："殷周人之帝天，其观念之演变及信奉之流传，自亦不免走此一路。"④ 按照傅先生的考证，殷周时期的帝天思想也经历了一个由多神并存到一神主宰，由具体对象到抽象观念的简化、提炼过程。那么在这一过程中，上帝、皇天本身扮演的又是什么角色呢？对此我们可以比照以下文献来认识理解：

> 今二月帝不令雨。(《卜辞通纂》365)

> 帝令雨足年？帝令雨弗足年？(《卜辞通纂》363)⑤

以上材料说明天帝具有行云布雨之功，对自然界发生着影响。此外还有：

> 有夏服天命。(《尚书·召诰》)

> 天命玄鸟，降而生商。(《诗经·商颂·玄鸟》)

> 天乃大命文王。(《尚书·康诰》)

> 有夏多罪，天命殛之。(《尚书·汤誓》)

> 天惟丧殷。(《尚书·大诰》)

---

① 傅斯年：《性命古训辨证·上卷释字》，商务印书馆1940年版，第1页。
② 许慎：《说文解字·卷九上》，中华书局1963年版，第187页。
③ 傅斯年：《性命古训辨证·中卷释义》，商务印书馆1940年版，第1—2页。
④ 同上书，第2页。
⑤ 转引自郭沂《郭店竹简与先秦学术思想》，上海教育出版社2001年版，第539页。

以上材料说明夏、商、周三代天下皆是天帝所赐，而夏殷之灭亡亦由天帝所决定。

综合以上两方面材料，可见在夏、商、周时期，天帝既掌控着自然界，又决定人类社会，从而拥有至高无上的权利。因此，在夏、商、周时期，人们对于天命是很敬服的，并不敢怠慢。

不过到了西周时期，天命观念开始有了新意，这就是《尚书·召诰》中提出的"坠命"、"受命"思想。《召诰》云：

> 皇天上帝，改厥元子，兹大国殷之命。
> 天既遐终大邦殷之命，兹殷多先哲王在天。
> 惟不敬厥德，乃早坠厥命。今王嗣受厥命，我亦惟兹二国命，嗣若功。

以上材料说明，皇天上帝既可授命于人，也可随时收回成命。至于人接受上天的指令，则名为"受"，如《召诰》云：

> 惟王受命，无疆惟休，亦无疆惟恤。
> 有殷受天命，惟有历年。

经过这番天命人受的经历之后，天与人就取得了联系，人一旦获得天命，天命便通过人显现出来。这样以来，人间的帝王便成为天命的现实代表。周初统治者基于"惟不敬厥德，乃早坠厥命"的历史经验，提出一个更为重要的命题——"天命靡常"。《诗经·大雅·文王》云：

> 上帝既命，侯服于周。
> 侯服于周，天命靡常。
> 无念尔祖，聿修厥德。永言配命，自求多福。殷之未丧师，克配上帝。宜鉴于殷，骏命不易。

这表明当时人们已经认识到，尽管天命是至高无上的主宰，但这并不意味着人获得天命后，就可以一劳永逸地永久保有它。人要想保有天命、求得上天的福佑，不使它转移，还需要依照天命，尽己之所能，做人事上的努力，即行善德，否则天命必将转移。在此，周人已经认识到尽人事、行善德以承天命的重要性。故又具体提出"明德慎罚"、"敬德保民"等主张。这一切说明，在殷周之际，中国文化的确出现了一种人文思潮。

不过，人们对这种人文思潮的性质看法并不一致。傅斯年先生在《性命古训辨证》中曾综括言道："此时此辈人（指周初统治者）之天道观，仍在宗教的范畴内，徒以人事知识之开展，故以极显著的理性论色彩笼罩之，以为天人相应，上下一理，求天必先求己，己欲知天命所归，必先知人心所归。"① 也有人认为，周初的人文主义思潮实为人文精神摆脱了宗教束缚之后的"跃动"，并非如徐复观先生说的那样是在宗教中的"跃动"②。针对这个问题，笔者以为，傅斯年先生、徐复观先生的说法较为合理一些。因为周初人们虽然认识到尽人事、行善德以承天命的重要性，但周人这样做的前提是为了实现天命，其目的是为了获得天帝的福佑，故言"永言配命，自求多福"、"宜鉴于殷，骏命不易"，这具有明显的功利性。因此说，他们并没有摆脱宗教的束缚而将尽人事、行善德作为自己的内在要求，而只是把它看作是保有天命、获得福佑的手段。由此来看，所谓人文思潮也是宗教内的"人文精神的跃动"，天命仍是人的主宰。

不过，周初的这种人文思潮为后来由祈天邀福到人切己自求的文化转向奠定了基础。傅斯年先生说："春秋时代，神鬼天道犹颇为人事之主宰，而纯正的人道论亦崭然出头。"③ 陈来先生也曾说春秋思想文化有如下渐次的发展："承继着西周文化的发展趋向，充满实证精神的、理性的、世俗的对世界的解释越来越重要，而逐渐忽视了宗教的信仰，各种神力及传统的神圣叙事。宗教和非宗教的仪典形式逐步让位于德性精神的强调，礼仪文化渐渐转化，形式化的仪典文明渐渐转变为理性的

---

① 傅斯年：《性命古训辨证·中卷释义》，商务印书馆1940年版，第20页。

② 郭沂先生在《郭店竹简与先秦学术思想》中引述梁漱溟先生在《以道德代宗教》中之语说："自古相传未断之祭天祀祖，则须分别观之，在周孔教化未兴时，当为一种宗教；在周孔教化既兴之后，表面似无大改，而留心辨察实进入一特殊情形了。质言之，此后之中国文化，其中心便移到非宗教的周孔教化上，而祭天祀祖只构成周孔教化之一条件而已。"参见该书（上海教育出版社2001年版）第547页。

③ 傅斯年：《性命古训辨证·中卷释义》，商务印书馆1940年版，第36页。

政治思考和道德思考。"① 由以上两位先生的陈述，我们可以得出这样的结论：春秋时期天命观念发生重要转化，人逐渐从祈天邀福的蒙昧中觉醒，开始寻求自己的位置。《左传·昭公十八年》中，子产曰："天道远，人道迩，非所及也，何以知之？"这里便表达了对人道的重视和对天道的疏远。《左传·桓公六年》记季梁曰："夫民，神之主也。"这里以民为神之主的观念显示出人的地位的提高。但是以上这些思想当时尚未得到系统的展开。

　　真正将尽人事、行善德、由向外服从天命以求福佑转化为人切己的内在要求并做系统论述的，是春秋时期的孔子。孔子对仁德和天命都很重视。对于天命，孔子曾言："天生德于予，桓魋其如予何"（《论语·述而》）、"文王既殁，文不在兹乎？天之将丧斯文也，后死者不得于斯文也；天之未丧斯文也，匡人其如予何？"（《论语·子罕》）首先，从这两段话中，我们可以看出，孔子以为自己拥有的善德乃是上天赋予，故不为他人随意撼动；其次，孔子又言："道之将行也与，命也；道之将废也与，命也。"（《论语·宪问》）孔子在这里又从行为结果上将人事成败归于运命，这充分表现出孔子对运命的敬服。结合以上分析，我们可以看出，孔子言天命具有两种含义，即他既讲天命对人的道德赋予，也讲运命对人行为结果的主宰作用。在此基础上，他以知命作为君子之道。故孔子言："不知命，无以为君子"（《论语·尧曰》），又云"君子有三畏：畏天命，畏大人，畏圣人之言。"（《论语·季氏》）

　　下面我们来看"仁"这一概念。首先，上文讲"天命"的时候，我们曾指出孔子以为"天生德于予"，即道德为天所赋予。这也可以看作是"仁"的起源。其次，孔子又言："克己复礼为仁……为仁由己，而由人乎哉？"（《论语·颜渊》）"仁远乎哉？我欲仁，斯仁至矣。"（《论语·述而》）在此，孔子把行天赋之仁看作是人能够不受外在条件束缚而自为之的切己之事，确认了行仁之主体性。再次，孔子又言"君子去仁，恶乎成名？君子无终食之间违仁，造次必于是，颠沛必于是"（《论语·里仁》）。这里把行"仁"看作是君子立身行道的本分。《礼记·中庸》亦引孔子语曰："仁者，人也。"由此看来，在孔子那里，行仁道不仅是切己之可能，亦是为人之必要。那么

---

① 陈来：《古代思想文化的世界》，生活·读书·新知三联书店 2002 年版，第 10 页。

应该如何理解运命主宰与切己行仁道之间的关系呢？孔子曾有言曰：
"不怨天，不尤人，下学而上达，知我者，其天乎？"（《论语·宪
问》）对此，唐君毅先生曾言道："在孔子前，天命与人性，犹有上
下内外之相对。自孔子教人志道据德，依仁以游艺学文，下学之事，
通于上达，乃更无天命人性之相对之可言。"① 由此可见，孔子既承
认运命对行为的主宰作用，又强调行切己之人道，并希望立足于人
道，通过行切己之事以顺承运命之主宰，此是孔子合上下内外而通观
天人之论。

总的说来，孔子讲行人道、顺运命，他以行天赋之仁作为人自身的
本职和最切己之事。如此一来，人行善便成为自己内在的天职，而不再
带有向外求福佑的功利色彩。这一变化，可称为中国古代思想文化中一
次具有根本意义的从神到人的"人文转向"，由此也奠定了儒家心性之
学的基础②。

孔子之后，他的这一思路得到进一步发展。郭店简《穷达以时》
有云："有天有人，天人有分。察天人之分，而知所行矣。有其人，无
其世，虽贤弗行矣。苟有其世，何难之有哉？……遇不遇，天也。动非
为达也，故穷而不（怨。隐非）为名也，故莫之知而不吝。……穷达
以时，德行一也。……故君子敦于反己。"③ 这里所谓"天"者，乃是
指时、遇，这些都是人无能为力的运命内容，但它们可以影响人的穷、
达；所谓"人"者，当指切己自为的人道，也就是文中说的"贤"、
"德行"。"天人有分"，就是指以上天、人各自的职责不同。察天人之
分就是要"君子敦于反己"，以达到"动非为达也"、"穷而不（怨）"、
"德行一也"的境界。《穷达以时》明确强调天人有分，要求君子察于
天人之分。在天人关系的发展过程中，这个提法的出现显得很有意义。
这一认识，一方面是对孔子尽人事以承运命思想的继承；另一方面又将
天、人放在对等的地位上来讨论，明确其间职能的区分。比较孔子尽天
赋之德，顺自然运命，"不怨天，不尤人"的贯通思路，《穷达以时》
更加明确了天人之分，突出了人的本职所在，这反映出孔子之后人文倾

---

① 唐君毅：《中国哲学原论·原性篇》，台湾学生书局1989年版，第32页。

② 参见李景林《教养的本原》，辽宁人民出版社1998年版，第48—49页。

③ 李零：《郭店楚简校读记》，北京大学出版社2002年版，第86页。

向的进一步发展①。此外《礼记·中庸》曰："天命之谓性，率性之谓道，……道也者，不可须臾离也，可离非道。"就天人关系而言，这段话是从天命的角度由上往下、由外往内说的。在此，天命所赋被称为性，顺性而行被称为道，率性行人道乃为人的切己本分，这比孔子由天赋仁德直接讲行人道的说法更具体、更深入一些。此外《中庸》还曾讲道："诚者，天之道也；诚之者，人之道也"、"唯天下至诚，为能尽其性；能尽其性，则能尽人之性；能尽人之性，则能尽物之性；能尽物之性，则可以赞天地之化育。"就天人关系而言，这段话是从人的角度由下往上、由内往外说的。朱子《集注》释"诚"为"真实无妄"②，由"至诚尽性"来看，所谓"真实无妄"乃是指性的真实无妄。所谓"诚者，天之道也；诚之者，人之道也"，便是指人应当尽人道以实现性的真实无妄，由此与天道相合。以上《中庸》立足于人道，从内外、上下两个角度来说明行人道以尽天命之性，进而实现天人相合的道理。并且《中庸》还指出："诚者，物之终始，不诚无物。是故君子诚之为贵。"这就明确表示行人道以尽性，实现天道之诚乃是君子为人的切己要求。我们可以看出，在天人关系上，《中庸》具有以行人道尽天命之性为人之切己要求、立足于人道以尽天道的天人相合的人文倾向。与孔子不同的是，《中庸》明确把天命所赋归为性，行人道即是尽性成命，从而彻底将行人道以尽天道建立在自我的内在需求上。并且《中庸》已经很少谈论未知的命运对人生的影响作用了，相反，它更强调至诚之道的前知作用，这也反映出以人道为本的人文倾向在孔子之后得到进一步深化发展。

综上所述，我们可以看出，孟子之前，"天人关系"大体经历了两个发展阶段：一是在宗教形式下，天命对人具有主宰作用的阶段；二是在孔子实现由神道向人道的人文转向后，以行人道为人之内在切己要求的、由天人有分到天人相合的人文发展阶段。孟子之天人论正是在以上

---

① 与《穷达以时》中"天人有分"相类似的说法，《语丛一》中也有，如："知天所为，知人所为，然后知道。知道然后知命。"关于以上"天人有分"思想的解读，可以参看钱逊《究天人之际》，转引自方克立主编《中国传统哲学的现代诠释》，商务印书馆2003年版，第38页。张立文：《〈穷达以时〉的时与遇》，转引自《中国哲学》第二十辑，辽宁教育出版社2000年版，第217—220页。此外李零《郭店楚简校读记》也有相关论述，详见李零《郭店楚简校读记》，北京大学出版社2002年版，第89—92页。

② 朱熹：《四书章句集注》，中华书局1983年版，第31页。

思想发展基础上确立起来的。

（二）孟子对天人关系的两点认识

杨伯峻先生在《孟子译注·导言》中曾说："'天'的意义，一般有四种。一是自然之天，一是义理之天，一是主宰之天，一是命运之天。"① 在《孟子》中，以上所言四种含义大都具备，具体如下：

（1）自然之天。如"天油然作云，沛然下雨"（《孟子·梁惠王上》）、"天之高也"（《孟子·离娄下》）。这里，孟子从行云布雨、远近高下等自然特征来谈天，故为自然之天。

（2）义理之天。如"尽其心者，知其性也。知其性，则知天矣。存其心，养其性，所以事天也。"（《孟子·尽心上》）孟子言心性包含着义理思想，天与心、性相贯通，故为义理之天。

（3）命运之天。如"若夫成功，则天也"（《孟子·梁惠王下》）、"吾之不遇鲁侯，天也。臧氏之子，焉能使予不遇哉"（《孟子·梁惠王下》）。以上乃是孟子从成败、时遇等角度言命运之天对人们行为结果的作用。

（4）主宰之天。如"夫天未欲平治天下也；如欲平治天下，当今之世，舍我其谁也"（《孟子·公孙丑下》）、"天与贤，则与贤；天与子，则与子"（《孟子·万章上》）、"'然则舜有天下也，孰与之？'曰：'天与之。''天子能荐人于天，不能使天与之天下'"（《孟子·万章上》）、"天之生此民也，使先知觉后知，使先觉觉后觉也"（《孟子·万章上》）。以上孟子言"天"包含这样几种含义：天具有平治天下的能力；天有授权于人的能力；天具有生民并向他授权的能力。以上三种含义都可以说明天对人以及社会具有主宰作用②。

---

① 杨伯峻：《孟子译注·导言》，中华书局1960年版，第10页。

② 杨伯峻先生在《孟子译注·导言》中说，孟子言天并没有第四种"主宰"含义。因为"《太誓》曰：'天视自我民视，天听自我民听。'"亦即民意即天。《孟子》中的"天吏""天位""天职""天禄"、"天爵"都是指这种含义，所以杨先生以为孟子言天无主宰义。笔者赞同杨先生关于"民意即天"的理解，不过作者以为，由这一点并不能说明孟子言天不具有主宰义。首先，由以上引文的确可以看出孟子言天具有生民、授权、平治天下等主宰义。其次，"民意即天"与孟子言天的主宰义也不矛盾。上引"尽心、知性、知天""存心、养性、事天"，不仅说明天具有与人的心性相贯通的义理特征，由此也可以看出，孟子具有"性由天赋、养性事天"的"天生人成"的思路。如此来看，孟子言天既含有天赋、创生的主宰义，又与"民意即天""天生人成"相一贯。并无矛盾之处。

综上所述，我们可以看出孟子言天具有自然、义理、命运、主宰等四种含义。

此外，孟子也讲到"命"，这就是"莫之为而为者，天也；莫之致而至者，命也"（《孟子·万章上》）。这里，孟子把非人力所为而自为于人的施动者谓之天，而把非人力所致而自致于人的结果谓之命。

综合以上孟子言天与命的含义，孟子论天人关系大体可包含以下两点认识：首先，孟子从非人力所为而自为、非人力所致而自至的角度看天命，乃是合自然之天、主宰之天、命运之天三方面含义共言之。就人禀天而生、性由天赋来说，天对人具有天赋、创生的主宰作用；就命运之天对人生时遇、成败的影响来说，人又须接受命运的现实。至于自然之天对人的影响自不必说。从这三个方面讲天命非人力所为而自为、非人力所致而自至，则我们可以看出，在孟子的天人论中，天与人之间还是有明显职责区分的，天对人还具有相当的影响。孟子的这一思路当是对原始天命主宰观念以及孔子以来天人有分思想的合理继承。不过比较起来，孟子对此天命的态度似乎显得更为冷静了。孟子所言的天命更容易被人理解为一种超乎人力的更强大的自然力量而很少宗教特色①，而人生便被笼罩在此超强自然力的作用下。其次，从义理之天的角度看，孟子以为："尽其心者，知其性也。知其性，则知天矣。存其心，养其性，所以事天也。"（《孟子·尽心上》）在此，孟子通过"尽心、知性、知天"，将心、性、天贯通起来，从而使天成为心性内涵的本原，而心性内涵则为天赋。在此基础上，孟子讲"存心、养性、事天"，这充分表达了孟子行人道以尽天道的人文思想。对此，孟子还进一步阐发道："莫非命也，顺受其正。是故知命者不立乎岩墙之下。尽其道而死者，正命也。桎梏死者，非正命也"（《孟子·尽心上》）、"夭寿不贰，修身以俟之，所以立命也"（《孟子·尽心上》）。在此，他把尽人道以行义理天道作为人安身立命之正道、根本，反之则为非命。由此我们可以看出，在孟子的天人论中，天与人之间还有相合之处。孟子正是以此为基础，强调人之根本在于尽人道以事天道，并由此安身立命。孟子的

---

① 杨伯峻先生指出，《孟子》一书中"祭"字仅出现9次，"祭祀"出现2次，并且都未作为主要论题。比较孔子而言，孟子不大讲祭祀之事。由此笔者推测孟子对宗教神的态度一般。参见杨伯峻《孟子译注·导言》，中华书局1960年版，第11页。

这一思想可谓是对孔子以来的人道精神的继承与发展。

综合以上两点认识，我们可以看出，孟子的天人论既重视天人有分以及天命对人的强大影响力，又强调天人相合以及人当立足于人道以知天、事天、安身立命，从而实现了天人分合一体。由前文可知，孟子的这一思路乃是对孔子以来儒者言天人相合、天人之分思想的系统继承①。在此基础上，孟子还有更进一步的认识，即：首先，他把人性内涵与义理之天贯通起来，而且直言此是善，从而为天人之分、尽心知性、行人道本分的人文精神奠定了坚实的道德价值基础。其次，他从能否行人道的角度严格区分了正命与非命，从而使天人关系中人的行为得到进一步明确的价值界定，并在此基础上实现天人相合。于是人在此天人分合一体的过程中自觉人道之应当，实践自己的正命历程，由此确立起人类生命之尊严，这便是孟子天人论的价值所在。

如前所述，孟子对天人关系的理解是其性命论得以确立的前提基础。在此基础上，孟子乃进一步展开对性命问题的分析。

二　孟子性命论解析

（一）性命论溯源

关于"命"，我们在上文已经做了一定说明。这里我们主要来谈"性"。首先是通过孟子之前的"性"的认识发展过程来呈现孟子之前性命论的发展源流。"性"字由"生"字而来。"生"字本意是指"草木生出土上"②，后来泛指万物之生。人、物的具体生命也可以谓之生。唐君毅先生认为，一具体生命"生长变化发展，必有所向。此所向之所在，即其生命之性之所在。此盖即中国古代之生字所以能涵具性之义，而进一步更有单独之性字之原始"，而且"以生言性之含义，包括有生即有性，性由生见之义"③。由此可见，"性"字由"生"字而来，

---

① 关于天人关系，孔子仁命并举，已经具有了天人分合的思想，但孔子并没有明确把它放在人性的基础上谈。后来《穷达以时》讲天人有分，察天人之分；《中庸》在人性基础上讲天人相合，各走一端。到孟子处，乃明确在人性善的基础上系统讲天人分合一体。

② 许慎：《说文解字》，中华书局 1963 年版，第 127 页。

③ 唐君毅：《中国哲学原论·原性篇》，台湾学生书局 1989 年版，第 28 页。

与"生"本是一体不可分的。

最开始之"性"字与"生"字可以互训，意指自然生物之养。例如《诗经·大雅·卷阿》中有云："尔土宇昄章，亦孔之厚矣，岂弟君子，俾尔弥尔性，百神尔主矣。"《尚书·召诰》中讲："节性，惟日其迈，王敬作所，不可不敬德。"以上两段材料言性都是指人的一般生物之养，与人的本质、属性无关。后来随着人的自我意识的发展，随着人的认识能力的提高和认识的深入，"性"字开始具有事物本质、属性方面的内涵，由此才开始形成独立的"性"字。如《左传·襄公二十六年》有言曰："夫小人之性，衅于勇，啬于祸，以足其性而求名焉者，非国家之利也。"《左传·昭公二十五年》又言："则天之明，因地之性，……淫则昏乱，民失其性……哀乐不失乃能协于天地之性。"这两段话中的"性"字，都是指事物的自然属性而不再局限于一般生物之养的含义。总起来看，这些材料中所言之性还是指事物的自然生物属性，并不具有后来的道德本质含义。这些自然生物属性既是天命所赋，其职能发挥和实现程度又需要受到外在条件即所谓天命的限制，因此它们并不具有存在主体性。从性命关系角度看，我们也可以把它们概括为天命主宰下的"性命一体"。

春秋时期的孔子对"性"则有进一步的认识。孔子讲"性相近也，习相远也"（《论语·阳货》）。这是孔子在肯定人性原本相近的基础上，强调后天教化对人性发展的重要影响。那么孔子所谓的"性"是指什么呢？我们可以从孔子谈"仁"的思想中获得启发。"仁"是孔子思想中的一个核心内容。关于"仁"，孔子有言曰："君子去仁，恶乎成名？君子无终食之间违仁，造次必于是，颠沛必于是"（《论语·里仁》），又言"志士仁人，无求生以害仁，有杀身以成仁"（《论语·卫灵公》）。在此，孔子把"仁"看作是为人不可或缺的本分、行人道之应当。为了实现"仁"，君子不避杀身之祸，不为功利所诱惑。此外，孔子又言："克己复礼为仁……为仁由己，而由仁乎哉"（《论语·颜渊》）、"仁远乎哉？我欲仁，斯仁至矣"（《论语·述而》）。孔子的意思是说，为仁乃是由自己决定的切己之事，故有"求仁得仁"之说。由以上两方面来看，孔子言仁既把它作为人自身的本分、应当，又把它看作是人能够切己自求的分内之事。唐君毅先生说："孔子谓人之生也直，我欲仁而仁至，而仁者能中心安仁，此仁在心，更宜即视为此心之善性所在。其所谓相近亦当涵盖孟子所谓：'同类相似'，'圣人与我同类'，而性皆善之义。"① 由此说看，孔子虽然没有明确指明道德之仁即人之本性，但其思想中已经内在地包含了这一观念。也正是在此基础上，孔子讲，人应当下学上达，立足于人道以顺承自然天命的结果。以道德之仁为人切己自求之本分，这可谓是孔子性命论的主旨。

孔孟之间的儒者对性的认识更加具体、深入。这主要表现在以下五个方面：第一，明确人性的来源。郭店简《性自命出》和《礼记·中庸》都以天命为人性存在的本原②。第二，发掘人性的表现。郭店简《性自命出》《语丛二》都即情言性，讲性情一体③。《性自命出》云："道始于情，情生于性……好恶，性也"、"凡人情为可悦也。苟以其情，虽过不恶。不以其情，虽难不贵。苟有其情，虽未之为，斯人信之矣。"④ 郭店简《语丛二》言："欲生于性"、"爱生于性"、"喜生于性"、"恶生于性"⑤。以上几条材料都说明人自然表现出来的好恶、爱恨等情感乃是人性的现实呈显，并指出教化成德的根本就在于原始返终，达成性情一体。第三，重视心的作用。如前所述，人性发显为情，然此情的发显必待心的作用。郭店简《五行》有云："君子无中心之忧则无中心之智，无中心之智则无中心（之悦，无中心之悦则不）安，不安则不乐，不乐则无德。"⑥ 上文以中心之"忧"、"智"、"悦"言"安"、"乐"乃至成德，便是借心的作用来讲人情的显现、道德的教化。类似的说法在《性自命出》中也有，如"理其情而出入之，然后复以教。教，所以生德于中者也"、"君子身以为主心"⑦。以上所言也是强调在性发显为情、教化成德的过程中心的作用的发挥。此外，郭店简《五行》还认为仁、义、礼、智、圣五行形于内谓之德之行，不形

① 唐君毅：《中国哲学原论·原性篇》，台湾学生书局1989年版，第32页。

② 郭店简《性自命出》云："性自命出，命自天降。"《礼记·中庸》云："天命之谓性。"

③ 其实《礼记·中庸》也讲性情一体，并把这一事实作为道德教化的一个已知前提。详见李景林《从郭店简看思孟学派的性与天道论》，转引自《郭店楚简国际学术研讨会论文集》，湖北人民出版社2000年版，第629—630页。

④ 李零：《郭店楚简校读记》，北京大学出版社2002年版，第105—107页。

⑤ 同上书，第169页。

⑥ 同上书，第78页。

⑦ 同上书，第106—108页。

于内谓之行。这里所谓"内"就是指内心①。五行形于内实际就是凸显心在德性阐发、教化成德过程中的重要作用。由此可见，当时人们对人心作用的重视。第四，表明人道的内涵。郭店简《五行》以仁、义、礼、智四行和谓之善，并以此善为人道；以仁、义、礼、智、圣五行和谓之德，并以此德为天道。四行和、五行和，其实皆是指向人的道德化育，只是它们所代表的道德成就不同而已。《性自命出》讲："道始于情，情生于性"，亦即性、情、道一体。以四行和之善、五行和之德为人道、天道，则四行和、五行和与人之性、情自相一贯。《五行》又言："五行皆形于内而时行之，谓之君（子）。士有志于君子道谓之志士。"② 这又使五行成为人心、人道的价值主体。由此可见，当时的人已经将仁、义、礼、智、圣五行作为人道的基本内涵，并使其成为心、性、情、道的价值主体。由此天赋人性乃明确具有道德内容，此道德内容成为人性、人心、人道的根本，人借此道德修养以行人道、合于天德。第五，确立众多道德名目以及教化成德的具体阶段性。孔子主论仁，孔孟之间的儒者则确立了许多道德名目，如仁、义、礼、智、圣五行、廉、耻、孝、慈，忠信、尊贤、禅让等等③。这反映了当时人们对道德内涵的广泛认识。在此基础上，《五行》还指出仁、义、礼、智四行和谓之善，仁、义、礼、智、圣五行和谓之德，并指出善为人道、德为天道，从而明确了教化成德的具体阶段性。这也反映了当时人们对人道实践过程的一定认识。综合以上五方面内容，可见孔孟之间的儒者对人性的认识更为具体、深化了。这一认识发展过程所表现出来的性命思想是：天命之道德本性通过心的作用，发显为情，折射为诸种德行，并具体体现在人道实践的阶段性之中。在此，行人道之应当以尽天命已成为人内在的切己要求，固有主体性。从性命关系的角度看，我们亦可把它概括为德性主宰下的"性命一体"。

综上所述，最初"性"与"生"互训，指为一般生物之养。后来

---

① 庞朴：《天人三式》，转引自《郭店楚简国际学术研讨会论文集》，湖北人民出版社2000年版，第33页。

② 李零：《郭店楚简校读记》，北京大学出版社2002年版，第78页。

③ 庞朴先生认为以上诸德行在郭店简中又都被归为仁义，被看作是仁义的某种表现或存在。由此后来孟子言必称仁义也就很自然了。参见庞朴《古墓新知》，转引自《中国哲学》第二十辑，辽宁教育出版社2000年版，第9页。

虽有所发展，但仍停留在自然生物属性的层面上，尚不具有德性本质的含义。至孔子以仁论人，言为仁由己，已含有道德之仁是人之本性、为人所应当的倾向。至孔孟之间儒者乃明确提出性自天命出，为人之道必当以德性为本、主于心、发乎情、显为德行，由此道德性乃成为人之本性，成为人道的根本。由此可以看出，孔子之前的性命论皆受到外在条件即天命的主宰，故此时的性命关系是以命主性的性命一体。随着人们对人之切己的道德本性全面深入的认识，天命的主宰作用逐渐退出人们的视野。人们更关注人自身的天生人成的道德本性的实现，并以此作为行人道之应当以顺承那个天命，故此时的性命关系是以性主命的性命一体。孟子的性命论正是在以上思想基础上形成的。

（二）孟子论性命之分合

《孟子·尽心下》有云：

> 孟子曰："口之于味也，目之于色也，耳之于声也，鼻之于臭也，四肢之于安佚也，性也，有命焉，君子不谓性也。仁之于父子也，义之于君臣也，礼之于宾主也，知之于贤者也，圣人之于天道也，命也，有性焉，君子不谓命也。"

以上引文包含两句话。这两句话基本体现了孟子对性命的理解。

1. 性、命之分

我们首先看第一句话。对于第一句话中的"性也，有命焉"，赵岐解释为：口、目、耳、鼻、四肢之欲乃是"人性之所欲也。得居此乐者，有命禄，人不能皆如其愿也"①。朱子《四书章句集注》先引程子之语曰："五者之欲，性也。然有分不能皆如其愿，则是命也"，朱子随后又以"品节限制"来解释不能如愿"则是命也"②。《朱子语类》卷六十一对此又作进一步解释："此'命'字却合理与气而言，盖五者之欲，固是人性，然有命分。既不可谓我性之所有而必求得之，又不可谓我分可以得，而必及其欲。如贫贱不能如愿，此固分也；富贵之极，

---

① 焦循：《孟子正义》，中华书局1987年版，第990页。
② 朱熹：《四书章句集注》，中华书局1983年版，第369页。

可以无所不为，然亦有限制裁节，又当安之于理。"① 由此可知，赵岐、程子和朱子皆把以上口、目、耳、鼻、四肢的自然欲望视为人性的内容，故言"五者之欲，性也"。但他们也指出，人性的此类欲望能否得到满足乃受外在条件的制约，非人自己所能裁度，故言"命分"。以上三人对第一句话中"性也，有命焉"的系统解释可谓深合孟子之意。孟子的确是在肯定口、目、耳、鼻、四肢五者之欲为"性也"的基础上深刻指出五者欲求的满足是"求之有道，得之有命，是求无益于得也，求在外者也"（《孟子·万章上》）。有鉴于此，孟子以为五者之欲虽是天命之性，但在本质上仍属"命"的范畴。此时的性命关系便体现为性本天赋、得之有命的以命主性的性命一体。

其次，我们看第二句话。对于第二句话中的"命也，有性焉"，赵岐解释为："仁者得以恩爱施于父子，义者得以义理施于君臣，好礼者得以礼敬施于宾主，知者得以明知知贤达善，圣人得以天道王于天下，皆命禄，遭遇乃得居而行之，不遇者不得施行。然亦才性有之，故可用也。"② 朱子《四书章句集注》先引程子之语曰："仁义礼智天道，在人则赋于命者，所禀有厚薄清浊。"又引张子之语曰："晏婴智矣，而不知仲尼。是非命邪？"最后朱子自言："所禀者厚而清，则其人于父子也至，义之于君臣也尽，礼之于宾主也恭，智之于贤否也哲，圣人之于天道也，无不吻合而纯亦不已焉。薄而浊，则反是，是皆所谓命也。"③ 以上赵岐和程、朱的解释虽能自圆其说，但联系孟子一贯思想来看还是有问题的。赵岐和程、朱虽然都认为仁、义、礼、智、圣属于天命之人性，但以为此类人性的实现会受到命运的限制。赵岐以遇和不遇的后天运命亦即命禄来解释这种限制，程、朱则以气禀清浊说明此类人性的自然禀赋差异及其对人性实现的限制作用。二者的说法虽有不同，但都与孟子本意有出入④。孟子有言："仁义礼智，非由外铄我也，我固有之也，弗思耳矣。故曰：'求则得之，舍则失之。'或相倍蓰而无算者，不能尽其才者也。"（《孟子·告子上》）由此可见，孟子以为，作为人

---

① 《朱子语类》卷61，中华书局1986年版。
② 焦循：《孟子正义》，中华书局1987年版，第991页。
③ 朱熹：《四书章句集注》，中华书局1983年版，第369—370页。
④ 赵岐和朱子对孟子思想的这种诠释恐怕与他们各自的人生经历和时代背景有关，参见黄俊杰《中国孟学诠释史论》，社会科学文献出版社2004年版，第60—65页。

性，仁、义、礼、智的实现乃是"求在内"的自我选择，与赵岐所言的命禄、时遇无关。此外孟子曰："富岁，子弟多赖；凶岁，子弟多暴。非天之降才尔殊也，其所以陷溺其心者然也。"（《孟子·告子上》）又言："乃若其情，则可以为善矣，乃所谓善也。若夫为不善，非才之罪也。"这皆是讲人之才性的共同性。结合前文对孟子人性论的疏解，我们可以看出，孟子言人性皆是从人之为人的共性上立言的，并不像后来的程、朱那样讲气禀才性的差异。孟子也正是以此天赋道德的共性来批驳当时性无善恶、性有善有恶、性可以为善可以为不善诸观点的①。由此来看，赵岐和程、朱以命禄和气禀差异来解释"命也，有性焉"，皆不合孟子本意。比较之下，我们可以发现，孟子讲"命也，有性焉"，乃是说仁、义、礼、智、圣五者虽然皆是天命所赋之德性，但此德性的实现乃是人切己的自求自得、自由抉择的结果，故在本质上仍属于"性"的范畴。此时的性命关系乃体现为性本天赋、求则得之的以性主命的性命一体。

总而言之，孟子讲性命，既从满足人之生物性的角度讲"求之有道，得之有命，是求无益于得也，求在外者也"，又从实现人之道德性的角度讲"求则得之，舍则失之，是求有益于得也，求在我者也"。孟子根据"求在我"和"求在外"对性命作出区分，所突出的乃是人的道德自由抉择的主体性意义。

2. 德为性之本

孟子"以德为性"思想的理论内涵如何呢？对此，可从两个方面来理解：

首先，孟子之前的儒者虽有"以德为性"的认识，但表述多有曲折，不似孟子来得直接明了。孟子直道"性善"，言"仁义礼智，非由外铄我也，我固有之也，弗思耳矣"（《孟子·告子上》），其对"德性内在"的认识可谓直接通透、一语中的。

其次，孟子关于德性具体内涵有自己的认识。孔子言德，虽然包含忠、孝、知、勇、敬、信诸德义，但主要在于仁、礼并举，故有"克己复礼为仁"（《论语·颜渊》）、"人而不仁如礼何"（《论语·八佾》）之说。孔、孟之间的学者在孔子思想基础上则提出了仁、义、礼、智、

---

① 参见李景林《教养的本原》，辽宁人民出版社 1998 年版，第 219—221 页。

圣五行之德以及忠、孝、敬、信、尊贤、禅让等德行，并以仁义约
之①。孟子之德性内涵与前人相比另具有如下三个特征：其一，孟子虽
继承了前人五行之说，如"仁之于父子也，义之于君臣也，礼之于宾
主也，知之于贤者也，圣人之于天道也"（《孟子·尽心下》），但孟子
所言五行之意与前人已有所不同。郭店简《五行》对人道与天道、善
与德、圣之间的区别多有述及，如言："德之五行和谓之德，四行和谓
之善。善，人道也。德，天道也。""金声，善也。玉音，圣也。善，
人道也。德，天（道也）。唯有德者，然后能金声而玉振之"②。孟子也
有类似的论述，如他云："伯夷，圣之清者也；伊尹，圣之仁者也；柳
下惠，圣之和者也；孔子，圣之时者也。孔子之谓集大成。集大成也
者，金声而玉振之也。金声也者，始条理也；玉振之也者，终条理也。
始条理者，智之事也；终条理者，圣之事也。"（《孟子·万章下》）但
二者相比较可以看出，孟子虽然也讲"四行"（仁、义、礼、智）和
"五行"（仁、义、礼、智、圣），但孟子言五行则是立足于人道，在实
现人道之善的基础上讲成圣，更强调其修养上的整体连续性而非凸显四
行与五行之间的区分。其二，孟子言德性不同于以往之处表现在，他不
仅继承了前人"性、心、情一体"的思想，而且提出"四端说"以为
人性中四德彰显之端。孟子云："无恻隐之心，非人也；无羞恶之心，
非人也；无辞让之心，非人也；无是非之心，非人也。恻隐之心，仁之
端也；羞恶之心，义之端也；辞让之心，礼之端也；是非之心，智之端
也。人之有是四端也，犹其有四体也。"（《孟子·公孙丑上》）以恻隐、
羞恶、是非、恭敬之心为仁、义、礼、智四德彰显之端可谓是孟子对以
前儒者德性思想的系统整理与发展。其三，孟子所谓四德之间具有一定
的内在关系。孟子曾云："人皆有不忍人之心。先王有不忍人之心，斯
有不忍人之政矣。以不忍人之心，行不忍人之政，治天下可运之掌上。
所以谓人皆有不忍人之心者，今人乍见孺子将入于井，皆有怵惕恻隐之
心。非所以内交于孺子之父母也，非所以要誉于乡党朋友也，非恶其声
而然也。由是观之，无恻隐之心，非人也；无羞恶之心，非人也；无辞
让之心，非人也；无是非之心，非人也。"（《孟子·公孙丑上》）朱子

① 参见庞朴《古墓新知》，《中国哲学》第二十辑，辽宁出版社 2000 年版，第 9 页。
② 李零：《郭店楚简校读记》，北京大学出版社 2002 年版，第 78—79 页。

以为："恻隐是个脑子，羞恶、辞逊、是非须从这里发来，若非恻隐，三者俱是死物了。恻隐之心，通贯此三者。"① 程瑶田也指出："仁生于爱，与忍相反，故言仁政，则曰'以不忍人之心，行不忍人之政'也。凡视听言动之人于非礼者，皆生于己心之忍，忍则已去仁，已去仁则已去礼，故曰克己复礼为仁。"② 焦循《孟子正义》在引述以上程氏之语后，也明确指出："不忍人之心即是恻隐之心。恻隐为仁之端，仁义礼智，四端一贯，故但举恻隐、而羞恶、辞让、是非即具矣。但有仁之端，而义礼智之端即具矣。"③ 由此可见，孟子所谓的"不忍人之心"、"怵惕恻隐之心"可统摄四端为一体，而仁亦成为义、礼、智之核心。此外，孟子又云："仁之实，事亲是也；义之实，从兄是也。智之实，知斯二者弗去是也；礼之实，节文斯二者是也；乐之实，乐斯二者，乐则生矣，生则恶可已也，恶可已，则不知足之蹈之、手之舞之。"（《孟子·离娄上》）在此，孟子又以"仁义"连称作为四德的基础，而礼、智则围绕仁义之德具体展开。由此可以看出，孟子四德的内在关系结构乃在于以仁为核心，以仁义为基础，所谓礼、智，皆由此而发。孟子以"仁"为核心，以仁义为基础的四德结构，具有两个层面的含义：

首先，《孟子·告子上》有云：

仁，人心也；义，人路也。

《孟子·离娄上》又云：

仁，人之安宅也；义，人之正路也。

对于孟子以"仁"为"人心"和"人之安宅"的认识，朱子《集注》云："仁者心之德，程子所谓心如谷种，仁则其生之性，是也。然但谓之仁，则人不知其切于己，故反而名之曰人心，则可以见其为此身酬酢万变之主，而不可须臾失矣。"④ 朱子之言指出了孟子思想体系中

---

① 《朱子语类》卷53，中华书局1986年版。
② 焦循：《孟子正义》，中华书局1987年版，第235页。
③ 同上。
④ 朱熹：《四书章句集注》，中华书局1983年版，第333页。

"仁"的核心地位；对于孟子又以"义"为"人路"的认识，朱子《集注》解之为："义者行事之宜，谓之人路，则可以见其为出入往来必由之道，而不可须臾舍矣"①，又解之为："义者，宜也，乃天理之当行，无人欲之邪曲，故曰正路。"② 朱子以"天理"、"人欲"分言"正路"所在，自与孟子性情一体之意不同。然其以"天理之当行"和"行事之宜"解"义"则为灼见。此处所谓"天理"者，即是指"仁"。所谓"天理之当行"，则是指"仁"的现实流行，也就是"义"。于是"义"便表现为"仁"的流行显现。由此看来，孟子以"仁"为核心、仁义连称，具有体用相即之意。这亦与《中庸》"天命之谓性，率性之谓道"之意相通。

其次，《孟子·尽心上》有云：

> 人之所不学而能者，其良能也；所不虑而知者，其良知也。孩提之童无不知爱其亲者；及其长也，无不知敬其兄也。亲亲，仁也；敬长，义也。无他，达之天下也。

孟子以"仁"为核心，"仁义"连称的第二层含义可由孟子以上"亲亲，仁也；敬长，义也"的表述来体会。关于"仁"，孟子有两个层次的理解：一是由"不忍人之心"和"怵惕恻隐之心"讲普遍之仁；二是由"亲亲，仁也""敬长，义也"讲"爱有差等"。从普遍之仁的角度看，所谓"亲亲之仁"、"敬长之义"皆属于仁爱之德；从"爱有差等"的角度看，则亲亲之仁与敬长之义之间便存在着自然的情爱差异。由此，孟子以"仁"为核心、"仁义"连称便具有了在爱有差等的自然前提下实现普遍之仁的含义。对此我们可以结合以下孟子与墨者夷之的对话来作进一步认识。

《孟子·滕文公上》有云：

> 墨者夷之因徐辟而求见孟子。
> 孟子曰："吾固愿见，今吾尚病，病愈，我且往见，夷子

---

① 朱熹：《四书章句集注》，中华书局1983年版，第333页。
② 同上书，第281页。

不来。"

他日，又求见孟子。

孟子曰："吾今则可以见矣。不直，则道不见；我且直之。吾闻夷子墨者，墨之治丧也，以薄为其道也。夷子思以易天下，岂以为非是而不贵也？然而夷子葬其亲厚，则是以所贱事亲也。"

徐子以告夷子。夷子曰："儒者之道，古之人'若保赤子'，此言何谓也？之则以为爱无差等，施由亲始。"

徐子以告孟子。

孟子曰："夫夷子信以为人之亲其兄之子为若亲其邻之赤子乎？彼有取尔也。赤子匍匐将入井，非赤子之罪也。且天之生物也，使之一本，而夷子二本故也。盖上世尝有不葬其亲者。其亲死，则举而委之于壑。他日过之，狐狸食之，蝇蚋姑嘬之。其颡有泚，睨而不视。夫泚也，非为人泚，中心达于面目。盖归，反蔂梩而掩之。掩之诚是也，则孝子仁人之掩其亲，亦必有道矣。"

徐子以告夷子。夷子怃然为间，曰："命之矣！"

孟子与墨者夷之以上对话的核心在于讨论夷之"爱无差等，施由亲始"这一观点的合理性问题。墨者夷之举"古之人若保赤子"为人情之通例，意在说明"爱无差等，施由亲始"。他肯定有一种普遍的仁爱存在，并指出此普遍的仁爱虽然在展开次序上施由亲始，但并无程度上的差等。孟子则不同，孟子虽然承认人具有普遍性的仁爱之德，固为"人皆有不忍人之心"之论，但孟子并不赞成夷之的"爱无差等"。孟子以"信以为人之亲其兄之子为若亲其邻之赤子乎？"来说明人的普遍之仁必然因"爱有差等"的存在而在程度上体现出远近亲疏的区别。由此可以看出，孟子言仁具有普遍性与特殊性相统一的特征。

孟子与夷之之所以具有以上认识上的差异，在于二者理解仁爱的角度不同。墨者夷之所谓"爱无差等，施由亲始"的观点源于墨家的功利主张。《墨子·兼爱中》有云：

夫爱人者，人必从而爱之；利人者，人必从而利之；恶人者，人必从而恶之；害人者，人必从而害之。

《墨子·兼爱下》又云：

> 仁人之事者，必务求兴天下之利，除天下之害。

由以上材料，我们可以看出，墨家讲"爱无差等"皆是在互利互惠之功利关系上言其必要，而非于人性之内以论其本然应当，故而墨家所谓"兼爱"并无人性之内在操持依据。为此，其"兼爱"主张的实现必然需要借助外在力量的保障，而这也正是墨家重视天志、鬼神力量的原因所在。

孟子言"仁爱"则与墨者不同。孟子所言仁爱是由心与情的切实体验中揭示出来的，是对于人之本性的根本认识，有其内在的存在基础。在此前提下，孟子既讲普遍之仁，又讲"爱有差等"，便具有了两方面的意义：一是真实地揭示人性内涵，二是在实践中确立人之道德性。由于孟子承认在普遍之仁中存在着"爱有差等"，这就为实现人之道德性提供了内在的动力源泉。由此，人之道德性的确立便体现为普遍之仁由人之内在亲亲之情出发、层层扩充的自我实践历程。对此，孟子曾言道："亲亲而仁民，仁民而爱物"（《孟子·尽心上》），又言："老吾老，以及人之老；幼吾幼，以及人之幼。天下可运于掌。"（《孟子·梁惠王上》）此道德实践由于是人性之内在要求，故无须外力强制。这与墨家讲"兼爱"的功利性主张有着质的区别。

通过以上分析，可以看出，孟子的德性思想既表现出立足于人道以言天道的思想倾向，又含有以"仁"为核心，以仁义为基础的四德结构。

3. 性、命之合

在以上"性、命之分""德为性之本"的思想基础上，孟子进一步说："尽其心者，知其性也。知其性，则知天矣。存其心，养其性，所以事天也。夭寿不贰，修身以俟之，所以立命也。"（《孟子·尽心上》）所谓尽心、知性、知天，即是指在以心显性的前提下，实现对天人、性命之合的认识；所谓存心、养性、事天、修身以立命，就是强调通过人的心性的存养，在修身立命的过程中来实现天人、性命之合。孟子思想所体现的性命之分与合，其在本质上乃是一个人道德自觉和功夫砥砺的动态实践过程。

一般来说，所谓自由即意味着一种超越。这种超越大体可分为内在超越和外在超越两种形式。所谓外在超越，乃是指在承认人自身先天不完善的前提下，凭借外在力量来实现人自身的救赎；所谓内在超越，则是指在承认自身的前提下达成自我实现。以此标准来看，孟子性命论正体现出其内在超越的特征，即人凭借道德本心自觉呈现先天既与的善性，并使其着落于现实情感上，以此安身立命。人之自由即在于人可以自发地提起道德本心来见证此天赋既与的道德良知，并由此实现其人之为人的存在意义。孟子性命论的理论与现实意义正在于此。

结　语

每一个时代在发展中都要面临自己的一些问题，历代哲人的思考大多是针对此类问题而发。他们总是意图以深切的思想关怀来诠释与消解这些问题，并由此揭示出理想的生活样态。例如面对 20 世纪中国的变局，牟宗三先生就曾慨然说道："这邪恶的时代，实需要有'大的情感'与'大的理解'。'大的情感'恢弘开拓吾人之生命，展露价值之源与生命之源。'大的理解'则疏导问题之何所是与其解答之道路。由此而来者，则将为'大的行动'。"①

当今时代在物质消费、技术使用以及价值抉择等方面都取得了前所未有的成果。然而人们在充分享受物质消费所带来的快感、技术使用所带来的便利以及价值抉择所带来的自我愉悦的同时，亦面临着一个愈来愈迫近的问题，那就是：人不得不开始面对由无限制的物质消费、泛滥无际的技术使用以及在绝对自由思想主导下对自身的极度放纵所带来的消极影响。这些消极影响即是现代人私欲过度膨胀的结果。这一结果使现代人处于人与社会、人与自然的强烈冲突之中，乃至深刻威胁到人类的未来命运。《易经·泰卦》九三爻辞曰："无平不陂。无往不复。"高亨先生解释为"宇宙事物未有平而不陂者，未有往而不返者"②，意即

---

① 牟宗三：《五十自述》（台北，鹅湖出版社 1988 年版），第 129 页。转引自黄俊杰《中国孟学诠释史论》，社会科学文献出版社 2004 年版，第 370 页。

② 高亨：《周易大传今注》，齐鲁书社 1998 年版，第 115 页。

事物的发展总有一定的界限，一旦超越这个界限、趋向于极端，则必然发生反向转化。从这一角度来看，当代学者之所以广泛开展生态伦理与人生道德修养的讨论，实正是为了消解当前人类私欲极度膨胀所造成的种种消极影响。这种消解的最终目的便是要树立道德原则，以此规范人自身的行为，实现社会的和谐，乃至达成古人所谓"天人合一"的理想境界。

在现代社会中，以上以实用功利的方式来看待道德问题的观点是十分普遍的。现代社会广泛流行的所谓"科技至上""经济至上""效益至上"等一系列实用功利思想亦能折射出人们对待道德伦理问题所持有的实用功利态度。但是笔者以为，这种观点虽然具有一定的现实实践意义，但是也有着相当的局限性。这种局限性主要表现在三个方面：其一，依照这种观点的理解，道德原则显然不属于人性内容，意即人性中本无此道德规定要求；其二，由外在需要言道德法则的确立，则道德法则的确立实是外在力量强制的结果而非人之自觉要求；其三，以确立道德原则为人之外在需要而非自身内在要求，则道德原则仍呈现为一种工具，从而不具有存在的主体性。基于以上三方面的认识，笔者以为，由外在需要的实用功利角度谈道德原则确立的观点不可能从根本上消解人类私欲过度膨胀所形成的时代问题，并且以上由实用功利角度谈道德原则确立的观点实是时代问题在思想领域更深层次的延续。因为以上时代问题的出现皆源于人之私欲的极度扩张，此私欲的极度扩张即是实用功利主义的现实显现。故解决时代问题的途径便当表现为对实用功利主义的及时消解和对道德超越原则的全然提起。比较而言，以上由实用功利主义角度出发论道德确立的观点与形成时代问题的内在思想原则是一致的。因此说，以前者来消解后者的做法从本质上讲是很难实现的。

相对以上观点，笔者以为第二种认识即以确立道德原则为人之自我实现的内在要求的观点当是消解以上时代问题的合理途径。孟子性命思想可谓是这种观点的典型体现。诚如我们上文重点指出的，孟子以德为天命之性，强调人通过本心自觉来开显此德性，再经由人的情感实践而践形，人即是在此形质变化的进程中塑成人格、修身立命的。孟子以性命分合一体来涵盖以上人生的发展历程。在此历程中，德性的价值主体地位的确立体现了人性之善，人之心志主体的挺立充分彰显了生命的内在超越的自由义，情气的贯通凸显了大丈夫人格的光辉，而性命分合一体则指明了人之正命所在。由此出发，孟子性命思想对消解当下时代问题、克服实用功利主义道德倾向可具有以下四方面的启示：其一，孟子性命思想以道德为人先天既与的内容，故道德无须外求，而是人自我的显现；其二，在孟子性命思想中，既与道德的确立乃是人心志主体自觉的过程，故是自立自为的，无须外在强制；其三，在孟子性命思想中，确立道德乃是人"修身以俟命"的内在要求，是成人立命之必然而非实现功利目的之外在手段，故道德的确立实是人之切己本分；其四，在孟子性命思想中，人是在自觉实现道德、行人道以尽天职的生命历程中完成自身道德主体性的确立，并由此实现对自身的合理规范和与社会、自然的和谐。以上四方面内容一体贯通，由此出发来确立道德、进而消解现时代问题当有一定理论启发意义。

附录一　儒家道德的本原建构

——以孔子为例的考察

儒家思想的一个显著特征是立人成德。然儒家立人成德之前提，亦即其合理性与可能性又是什么呢？为此，必然要探究儒家道德之本原问题。对此，儒家代表人物孔子做了深入思考，最终形成性、命二重建构的儒家道德本原思想。此一思想既为儒家道德的存在与内容建构提供了前提依据，亦为以后的儒家道德实践提供了相应指导，因而具有深刻的理论与现实意义。笔者从三方面对此做一探讨。

一　儒家道德之本原

孔子对儒家道德之本原的思考是基于他对天命观念的深入理解。因此要了解孔子的儒家道德本原思想就需要从孔子的天命思想入手。

（一）天命予人

在中国传统哲学中，天命思想是天人关系的深刻反映，其本质则为人生关怀。据傅斯年先生考证，"命之一字，作始于西周中叶，盛用于西周晚期，与令字仅为一文之异形"[1]。"在西周晚期金文中，一器中或专用令字，或专用命字，或命令二字互用，可知此时令命二字虽作二体，实是一字"[2]。不过"令字在甲骨文字中频出现，其语意与金文同，命字则无之，足知命为后起之字也"[3]。另许慎《说文解字》与阮元《经籍纂诂》皆以令字来说明命字，即命字乃脱胎于令字，由令字加口

---

[1]　傅斯年：《性命古训辨证》，商务印书馆1940年版，第1页。
[2]　同上书，第41页。
[3]　同上书，第5页。

以突出外形而来。比较而言，令字原指王令、天令之类，终归于天令，突出"发号"之主体，带有主动色彩；命字原指王命、天命之类，终归于天命，具有发号者和受令者两重含义，且更突出使动色彩①。从令字到命字的发展体现了古人由关注发号施令的主宰者逐渐发展到关注受令者自身的思想演化历程。无论是"先王有服，恪谨天命"（《尚书·盘庚》），还是"天命玄鸟，降而生商"（《诗经·玄鸟》），都既体现了上天之令，又体现了存在自身所受之天命，表达了对本原于天的"令"落实为存在自身之命的切实领会。它深刻反映了由殷周政权变更所带来的古代宗教意识的变化与人文精神的跃动，正如《礼记·表记》所言："殷人尊神，率民以事神，先鬼而后礼……周人尊礼尚施，事鬼敬神而远之，近人而忠焉。"此后，对存在自身所受之天命的领会由起始着眼于群体性又逐渐走向关注个体性，即从早期集中体现王权国祚、与百姓个人无关，逐渐发展到对个人命运的关切，由"恭天成命，肆予东征"（《尚书·武成》）发展到"死亡有命，吾不可以再亡之"（《左传·昭公二十一年》）。天命内涵由此也得到不断充实，乃至出现了诸如"天命之谓性"（《礼记·中庸》）、"性自命出，命自天降"（《郭店楚墓竹简·性自命出》）等说法，由此逐步建立起中国传统哲学丰富而深邃的天命思想，并深刻反映了其人生关怀这一主题。

关于天命的基本认识，《孟子·万章上》有一个较具代表性的说法："莫之为而为者，天也；莫之致而至者，命也。"赵岐注："人无所欲为而横（恒）为之者，天使为也。人无欲致此事而此事自至者，是其命而已矣，故曰命也。"② 孙奭疏："人莫之为然而为然者，故曰天使然也。人莫能致之此事而其事自至者，是其命有是也。言天与命者，究其义则一也，以其无为而无不为，故曰天也；天之使我有是之谓命，故曰命也。"③ 结合以上注疏，以人之所为、所致与天命发生之关系为参照，天命之天当指非人为的动力之源，此为自然存在的根据；天命之命当指非人所致的结果，此为天赋和运命。就不假人力言，天、命是一致

①　参见丁为祥《命与天命：儒家天人关系的双重视角》，《中国哲学》（中国人民大学书报资料中心）2008 年第 1 期。

②　赵岐注，孙奭疏：《孟子注疏》，见《四库全书荟要》第 71 册，世界书局 1988 年版，第 213 页。

③　同上书，第 214 页。

的；就具体所指言，二者则有别。所谓天命即以上含义的统合，指由作为自然存在根据的动力之源所产生的天赋与运命。经典文本中"天命"一词往往仅是泛指其中某一种含义。

孔子论天命就大纲言不脱以上范式。关于天，孔子同样视其为自然存在的根据，如孔子言："天何言哉？四时行焉，百物生焉，天何言哉？"（《论语·阳货》）此处的天即是一个不假人力、不言而信、宰乎四时百物的天，亦即自然存在的根据。关于命，孔子亦有相应认识。在孔子那里，命同样具有天赋与运命的含义。《论语·述而》中孔子云："天生德于予"，这是讲人的天赋；而《论语·雍也》中"伯牛有疾，子问之，自牖执其手，曰：'亡之，命矣夫，斯人也而有斯疾也！斯人也而有斯疾也！'"此处所言之命即指运命。孔子的学生子夏说："商闻之矣：死生有命，富贵在天。"（《论语·颜渊》）这里的命则已包含了以上两种含义。

（二）致天命

在以上认识基础上，孔子的天命思想还呈现出更深刻的内容。在孔子那里，以人之所为、所致与天命实现之关系为参照，天命又将表现为两方面内容：一方面是指不假人力、自在实现的天命。如《论语·季氏》中孔子讲："生而知之者，上也；学而知之者，次也；困而学之，又其次也；困而不学，民斯为下矣。"在此，孔子谈到了人天赋之才的差异。此差异是由不假人力的天命自在实现的。又如《论语·子罕》载："子畏于匡，曰：'文王既没，文不在兹乎？天之将丧斯文也，后死者不得与于斯文也；天之未丧斯文也，匡人其如予何？'"此乃孔子言人的现实运命，它亦是由不假人力的天命自在完成的；另一方面是指通过人之所为、所致才能实现自身的天命。在孔子思想中，这部分内容指人的天赋之德。先秦时期德的观念大体经历了三个发展阶段：先是天德、祖宗之德，而后是制度、政治观念之德，再后是精神品行之德。在很长时期里，德的观念都沉浸在完全的天命神意中，直到西周时期它才开始逐步走出来，而其深入到人的心灵层面则是春秋战国时期思想家们的贡献[1]。孔子秉持儒家一贯的于继承中有所发展的文化态度，对传统的德的观念执有通贯的人生理解。他曾云："志于道，据于德，依于

---

[1]　参见晁福林《先秦社会思想研究》，商务印书馆 2007 年版，第 92 页。

仁，游于艺。"（《论语·述而》）孔子这里关于"道""德""仁""艺"的认识是连贯一体的。所谓"道"指存在法则，如王弼所言"无不通也，无不由也"①。从其不假人力的本原发生义言，此道属于天命范畴，可上溯解为天道；从其具体作为人之存在法则言，此道又可向下解为人道，它即人道以显天道，仍不离于天命范畴。"志于道"者即以此道为目标；"德"者，得也。邢昺疏曰："物得其所谓之德。"② 所谓"得其所"当指得道，故朱熹云："德则行道而有得于心者也。"③ 就人而言，此德指由天赋人道而获得的人之内在规定，亦即人的道德品质，体现为人的行止操守。就其出处言，此德亦属天命。"据于德"即是以此天赋之德为根据；"仁"者，爱人。天道作为宇宙存在法则生生不已，人道源于天道而内化为德，自然体现仁者生民济众爱人之意。故这里的"仁"是道、德在人这个环节上得以展开、实现的基本原则，"依于仁"即以仁为原则具体体现人的道德内涵；"艺"者，指六艺。"游于艺"指人在"志于道，据于德，依于仁"的宗旨下涵泳于六艺之间，化行于日用平常，此为体用、本末相即之意。合而观之，则有关道、德、仁、艺的理解是一体贯通的。由此认识出发，所谓天赋之德，向上追问，它即天命以显天道；向下探寻，它是天道即天命而予人的内在规定（仁），而其自身的实现当须依靠人的志、据、依、游的人为践行来完成。这充分体现了人之所为、所致对此一天命内容实现的必要性。

在此基础上，孔子对人的天赋之德还有着进一步的认识，并集中体现在对仁的理解上。在孔子那里，仁作为人天赋之德实现的基本原则获得了一种本质性的肯定：一方面，孔子讲"仁远乎哉？我欲仁，斯仁至矣"（《论语·述而》）、"为仁由己，而由人乎哉"（《论语·颜渊》），表明行仁属于人切己自求的求在内的事，这充分体现了人本己的自由意志；另一方面，他又讲"君子去仁，恶乎成名？君子无终食之间违仁，造次必于是，颠沛必于是"（《论语·里仁》），表明行仁乃是人生之应当。这两方面说法揭示出行仁对人所具有的本质规定意

①　何晏注，邢昺疏：《论语注疏》，见《四库全书荟要》第 70 册，世界书局 1988 年版，第 64 页。

②　同上书，第 64 页。

③　朱熹：《论语集注》，见《四库全书荟要》第 72 册，世界书局 1988 年版，第 40 页。

义（自由与应然的统一）。此亦可视为《礼记·中庸》中哀公问政时孔子答以"仁者，人也"之宗旨所在，其背后透显出来的则是对人之存在本质亦即人性的理解。《大戴礼记·本命》曾有言："分于道谓之命，形于一谓之性。"如何看待这里"道"、"命"、"性"的关系呢？《诗经·维天之命》云："维天之命"，郑笺："命，犹道也。"由此可见，此处的"命"可视为天道的现实表达，而"性"则是天道即天命着落于事物上的内在具体规定。结合前文的理解，可见天道即天命而显为人的天赋之德，又依仁之基本原则而成为具有本质意义的人性规定。由此，天、道、命、德、仁、性成为一贯，天赋之德终转为性，以致德、性一体。德乃由原初的天命神意逐步展现为人的精神品质，而其具体内容（仁性）的实现则在人之所为、所致中最终达成。

以上关于孔子天命思想的辨析构成了我们了解孔子儒家道德本原思想的基础。如前所述，儒家思想的显著特征之一在于立人成德，而儒家道德又是以其仁学思想为核心建立起来的。结合前文对孔子天命思想的辨析，我们可以发现，作为儒家道德核心的仁同时具有两个指向系统：首先，从本原发生义上讲，它属于天道即天命而显现的天赋之德，是不假人力、自在发生的天命之一部，此为上溯的本原生成系统；其次，从存在本质的实现义言，仁作为天赋之德在人这个环节上具体展开的基本原则体现了人的存在本质，属于人性范畴。它的实现必须要通过人之所为、所致才能完成，此为下行的本质实践系统。由此出发，在孔子那里，儒家道德之本原就呈现为分属不同指向系统的性、命两个层面。

二　性、命二重建构

对以上儒家道德本原的两个层面，孔子有着深刻而系统的理解，并集中体现在他的性、命二重建构思想上。

（一）敬命成性

孔子对作为儒家道德之本原的性、命两个层面兼而取之，但所持态度有所不同。

孔子对天命总体持敬畏态度。它体现了孔子天命思想在本原发生环节上所具有的外在超越性。关于敬，孔子曾言："大哉尧之为君也！巍巍乎！唯天为大，唯尧则之。"（《论语·泰伯》）在此，孔子通过赞叹天之高大以及尧则天之举间接表达了其敬天、顺天、法天的思想。其所以如此，恐怕在于"天何言哉？四时行焉，百物生焉"的造化之功。关于畏，孔子有言："君子有三畏：畏天命，畏大人，畏圣人之言。"（《论语·季氏》）君子何以要畏天命呢？这至少可以从两个角度来理解：一方面邢昺疏："《虞书·大禹谟》云：'惠迪吉，从逆凶，惟影响。'孔安国云：'顺道吉，从逆凶，吉凶之报，若影之随形，响之应声，言不虚。'道即天命也，天命无不报，故可畏之。"[1] 另一方面孔子言伯牛之疾时有言"亡之，命矣夫"（《论语·雍也》）。此处所言命是指"非人所招"的运命结果，它具有不假人力的一种至上的确定性。也正因此，故可畏之。结合以上所论可以发现，孔子对天命的敬畏态度包含两项内容：一则基于对天道生生成物之功的赞叹而倾心敬服；一则出于对"天命无不报"和"非人所招"之命的至上确定性的畏惧而戒慎谨备。此二者共同构成了孔子对天命的敬畏态度。除了《论语》中的记述，其他材料中涉及的孔子言论也可体现这一点，如《礼记·表记》中孔子讲君子"不自尚其事，不自尊其身……得之自是，不得自是，以听天命"。所谓"以听天命"者即指任天命之安排，敬畏之义尽显。《礼记·中庸》中孔子说"鬼神之为德，其盛矣乎！视之而弗见，听之而弗闻，体物而不可遗。使天下之人，齐明盛服，以承祭祀，洋洋乎！如在其上，如在其左右。《诗》曰：'神之格思，不可度思，矧可射思。'夫微之显。诚之不可揜如此夫"。在此，同样具有外在超越性的通于天命的鬼神表现得无所不在，人们对其充满了敬畏，丝毫不敢怠慢。如何看待孔子对天命所持的这一敬畏态度呢？对此美国学者赫伯特·芬格莱特的一个说法值得参考，他说："为解决生命的意义而非其物质的现实，人一开始总是从领悟那种意义开始的，那种意义并不存在于一种有关生活的抽象概念形式之中，而是存在于以某种方式与生活并行的各种事件的叙事形式之中。这种并行的世界可以被说成是与当时同

---

① 何晏注，邢昺疏：《论语注疏》，见《四库全书荟要》第70册，世界书局1988年版，第162页。

时的，但它却发生在不同的领域（如天国、奥林匹斯山）。或者它可以被描述为一种离我们人间家园不远却又先于我们所处时代的各种事件的叙事……'异在领域'和我们自己世界的相互作用，代表了这样一种方式，在这种方式中，我们生命的意义既超越于、也体现在现实人生日复一日的人伦日用之中。"① 孔子思想中的天命观念即趋向于以上芬格莱特所谓"异在领域"的认识，它源于对本源性生活的领悟及其意义的追索，而它自身则是这种领悟与追索的体现，且由此成为现实生活的形上基础。在此期间，生命的存在和价值乃由天命观念得到了一种本原而有力的说明。在此基础上，孔子对天命的敬畏态度便具有了深刻的外在超越的义理内涵。

　　比较而言，孔子对性持自觉担当的态度。它充分体现了存在本质的自我实现要求。在孔子那里，性作为人的存在本质是天道即天命而显的天赋之德，它以仁为实践的基本原则。尽管它在本原发生环节上属于自在的天命，但在自身实现环节上它并非是不假人力的，而是需要人经历觉与证的修养历程才能实现的内容。人对天赋德性的自觉与担当充分体现了孔子天命思想在自我实现环节上所具有的内在超越性。例如孔子曾言"富而可求也，虽执鞭之士，吾亦为之。如不可求，从吾所好"（《论语·述而》）。何为"可"与"不可"呢？孔子的解释是"富与贵是人之所欲也，不以其道得之，不处也；贫与贱是人之所恶也，不以其道得之，不去也"（《论语·里仁》）。由此可见，"可"与"不可"的依据是人道，而人道实现的基本原则是"仁"。在孔子那里，道、仁的现实载体为人的天赋德性。"可"与"不可"乃是就人的心志对道的自觉和依仁而行的担当而言，无此自觉与担当则天赋德性难以呈显，人亦不足以自立。也是在这个意义上，孔子说"人能弘道，非道弘人"（《论语·卫灵公》）。此皆体现了人在行天道、践履天赋德性过程中的自觉与担当。

　　总之，孔子兼取性、命两个层面为儒家道德之本原，并对其持不同的态度。孔子这一做法既体现了先秦社会思想的变迁，又反映了儒家文化自身的风貌。晁福林先生在《先秦社会思想研究》一书中指出，先

---

① ［美］赫伯特·芬格莱特：《孔子——即凡而圣》，彭国祥、张华译，江苏人民出版社2010 年版，第 57 页。

秦社会历史的巨大转型主要发生在两个时期。其一是由野蛮向文明的过渡。在由野蛮向文明迈进的社会发生着巨大转型的时代，社会思潮的一个重要特色就是传统与创新观念的融汇①。传统天命发端于古代的天国神灵世界。天国神灵世界的形成意味着先秦社会历史由原始混沌状态走向人类理性的觉醒，由此人把自己和自然区别开来，体现了人从野蛮走向文明、从原始混沌走向理性思维的最初历程。不过至商周时期，天国神灵世界中的神仍然存在于个人之外，其代表就是帝、天②。传统天命即由此而来。它的出现既是信仰的反映，也体现为一种教化，最初的神道设教即是如此。《周易·观卦》的《象传》云："观天之神道而四时不忒，圣人以神道设教而天下服矣。"孔颖达疏云："'神道'者，微妙无方，理不可知，目不可见，不知所以然而然，谓之'神道'，而四时之节气见矣。岂见天之所为，不知从何而来，唯见四时流行，不有差忒，故云'观天之神道而四时不忒'也。'圣人以神道设教，而天下服矣'者，此明圣人用此天之神道，以'观'设教而天下服矣。天既不言而行，不为而成，圣人法则天之神道，唯身自行善，垂化于人，不假言语教戒，不须威刑恐逼，在下自然观化服从，故云'天下服矣。'"③这里圣人之教的根据即在于"天之神道"，此亦是天命所在。不过商周时代的"神道设教"到诸子百家时期有了根本性的变化，这就是外在的神命逐渐内化到人自身，具体体现在对天、道、命、德、性等问题的讨论上。于是乎社会思想由神灵世界开始转向人世间、由神教转向德教，这体现了社会文明的进一步发展。不过即使在孔子着力阐明人道、释解仁义等道德观念时，天命神教仍然在当时的社会观念中发挥着重要作用。这至少与三个原因密切相关：一者"天之神道"无论是属于神灵世界的天命还是源于理性自觉后的形上本体都在一定程度上体现了时人对现实生活的领会与适应；二者依《淮南子·氾论训》的说法，神道设教体现了"重仁袭恩"、不忘先人业绩，此为教育之一种，其社会影响是很可观的；三者如王充《论衡·辨崇》所言："圣人举事，先定于义。义已定立，决以卜筮，示不专己，明与鬼神同意共指，欲令众下

---

① 参见晁福林《先秦社会思想研究》，商务印书馆 2007 年版，第 20—24 页。
② 同上书，第 246 页。
③ 王弼注，孔颖达疏：《周易注疏》，见《四库全书荟要》第 2 册，世界书局 1988 年版，第 104—105 页。

信用不疑。"孔子对待性、命的态度深刻反映了这一时期社会思想发展的现实。而儒家于继承中有所发展的思想特征亦由此体现出来。

（二）才性与运命

孔子在以上认识基础上表达的成性领命的整体生活意向主要体现为两方面的一贯：

一方面是依据本原发生义讲天命所赋的德性与才的一贯。德性即以行仁为人生切己之事的人的共同本质规定，所谓"君子去仁，恶乎成名"（《论语·里仁》）、"仁以为己任，不亦重乎？死而后已，不亦远乎？"（《论语·泰伯》）孔子言人生根本即在于强调天赋德性的自觉建立；而才是指包含个体差异性的人的资质、才能。《论语·先进》中孔子针对颜路之请言"才不才，亦各言其子也"。这里提出了材质差异的说法。而《论语·子路》中孔子又言"先有司，赦小过，举贤才"。这里才又有贤与不贤之说。此外《论语·阳货》中孔子又言"性相近也，习相远也"、"唯上知与下愚不移"，此皆论及人之具有个体差异性的才。在孔子那里，天赋德性与才的关系大体具有两层含义：其一，孔子对德性与才的价值评断是有区别的。如孔子曾言"骥不称其力，称其德也"（《论语·宪问》）。邢昺疏："骥是古之善马名，人不称其任重致远之力，但称其调良之德也。马尚如是，人亦宜然。"[1] 此所谓"德"乃言其品质，"力"言其才具。以马喻人，可见孔子重视德性品质的树立而非单纯才具的发挥。其二，孔子以为天赋德性与才是内在一贯的，即德性的自觉乃是建立在个体才具的发挥基础上，而个体才具的发挥亦必然要以德性建立为指归，故其所言人生乃表现为差异性中的共性存在。对此孔子多有论及，如孔子曾云"生而知之者，上也。学而知之者，次也。困而学之，又其次也。困而不学，民斯为下矣"（《论语·季氏》）。这里的"知之"是指知道，亦即对德性的领悟。这种领悟基于个人不同的才具而获得差异性的体现，故有"生而知之者"、"学而知之者"、"困而学之"、"困而不学"。此外孔子又云"可与共学，未可与适道；可与适道，未可与立；可与立，未可与权"（《论语·子罕》）。此亦言德性于具体才具中的阶次体现。而《论语·卫灵公》中

---

① 何晏注，邢昺疏：《论语注疏》，见《四库全书荟要》第 70 册，世界书局 1988 年版，第 141 页。

孔子又曾与子贡言"赐也,女(汝)以予为多学而识之者与",子贡对曰:"然,非与",孔子曰"非也!予一以贯之"。在此,孔子将具体才具皆归结于建立在德性基础上的一贯之道,从而使德性的确立成为才具发挥的宗旨所在。借此天赋德性与才的一贯,孔子明确传达了自己成性领命的思想意旨。

另一方面是依据存在本质的实现义讲天赋德性与运命的一贯,亦即人之德性自觉与顺受其命的一贯。如上所言,孔子以德性为人的存在本质,其在本原发生上是天赋,但其实现则在人为,正所谓"为仁由己"(《论语·颜渊》),故孔子论德性在言人生之应然与自由义。孔子以运命为非人所致,全然由天命主宰、自在发生的现实结果,故孔子论运命在言人生之实然与局限义。在孔子那里,生命实践是以上两方面内容的一贯,即人在自觉践履德性的进程中顺受其命。对此,孔子有着深刻的论述,如孔子以自觉践履德性为行(人)道,一方面讲"志于道"(《论语·述而》)、"朝闻道,夕死可矣"(《论语·里仁》),一方面又言"道之将行也与?命也。道之将废也与?命也。公伯寮其如命何!"(《论语·宪问》)邢昺疏:"此章言道之废行皆由天命也。"① 在此认识基础上,孔子言"笃信好学,守死善道……天下有道则见,无道则隐"(《论语·泰伯》),又言"所谓大臣者,以道事君,不可则止"(《论语·先进》)。在此情况下,生命实践也就呈现为德性自觉(行人道)与顺受其命的一贯,而这同时也表达了孔子成性领命的生活取向。

综上所述,以上两方面的一贯共同构成了孔子成性领命的整体生活意向。孔子亦是在此基础上具体展开他的道德实践,构建起自己的道德生活。如孔子曾谓颜渊"用之则行,舍之则藏,惟我与尔有是夫"(《论语·述而》),此谓君子行道,用舍随时。孔子曾自述其"十有五而志于学,三十而立,四十而不惑,五十而知天命,六十而耳顺,七十而从心所欲不逾矩"(《论语·为政》),此亦可视为孔子成性领命的现实经历。孔子这一思想理路在《易传·说卦传》中直接体现为"穷理尽性以至于命"一语。而《孟子·尽心上》对此有着更为明确的说法:"莫非命也,顺受其正。是故知命者不立乎岩墙之下。尽其道而死者,

---

① 何晏注,邢昺疏:《论语注疏》,见《四库全书荟要》第70册,世界书局1988年版,第142页。

正命也。桎梏死者，非正命也。"由此出发，我们可以发现儒家道德的存在与实践乃深刻地建立在其本原性的性、命二重建构思想基础上，此亦是孔子的儒家道德本原思想的义理所在。

三　关于任命与任性的反思

由以上分析可见，孔子关于儒家道德之本原的性命二重建构思想实为两个相关部分的统一，即本原发生系统下的天命与本质实现系统下的德性的统一。前者体现了儒家道德之本原的外在超越性，后者体现了儒家道德之本原的内在超越性（本质实现），二者相依而在，共同作用于人的现实道德生活。故孔子一方面讲"志士仁人，无求生以害仁，有杀身以成仁"（《论语·卫灵公》），强调德性主体的建立；一方面又言君子要"畏天命"（《论语·季氏》），又说"不知命，无以为君子也"（《论语·尧曰》），强调德性与天命的统一。孔子曾自言："不怨天，不尤人，下学而上达。知我者其天乎。"（《论语·宪问》）皇侃《论语义疏》云："下学，学人事；上达，达天命。我既学人事，人事有否有泰，故不尤人。上达天命，天命有穷有通，故我不怨天也。"① 此可视为孔子理德性与天命为一的现实道德生活取向，亦可作为儒家道德实践的参照。

比照以上思想认识，现实儒家道德实践中存在两种值得商榷的倾向：其一，是努力通过儒家道德在本原天命意义上的外在超越性来凸显儒家道德存在的至上性、永恒性和道德原则、规范的确定性和秩序性，此可谓原初神道设教的翻版。在此情况下，道德乃成为人生的客体而与人自身形成间隔，最终走向神道天的宗教规定抑或演化为专制权力辖制现实人生的礼法形式以建构统一的社会秩序。正如《礼记·礼运》所云："是故夫礼，必本于大一，分而为天地，转而为阴阳，变而为四时，列而为鬼神。""夫礼，先王以承天之道，以治人之情。"《汉书·刑法志》载："故制礼以崇敬，作刑以明威也。圣人既躬明悊之性，必通天地之心，制礼作教，立法设刑，动缘民情而则天象地……

---

① 何晏集解，皇侃义疏：《论语集解义疏》，中华书局1985年版，第206页。

《书》云'天秩有礼'、'天讨有罪'。故圣人因天秩而制五礼，因天讨而作五刑。"事实上，缺失了德性主体自觉的道德理解及其礼法表现形式，其合法性与合理性是很值得忧虑的。其二，是竭力发挥儒家道德在本质（人性）实现意义上的内在超越性来树立人道规范以图实现道德教化之功。然而缺失本原天命意义上的外在超越性认识，则对儒家道德在本质（人性）实现意义上的内在超越性理解将可能走向本质异化的境地。例如有学者认为，"人类只是地球生物演化史中所分支出来的其中一种生物……我们实在没有任何理由认为人类的某一些表征并非如人类的其他表征，或其他动物的表征那样，是从自然演化的机制中产生出来，而是有一些超自然的根据。道德行为既然是人类的表征之一，我们也就没有理由认为，唯有道德行为是人类表征中的例外，需要寻找超自然的根据，而不能从自然科学的理论得到说明"[1]。并以为儒家道德乃是近代文明出现以前，人在其生物存在条件下形成的最成功的"互相利他"行为策略[2]。这种从自然进化立场来解读儒家道德并以此为人道规范而行教化之实的做法貌似体现了儒家道德"本质（人性）实现意义上的内在超越性"，其实它已经否定了孔子以天命为儒家道德发生本原的思想和在此前提下以道德作为人之存在本质而在价值实践上呈现出的生命自由义。它使人陷于自然生物进化链条的利害原则中而失去了德性主体自觉，由此达成的本质实现实为本质异化，因而是令人难以接受的。又如有学者以为儒家道德及其礼法表现形式是具体历史条件与文化背景下普遍的内在化和外在化的社会控制[3]，其功能主要是"维护社会等级秩序，实现社会整合，是统治合法性的依据"[4]，它并不具有个体人格的主动性和独立性，也不具有平等意识和自由传统，否则便是"非历史主义"的看法[5]。这种"纯历史主义"的立场实际上也已经否定了孔子的天赋德性思想以及价值实践上的道德自由义。事实上，它是拒斥了孔子关于人的天赋德性本体的哲学理解或将其化约为具体历史文

---

① 参见梁家荣《仁礼之辨——孔子之道的再释与重估》，北京大学出版社 2010 年版，第207 页。

② 同上书，第 209—215 页。

③ 参见刘丰《先秦礼学思想与社会的整合》，中国人民大学出版社 2003 年版，第 101页。

④ 同上书，第 289 页。

⑤ 同上书，第 147 页。

化条件的构成。由此，它使人陷于具体历史社会网格的层层拘枷而失去
了德性主体的自觉与践行自由，这同样是对孔子儒家道德的本质实现思
想的异化，因而也是值得商榷的。

　　以上两种倾向说明，系统地了解孔子性、命二重建构的儒家道德本
原思想是十分必要的。唯有如此，我们方能领略儒家道德因其本原上
性、命二重建构思想而展现出来的外在与内在、规范与自由、有限与无
限相统一的生命理念。正是在其引领下，人生乃呈现为一条下学而上
达、即凡而圣的修养理路。

附录二 中国哲学人性思想之反思

这里所谓人性是指人的存在本质。所谓人性思想是指围绕人性即人的存在本质所形成的一系列理解认识。所谓中国哲学人性思想之反思则是指对中国哲学范围内此一系列理解认识进行反思，力图在一个新的认知系统下对中国哲学人性思想进行整合，由此为中国哲学人性思想研究提供一个公共讨论平台，凸显思想研究上的同中存异、异中显同的宗旨，避免不必要的误解。这当是中国哲学人性思想研究中的一项重要理论内容。为此，本文拟从以下四个方面做一简要论述，以就教于方家。

一 基于现实存在的反思

关于中国哲学人性思想之反思，我们讨论的第一方面内容是："中国哲学人性思想何以会出现？"

对此王邦雄先生的一段话很有启发性，即："吾国哲学思想，不管儒家或道家，总是站在人之有限存在的体验感受上，再反省人之生命何以成为有限的问题，并试图就精神的修养与道德的实践，去打开既有限而又可无限的可能之路。"[①] 王先生此言揭示了一个共识，即中国哲学是立足于人之有限的现实存在上的反思，向前追溯此有限性的原因，向后探究突破此有限性而向无限性转进的道路。人之有限的现实存在乃是其反思的直接对象。在此前提下，中国哲学人性思想的出现自然也是建立在对此对象的反思上。简单地说，中国哲学人性思想的出现乃是源于人们对人性的关注，而引发这种关注的直接的，也是最根本的原因则是

---

① 王邦雄：《老子的哲学》，东大图书公司1980年版，第74页。

人们对有限的现实存在的反思。这种基于有限的现实存在的反思深刻触动了人们的自我意识，进而提出了人性问题并形成种种人性思想。所以唐君毅先生对此概言之曰："就人之面对天地万物，而有其人生理想处以言性，为中国言性思想之大方向之所在。"①

中国哲学思想中较早触及且普遍为学者引述的有关人性的材料为《尚书》与《诗经》中的内容。《尚书·召诰》："节性，惟日其迈。王敬作所，不可不敬德。"这里的"性"，普遍解作"生"，"节性"即"节生"。至于它们的内涵，傅斯年引《吕氏春秋·重己篇》释之："是故先王不处大室，不为高台，味不众珍，衣不燀热。燀热则理塞，理塞则气不达。味众珍则胃充，胃充则中大鞔，中大鞔而气不达，以此长生可得乎？昔先圣王之为苑囿园池也，足以观望劳形而已矣。其为宫室台榭也，足以辟燥湿而已矣。其为舆马衣裘也，足以逸身暖骸而已矣。其为饮食酏醴也，足以适味充虚而已矣。其为声色音乐也，足以安性自娱而已矣。五者圣王之所以养性也，非好俭而恶费也，节乎性也。"② 以上言"节性"乃属养生之道。在此，"节性"之"性"是指人天赋的生物欲求，它表现的是人的自然生物状态。而"节性"是人对此天赋生物欲求的自觉，它要实现的是对自身自然生物存在状态的反思与调整。《诗经·卷阿》："俾尔弥尔性"中"性"字亦作"自然生命"解，"弥尔性"即"弥尔生"，求人长生永寿之意。可见早期"人性"思想的出现乃是发端于人对自身自然存在状态的关注，其目的是求长生而无困病之扰。这也符合人类早期的真实存在情态。

随后的先秦哲学对人性的理解亦是基于现实存在的反思。这种反思立足于对当时礼崩乐坏的纷乱社会人生现实的思考，力图探寻出一个普遍的生命本质，以此作为理想人生的出发点。在此期间，出现了性善、性恶、性无善恶本于自然、性在习成等说法。这些说法从不同角度体现了人们对生命本质的自觉，并成为人道的前提与基础。

自秦汉以迄隋唐，社会发展乃逐渐显现出政教一统的集权特征。在这种现实形势下，哲学思想中人们对于人性的理解总体上亦不复究极于生命本质的形上学建立而多持现实经验意义上的三品说，其目的是凸显

① 唐君毅：《中国哲学原论·原性篇》，台湾学生书局 1989 年版，第 2 页。
② 傅斯年：《性命古训辨证》，商务印书馆 1940 年版，第 19 页。

它的现实政教义。

以后宋明哲学对人性的理解同样是基于现实存在上的反思。面对当时天下竞利、儒释道三教相争的混乱情况，宋明哲学乃在融汇以往思想的基础上重新探究生命的本原和存在的本质，并以此为基础引导出对理想人生的设定，克服以往对人生本末、体用关系的倒置与断裂。这一思路体现在对人性的理解上就是：一方面将人性的本原和存在的本质向上追溯到天理，另一方面又将人性的现实展开理解为天理于气质中的流行。由此出发，人性的实现便成为一条合自然、人生与社会为一体的求圣之路。

近现代以来，中国社会在内与外、传统与现实的交迫中发生了剧烈的动荡。中国哲学亦在此现实存在基础上进行着不断反思。这种反思一方面试图建立起对历史传统的合理批判，另一方面又试图在中西文化、传统与现实的冲突互动中通过继承与整合建构出一种新的思想，以契合于现实的人生。正如冯友兰先生所说："我的同事和我努力于将逻辑分析方法引进中国哲学，使中国哲学更理性一些。在我看来，未来世界哲学一定比中国传统哲学更理性主义一些，比西方传统哲学更神秘一些。只有理性主义和神秘主义的统一才能造成与整个未来世界相称的哲学。"① 在此背景下，其对人性的理解亦深刻体现了它这一时代特征，即：中国传统哲学的人性思想总体上是从生命直觉出发而建立起来的价值观念，其人性理论所表达的是本末、体用相一贯的修身立命的实践原理，它在领会方式上主要表现为直觉体验；而近现代传入的西方哲学思想对人性的理解更倾向于是在对象化中的认知，其人性理论主要在于传达一种属人的知识。它在领会方式上主要表现为知识分析。基于以上两种对同一主题的不同理解模式，近现代中国哲学对此做了大量的交互批判和整合工作，力图找到一个结合点，以充分反映和规范我们的现实生活。

综上所述，中国哲学人性思想的出现乃是充分基于对历史和现实社会人生的反思而达成的，它有着明确的生存论立场，绝非单纯的理论悬设。

---

① 冯友兰：《哲学的精神》，陕西师范大学出版社 2008 年版，第 76 页。

二 三个环节

关于中国哲学人性思想之反思，我们讨论的第二方面内容是："中国哲学人性思想的基本理解模式是什么？"

中国哲学关于人性虽有种种反思议论，然其在理解模式上归其要不外乎三个环节，即：原始自然环节、文化自觉环节与理想建构环节。这三个环节实为思想家们的逻辑设定，并不等同于经验事实。同样，三个环节之间逻辑上的前后关联，也并不等同于经验事实上的前后关联。以下分述之：

（一）原始自然环节

所谓原始自然环节是指在天赋自然、不假人力的观念下来理解人性。不管在这个环节上出现的具体观点是什么，这个环节在中国哲学具体的人性理论中是普遍存在的。

以传统儒家哲学为例。《论语·阳货》言："性相近也，习相远也。"《正义》解"性"曰："性，谓人所禀受，以生而静者也，未为外物所惑。"《礼记·中庸》又云："天命之谓性。"郑玄注曰："天命，谓天所命生人者也，是谓性命。"并引《孝经说》云："性者，生之质命，人所禀受度也。"结合以上注疏的内容，我们可以看出这两处所论的"性"即是处于原始自然环节的人性。以后的孟子和荀子对此说得更加明确。《孟子·尽心上》讲："人之所不学而能者，其良能也；所不虑而知者，其良知也。"这里讲的"良知""良能"即是指人之本性言，所谓"不学而能""不虑而知"则是就人性理解上的原始自然环节言。而《荀子·性恶》讲："凡性者，天之就也，不可学，不可事；礼义者，圣人之所生也，人之所学而能、所事而成者也。不可学、不可事而在人者谓之性，可学而能、可事而成之在人者谓之伪。是性、伪之分也。"从文中所谓的"性伪之分"，我们可以清晰地看出其对人性的讨论也是在原始自然环节上进行的。

传统道家哲学也是如此。《庄子·庚桑楚》云："性者，生之质也。"即性乃是生命的本质。对于这个作为生命本质的"性"，道家在理解模式上同样具有一个原始自然环节。《庄子·天地》云："泰初有无，无有无名；一之所起，有一而未形。物得以生，谓之德；未形者有分，且然无间，谓之命；留动而生物，物成生理，谓之形；形体保神，各有仪则，谓之性。性修反德，德至同于初。"徐复观先生以为这段话讲的是一个"创造的历程"，"无即是道……一是从无到有的中间状态……德是将形未形，但它已从'一'分化而为多……德虽然未形，但它从一分化出来的作用即是生，生的成就即是物……成就物后而具有生命、条理，即是形……形体之中保有精神作用，这种精神作用，是有仪有则的，这即是性。所以性是德在成物以后，依然保持在物的形体以内的种子"①。我们从徐先生的解读中可以清楚地看出上文在人性理解模式上所具有的原始自然环节。

除却以上的论述，《易传·系辞》也有类似的说法，如："一阴一阳之谓道。继之者善也，成之者性也。"牟宗三以为"心体、性体、道体通而为一是纵贯系统"。所谓"成之者性也"，可以理解为"顺着阴阳顺着变化的那个元亨利贞下来有所成……落在万物身上能成就这个东西……这个'成'顺着下来就是性"②。即使我们暂且搁置此中所蕴涵的价值义理，则我们同样可以清晰地感受到这段话在原始自然环节上对人性的理解。与之相似，但更明确表现出来的则是《礼记》中的一段论述。《礼记·乐记》讲："人生而静，天之性也；感于物而动，性之欲也。物至知知，然后好恶形焉。好恶无节于内，知诱于外，不能反躬，天理灭矣。"这里讲的就比较明确了，即人性乃秉于自然之天，是天予人的本质规定，此亦是在原始自然环节上对人性的认识。

以上举例仅在说明中国哲学关于人性的理解虽然观点各异，但普遍具有一个原始自然的理解环节。如上所述，这个环节源于思想家们的逻辑设定，其设定的目的则是以原始自然环节作为其检讨人性的前提与基础。

(二) 文化自觉环节

所谓文化自觉环节是指人们在原始自然环节的理解基础上，依据自己的文化视角和价值标准对人性进行具体分析。具体来说就是依据自己的文化视角和价值评判标准对原始自然环节上显现的人性内容进行文化

---

① 徐复观：《中国人性论史·先秦篇》，上海三联书店 2001 年版，第 331—332 页。
② 牟宗三：《周易哲学演讲录》，华东师范大学出版社 2004 年版，第 60 页。

解读和价值评断，并最终形成系统的人性思想。总括这一环节的具体发展，可以发现它大体具有五个指向：

一言性恶，以荀子、韩非为代表。《荀子·性恶》："人之性恶，其善者伪也。今人之性，生而有好利焉，顺是，故争夺生而辞让亡焉；生而有疾恶焉，顺是，故残贼生而忠信亡焉；生而有耳目之欲，有好声色焉，顺是，故淫乱生而礼义文理亡焉。然则从人之性，顺人之情，必出于争夺，合于犯分乱理而归於暴。故必将有师法之化、礼义之道，然后出于辞让，合于文理，而归于治。用此观之，然则人之性恶明矣，其善者伪也。"在此，荀子所言人性乃指"生而有好利焉""生而有疾恶焉""生而有耳目之欲，有好声色焉"，此为人天赋的自然生物欲求，可见荀子认识人性的基点即在于人的自然生物性。那么如何看待这一点呢？荀子接着提出了自己的人道规范，即"必将有师法之化，礼义之道"，此为儒家伦理道德之要求。以此为基准，荀子划分了善与恶，即以争夺、残贼、淫乱等违背人道规范的行为为恶；以辞让、忠信、礼义文理等遵行人道规范的行为为善。在此价值评判标准下，荀子以为人性亦即人的天赋自然生物性虽应得到一定满足，但这些自然生物欲求的发展必然导致争夺、残贼、淫乱等丑恶现象的发生。有鉴于此，荀子以为天赋人性恶，而善乃在于后天人为建立的人道。事实上，在荀子那里人性本指人先天的自然生理欲求，本无所谓善恶。善恶者乃是参照后天人道规范而出现的价值评判。荀子言性恶，即是以后天人道规范为标准来否定人性的先天内涵。以此为前提，荀子进一步阐释人发动心知、后天树立人道的现实必要性。后来的韩非在论及人性问题时亦延续了荀子这一说法，并以此作为法家思想建立的一个理论前提，如《韩非子·心度》讲"夫民之性，恶劳而乐佚，佚则荒，荒则不治，不治则乱，而赏刑不行于天下者必塞……故治民无常，唯治为法"就是这个意思。由于在这一指向中，人道规范所表征的善不属于自然天赋人性的内容，故人性本身不具有后天发展的合理性。同样，人道作为后天人为的善因缺乏人性自身内在的支持也不得不表现为一种后天、外在的功利抉择，并可能在未来的发展中逐步引发生命异化问题。

二言性善，以思、孟及《庄子·庚桑楚》为代表。子思《中庸》开篇即讲："天命之谓性，率性之谓道，修道之谓教。"即将天命、人性、人道、教化由上而下贯通为一体。徐复观先生以为"'天命之谓性'，其性自然是善的，但《中庸》尚未将此善字点出。"并以为"《中庸》中之所谓'善'，仍是外在的意义重；至孟子乃点出'性善'，使天命之性，有进一步的明显而具体的表达"①。如徐先生所言，后来的孟子明确提出了"性善"，并以为"尽其心者，知其性也。知其性，则知天矣。存其心，养其性，所以事天也。夭寿不贰，修身以俟之，所以立命也。"（《孟子·尽心上》）孟子的说法不同于《中庸》，它是从心、性、道向上说到天命，以此连成一片，体现了徐先生所谓的"明显而具体的表达"。综合以上思、孟的说法，它存有两个含义，即：一方面在于讲明人性源自天命、本然为善；另一方面在于明确人性与人道相统一。到了宋代，朱熹以天理言性，他讲："宇宙之间一理而已。天得之而为天，地得之而为地，而凡生于天地之间者，又各得之以为性。"（《朱子语类》卷七十《读大记》）而陆象山则以心言性并归之于天理。如其言："天之所以与我者即此心也。人皆有是心，心皆具是理，心即理也。……所贵乎学者，为其欲穷此理，尽此心也。"（《陆九渊集》卷十一《与李宰》）总其要，以上二者亦不过是承继思孟一路而言性天赋为善、性道合一之意。此外《庄子·庚桑楚》中讲："道者，德之钦也。生者，德之光也。性者，生之质也。性之动谓之为，为之伪谓之失。"郭象注曰："以性自动，故称为耳，此乃无为，非有为也。"所谓"为之伪谓之失"，陆长庚释曰："此是失道失德失仁失义之失。"结合注疏，可见《庚桑楚》此处论性亦具有天命为善、性道一体之含义。总而言之，在这一指向中，人性作为天命所赋，自然为善。不仅如此，作为天赋之善的人性更是人道的本质规定。在此前提下，此一文化指向便具有了性体与道体自然合一的含义，由此人的发展与成就便是人的自我实现而非外铄。

三言性有善有恶与有性善有性不善，以世硕、王充为代表。王充《论衡·本性篇》云："周人世硕以为人性有善有恶，举人之善性，养而致之则善长；恶性养而致之则恶长。如此，则性各有阴阳，善恶在所养焉。故世子作《养性》书一篇。宓子贱、漆雕开、公孙尼子之徒，亦论情性，与世子相出入，皆言性有善有恶。"王充本人在《论衡·本性篇》和《论衡·率性篇》中则言："论人之性，定有善有恶。""实

---

① 徐复观：《中国思想史论集》，上海书店出版社2004年版，第60页。

者，人性有善有恶，犹人才有高有下也，高不可下，下不可高。谓性无善恶，是谓人才无高下也。禀性受命，同一实也，命有贵贱，性有善恶。谓性无善恶，是谓命无贵贱也。"王充进一步指出："余固以孟轲言人性善者，中人以上者也；孙卿言人性恶者，中人以下者也；扬雄言人性善恶混者，中人也。"（《论衡·本性篇》）世硕与王充的人性思想略有不同，但有一个共同的文化指向，即都认为以人道规范为标准，人性之自然内涵具有善恶两端。因此人之整体性地向善需要依靠一定外在条件下的后天教养，正所谓"文武兴则民好善，幽厉兴则民好暴"（《孟子·告子上》）。王充亦言："亦在于教，不独在性也。"（《论衡·率性篇》）又言"圣主之民如彼，恶主之民如此，竟在化，不在性也。"（《论衡·率性篇》）细论之，此指向一方面强调人道规范作为善的表征其建立具有先天基础，即圣人之性。以为这是现实礼法教化的依据，由此圣人之性成为人性认识之上限。另一方面又肯定人性先天有不善一面的存在，即"中人以下"之质，以为这是圣人现实礼法教化的对象，于是中人以下之性则成为礼法制约的人性认识之下限。这样就构成了一个立圣以教不贤的文化格局。结合前文可见，这是在现实经验层面上对以上所论人性两种指向的整合而非形上学的本质追问，其理论用意在于以表征善的人道规范为至上准则行后天思想教化之功。由于缺乏对人性一贯而系统的本质性理解而突出强调人道规范的教化意义，故在此指向引导下人的生命发展难免陷入异化的困境。

四言性本自然才具、善恶后天习成，以告子为代表。在《孟子·告子上》中，告子说："性犹杞柳也，义犹桮棬也；以人性为仁义，犹以杞柳为桮棬。"又说："性犹湍水也，决诸东方则东流，决诸西方则西流。人性之无分于善不善也，犹水之无分于东西也。"对此赵岐注曰："告子以人性为才干，义为成器。"① 焦循《孟子正义》疏解赵氏之注曰："赵氏以人性为才干。桮棬是器，故赵氏以义为成器。杞柳本非桮棬，其为桮棬也，有人力以之也。以喻人性本非仁义，其为仁义也，有人力以之也。"结合以上注疏，可见告子以人性为天赋自然才具，无所谓善恶。所谓善恶者乃是后天人为发展的结果。由此其所谓人性只具有天赋才干的事实意义，并不具有合理的自我实现的价值主体含义。告子

① 焦循：《孟子正义》，中华书局1987年版，第732—733页。

这一看法目的在于把作为自然禀赋的人性和后天人为的价值抉择区别开。其"仁义外在"的说法表明告子认为作为善之表征的人道是在人性之外的。故人道的抉择便体现为一种后天外在的功利需要，而非人性的内在要求。对此，焦循曾引翟灏《考异》之语，指出《荀子·性恶篇》"然则礼义法度者，是生于圣人之伪，非故生于人之性"之语可证告子以上人性义①。即是说，就后天成善、为仁义的角度看，告子与后来荀子"化性起伪"的见解相同。

五言性本习成、善恶有教，以《庄子·达生》为代表。《庄子·达生》有言曰："吾始乎故，长乎性，成乎命……何谓始乎故，长乎性，成乎命？曰：吾生于陵而安于陵，故也；长于水而安于水，性也；不知吾所以然而然，命也。"这段话的含义历来解说者多含混其词，或有清楚言说者将其与《孟子·离娄下》"天下之言性也，则故而已矣"一段会同解读，殊离本意。其实如果不单是专注于思想史上"故"、"性"、"命"三字复杂的含义，而是结合《庄子·达生》全文宗旨来参看，这一段话的含义还是比较清楚的。《庄子·达生》的宗旨在于讲述"形全精复，与天为一"的达生之道。具体说就是要通过"壹其性，养其气，合其德，以通乎万物之所造"的修养经历，实现"圣人藏于天，故莫之能伤"这样一个达生目的。那么何谓"壹其性，养其气，合其德，以通乎万物之所造"呢？《达生》篇以为要"处乎不淫之度，而藏乎无端之纪，游乎万物之所终始"，再具体说就是要取"无入而藏，无出而阳，柴立其中央"的态度，此所谓"以天合天"，此乃是消除自我私见之偏执，合于自然之物性而成之。因此生命在这里乃展现为一个清澈的自然，因顺环境之道而流转成性，顺之成命。正所谓"始乎适而未尝不适者，忘适之适也"。秉持这一宗旨再来审视"始乎故，长乎性，成乎命"这段话，则我们不难发现其大意是指：我们的生命活动当是始于习惯，行于习性，成就于顺天应命，不应执着于任何一种阶段形式。在此，"故"和"性"都是和具体生命环境相联系的生命内容，具有有限性。它们都是生命的挂累，需要不断弃之。达生即是在对"故"、"性"的因应而不执的修历中实现应天、顺命、全生这一宗旨。在此，性是一种后天习成的存在规定。它可以随环境养成，也可以随环境的变

_____

① 焦循：《孟子正义》，中华书局1987年版，第750页。

化而不断发生改变。这一解读"性"的思路在后来具有了另一种文化意义，即把人性视为一种可以由后天环境培养而成的具有现实可塑性的内容。由此出发，人之为善为恶乃与塑成人性的具体后天条件和生存要求密切相关。故而善的建立就在于人为利用一定的后天环境来建构一种人的德性，此为以人道塑造人性，虽然也是道体与性体的合一，但却不是自然合一，而是后天人为的结果。这一理解思路在中国哲学人性思想的现代解读中具有相当的影响。其直接的作用就是它彻底将原来有关人性的形上学追问解构了。

以上五个指向就是人们在原始自然环节的理解基础上依据自己的文化视角和价值评判基准对人性进行的具体分析。这五种指向也可以分为两大类，即：一类承认有所谓天赋既定的人性存在；另一类等于否定这一点，而只承认人性在于后天环境习成，可以随时变化。前一类又可以进一步分为两种，即：一种承认性道一体；另一种则否定这一点，强调后天教化对先天之性进行合理限制。这充分体现了人们对人性理解的多样性。

（三）理想建构环节

所谓理想建构环节是指人们以原始自然环节与文化自觉环节中对人性的理解为基点，对人之合理生存状态进行理想建构。概括地说，这种理想建构大体可分为三类：一者以天赋人性作为人道本体，强调人现实发展的合理性在于对此天赋的自觉践行，由此实现由性体而道体的一体化。二者以为人性乃是人道习成之故，在于后天养成。故而人之发展的合理性在于人为利用综合因素塑成符合人道规范的人性，由此实现由道体而性体的一体化。三者以为天赋自然的人性内涵并不具有人现实发展的合理性，故需要人通过现实教化来实现自身的理想。以上理想建构亦可引发宗教学、政治学、社会学等多学科的思考。

三　两个主题

关于中国哲学人性思想之反思，我们讨论的第三方面内容是："中国哲学人性思想的主题是什么？"

在以上三个理解环节的认识基础上，中国哲学人性思想进一步呈现出两个相关的主题，即超越与建立。之所以这样讲，是因为中国哲学人性思想作为一种基于现实存在的反思不是单纯的科学认知，而是始终寄寓着深刻的切己关怀。这种关怀集中表现为人围绕自身生存幸福而进行的思想探求与当下自我完善。在此，我们把这两方面的诉求归为：超越与建立。以下分述之。

（一）超越

所谓超越，是指在对人的存在本质取得一定文化自觉的基础上人对自身生存幸福的思想探求。中国哲学人性思想之种种观点皆将指向这一主题，而对这一主题的认识集中体现在有关人道的讨论上。

《周易·系辞上》讲："乾坤，其易之缊邪？乾坤成列，而易立乎其中矣。乾坤毁，则无以见易。易不可见，则乾坤或几乎息矣。是故形而上者谓之道，形而下者谓之器。化而裁之谓之变，推而行之谓之通，举而措之天下之民谓之事业。"这里的"形"是天象地形的略称。"形而上"是指天象地形本身存在的抽象原理，概言之曰道。"形而下"是指天象地形著显落实的现象界。所谓"器"者，便是指现象界的具体事物。对此朱熹的解释更明晰，《朱子语类》卷七十五记周谟所录："形而上者，指理而言；形而下者，指事物而言。事事物物，皆有其理。事物可见，而其理难知。即事即物，便要见得此理。"由此可见，道就是事物形上之理，所谓"化而裁之"、"推而行之"、"举而措之"都是讲依道而成器的。《礼记·中庸》说："天命之谓性，率性之谓道，修道之谓教。道也者，不可须臾离也，可离非道也。"这是说道是事物自身存在的合理性标准。以此推之，所谓人道亦即是人确立自身、成就自身的合理依据，依循此道方能实践人生之幸福。在此，道及人道分别成为宇宙生命之本体，人生之依归。《荀子·性恶》言："古者圣王以人之性恶，以为偏险而不正，悖乱而不治，是以为之起礼义，制法度，以矫饰人之情性而正之，以扰化人之情性而导之也。始皆出于治、合于道者也。"这里所谓的"合于道者"就是指人的活动合于人道。由上可见，人道乃是中国哲学中作为人之生存本体而存在的一个概念，它意味着人生的合理性，直接指向人生理想，并以此许诺人生之幸福。

如前所述，中国哲学关于人性的诸种理解虽包含种种知识性内容，但它并非体现为纯粹立知的知识论立场，而是深刻表现为一种立人的价值论倾向。由此它对人性的种种理解必然导向对人之现实生命的合理调整。也正因此，超越就成为中国哲学人性思想进一步发展的主题。而人道作为生命合理性的代表，直接指向人生理想与幸福，故关于人道的讨论亦正是超越主题的体现。

值得注意的是，从分析的视角来看，作为体现超越主题的人道思想自身具有明确的超越性。因为它是一种有关人生理想与幸福的思想探求。这种思想探求源于人的生命自觉，针对着人生的现实境遇，保持有自由意志的理性色彩，故不同于现实的具体存在。因此就现实具体生活而言，它具有一定的超越义。

（二）建立

所谓建立是指体现超越主题的人道思想于人现实生命流行中的成就。诚如上述，中国哲学人性思想之根本立场在于立人。有关人性的种种文化自觉以及在此基础上建构的具有超越义的人道思想都是围绕立人这一根本立场进行的。《礼记·中庸》讲："诚者，天之道也；诚之者，人之道也。诚者，不勉而中，不思而得，从容中道，圣人也。诚之者，择善而固执之者也。"这里所讲的"诚之者，人之道也"、"诚之者，择善而固执之者也"都是讲人道于现实生命个体的成就。

人道思想的形成与发展即源于对人之生存现实的思考。而人道思想本身存在的意义则是要在对现实人生进行转换的基础上实现与人之现实生存的统一。这个统一的经历实为人生的推进，《礼记·中庸》讲"子曰，'道不远人。人之为道而远人，不可以为道'"，实已蕴涵了此一深意。而更为深刻体现这一主题的是中国哲学中的中庸思想。中庸的基本含义可以参考古人的解释。《礼记·中庸》"君子中庸"章下郑玄注云"庸，常也。用中为常道也。"朱熹《中庸章句》训"庸"为"平常也"，结合起来看，中庸乃是指中道是为人素常遵行的常道。在此，中道思想必化入平常切己日用而与其统为一体，并由此转换出新的生活。此新生活即意味着一种蕴涵着理想的中道观念的创造性生命活动经历。《论语·雍也》中孔子曾言："中庸之为德也，其至矣乎，民鲜久矣。"可见，中庸乃是儒家思想中的至德。作为儒家思想中的至德，中庸既是一个生存本体概念，也是一种方法论原则和一种修养境界。其意义就在于通过人对中庸之德的修养达成人格的完善，此即所谓《礼记·中庸》"极高明而道中庸"之宗旨，亦是以上所言建立主题之本意。比较前文从分析的视角审视人道思想的超越义，则此处显然是从综合的视角来揭示人道思想着落于现实生活的具有统一性的建立义。此两方面主题共同构成了中国哲学人性思想进一步发展的内容。

四　无限发展的文化理解活动

关于中国哲学人性思想之反思，我们讨论的第四方面内容是："中国哲学人性思想是否存在一种终极性的解读呢？"

事实上人的生存本身是具体多样化的。随着时代的发展，它又总是处于变化与发展之中。这就从根本上决定了中国哲学对人性的具体理解认识也将是具体多样化，且必然处于变化发展之中。没有体现这种具体多样化，则没有真实的人生体验与思考；没有体现这种变化发展，则没有针对此发展现实的创造性思维活动。《庄子·天下》讲："天下之治方术者多矣，皆以其有为不可加矣！古之所谓道术者，果恶乎在？曰：'无乎不在。'"此"无乎不在"者即活泼泼的生命存在。而天下治方术者则多蔽于一曲之见而忽视了此无所不在的生命现实。故《庄子·天下》有言曰："天下大乱，贤圣不明，道德不一，天下多得一察焉以自好。……悲夫！百家往而不反，必不合矣！后世之学者，不幸不见天地之纯、古人之大体。道术将为天下裂。"由此出发，我们可以说，基于现实存在反思基础上的中国哲学人性思想的建立不应是单一的抑或固定的理解认识，而应是拥有具体多样性且无限发展的文化理解活动。这种文化理解活动既具有规律性的认识，又时刻处于创造性的生存体验、思考与建立之中，并在二者统一的结构下不断实现对现实人生新的推进。

下编

情感与教化

第六章　儒学的情感世界

一　情感与人生

儒学始终关注着现实世界，诚如徐复观先生所言："它是安住于现实世界，对现实世界负责；而不是安住于观念世界，在观念世界中观想。"[①] 在儒学那里，现实世界由人的存在来开显，人的存在体现为不同的情感活动，由此情感问题便成为儒学关注的一项中心内容。故在这个意义上讲，儒学是重情的生命哲学，具有鲜明的情感特质。这体现了儒学现实关怀的坚实基础。对此，徐复观、唐君毅、钱穆、梁漱溟、冯友兰、陈来、蒙培元、李泽厚诸先生皆有精深的论述[②]。以下对此做进一步阐明。

（一）道始于情

蒙培元先生曾言："儒家哲学有一个显著特点，就是重视人的情感，……就是把情感放在人的存在问题的中心地位，舍此不能谈论人的存在问题；反过来，要讨论人的存在及其意义、价值等重要问题，必须从情感出发，从情感开始。对于人的存在而言，情感具有基本的性质。

---

① 徐复观：《三版改名自序》，《两汉思想史》（第 1 卷），华东师范大学出版社 2002 年版，第 2 页。

② 参见徐复观《中国艺术精神》，春风文艺出版社 1987 年版，第 24 页；唐君毅：《中国文化之精神价值》，正中书局 1979 年版，第 138 页；钱穆：《论语新解》，巴蜀书社 1985 年版，第 149、166 页；梁漱溟：《梁漱溟全集》（第一卷），山东人民出版社 1989 年版，第 479 页；冯友兰：《三松堂自序》，生活·读书·新知三联书店 1984 年版，第 264—265 页；陈来：《有情与无情——冯友兰论情感》，人民出版社 2001 年版；蒙培元：《情感与理性》，中国社会科学出版社 2002 年版，第 310 页；李泽厚：《论语今读》，安徽文艺出版社 1998 年版，第 77—79 页。

正是在这个意义上，我们称儒家哲学为情感哲学。"① 蒙先生这番话点出了儒学的情感特质，而李泽厚先生认为儒学是以情感为本体，将人生、宇宙皆情感化了②。并以为情本体乃是儒学之要点所在③。此可谓是对情感在儒学中的重要意义做了进一步的理论说明。对此可从以下几方面来理解：

首先，从儒学实践展开看，情感是儒学思考人存在及其意义、价值的发端和归宿。中国古人很早即已通过情感来展现人的存在了，如"呜呼！允蠢，鳏寡哀哉！"（《尚书·大诰》）、"未见君子，忧心钦钦。如何如何，忘我实多"（《诗·秦风·晨风》）等等。儒学延续了这一传统。在儒学看来，人的现实存在即体现为情感的存在，它具有喜、怒、哀、乐、好、恶、欲等诸种表达形式。不过在此基础上，儒学又做了进一步的引申思考，即依托情感来反思人存在的合理性。如宰我曾对孔子言："三年之丧，期已久矣"，指出"旧谷既没，新谷既升，钻燧改火，期可已矣"。孔子则答以"于女安乎"、"女安则为之"（《论语·阳货》）。在此，"安"作为一种情感体验成为思考行为合理性的发端。同样，孔子还多从人之好恶处下手来思考人的存在合理性。譬如孔子曾言："富与贵是人之所欲也，不以其道得之，不处也；贫与贱是人之所恶也，不以其道得之，不去也"（《论语·里仁》），又言："众恶之，必察焉；众好之，必察焉。"（《论语·卫灵公》）好恶无疑是人情，在此则成为孔子思考人存在合理性的发端，直至引出孔子惟道是从、"不如乡人之善者好之，其不善者恶之"（《论语·子路》）的结论。后来儒者对此亦有深刻认识。如郭店简《性自命出》云："凡人情为可悦也。苟以其情，虽过不恶，不以其情，虽难不贵。苟有其情，虽未之为，斯人信之矣。"又云："道始于情。"此即肯定了人的真实情感在立人过程中的基础地位。《礼记·礼运》则云："饮食男女，人之大欲存焉；死亡贫苦，人之大恶存焉。故欲恶者，心之大端也。"《礼记·曲礼》云："敖不可长，欲不可从，志不可满，乐不可极。"吕大临解之曰："四者皆人情之所不免，过则害也。"④ 这即是以人情为考察人之存在合理性

① 蒙培元：《人是情感的存在——儒家哲学再阐释》，《社会科学战线》2003 年第 2 期。
② 李泽厚：《世纪新梦》，安徽文艺出版社 1998 年版，第 22 页。
③ 李泽厚：《论语今读》，安徽文艺出版社 1998 年版，第 79 页。
④ 卫湜：《礼记集说》，《四库全书荟要》（第 53 册），世界书局 1988 年版，第 29 页。

的发端。《礼记·中庸》云："喜、怒、哀、乐之未发，谓之中；发而皆中节，谓之和。"此更是明确而系统地以喜、怒、哀、乐的状态为审查人之存在合理性的发端。至于孟子则云："乃若其情，则可以为善矣，乃所谓善也。若夫为不善，非才之罪也。恻隐之心，人皆有之；羞恶之心，人皆有之；恭敬之心，人皆有之；是非之心，人皆有之"（《孟子·告子上》），又言："无恻隐之心，非人也；无羞恶之心，非人也；无辞让之心，非人也；无是非之心，非人也。"（《孟子·公孙丑上》）孟子以心指情。四心之中，恻隐不忍尤为根本，可为孟子审视人生之应当的发端。王阳明《大学问》有云："大人之能以天地万物为一体也，非意之也，其心之仁本若是"①，然后举"怵惕恻隐之心""不忍之心""悯恤之心""顾惜之心"等为例说明，实亦本情也。现代学者唐君毅先生在论及儒学仁、义、礼、智发端时亦上溯到人的现实情感上，所谓"此最原始之仁义礼智之表现，乃先于自觉的求合理之理性活动而自然合理者，其表现皆为表现于情者"、"仁在此只表现为浑然与人无间隔及不忍之心情，义在此只表现为承认人我之分际以自制其私欲而不愿受辱之足欲，礼在此只表现为在人前辞让足欲之物，智在此只表现为一好恶"②。以上都是基于情感来讨论人的现实存在合理性③。可见情感既是人现实存在的具体呈现，亦是反思人之现实存在合理性的发端。儒学是立人之学。其立人的目的是成就道德人格，而其立人成德的发端即在于对此情感的自觉反思上。当然，情感也是儒学思考人存在及其意义、价值的归宿，即儒学在反思情感后所确立的人的理想存在状态亦终归于情感。孔子曾言："君子不忧不惧"（《论语·颜渊》），又说："唯仁者能好人，能恶人"（《论语·里仁》）、"其为人也，发愤忘食，乐以忘忧，不知老之将至云尔"（《论语·述而》）。著名的孔颜之乐更是情感的体现，正所谓："饭疏食饮水，曲肱而枕之，乐亦在其中矣。"（《论语·述而》）《礼记·礼器》云："君子之于礼也，有所竭情尽慎，

---

① 王阳明：《王阳明全集》卷26，上海古籍出版社1992年版，第968页。

② 唐君毅：《唐君毅新儒学论著辑要》，中国广播电视出版社1992年版，第146页。

③ 关于先秦儒家文献中的"情"字解读，学界曾有两种说法：一者释为具有实质意义的"情实"；一者释为包含喜怒哀乐的"情感"。关于二者的关系，本书以为，从历史认识的角度看，情首先是作为一种实在而存在，随后人们逐步获得有关情的具体形式的认识；而从本质考察的角度来看，情自然体现为喜怒哀乐等情感形式，而实质意义则是随后被确定为其内在的基本规定。不过仅从存在事实上讲，二者是一体存在的，而非截然对立的。

致其敬而诚若，有美而文而诚若。"具体说来就是"斋之日，思其居处，思其笑语，思其志意，思其所乐，思其所嗜"（《礼记·祭义》）。此中所显莫非情也。孟子言："君子有三乐，而王天下不与存焉"（《孟子·尽心上》），又言："仁之实，事亲是也；义之实，从兄是也；智之实，知斯二者弗去是也；礼之实，节文斯二者是也；乐之实，乐斯二者，乐则生矣，生则恶可已也，恶可已，则不知足之蹈之、手之舞之。"（《孟子·离娄上》）可见孟子论人生之落脚处亦是尽显人情，即将人生理想最终落实到内心之"乐"的情感体验上。以上是就儒学以情感为其思考人存在及其意义、价值的归宿言。合而观之，可见情感在儒学思考人存在及其意义、价值的实践中无论是作为发端还是归宿皆具重要意义。

其次，从儒学思想建构上看，情感是儒学思考人生的基础、思想建构的平台、思想更新的源泉。儒学既以人的存在为情感的存在，则情感便成为儒学思考人生的基础。《左传·昭公二十五年》记载子大叔引述子产的一段话："民有好恶喜怒哀乐，生于六气，是故审则宜类，以制六志。""好恶喜怒哀乐"作为人情即古人思考人存在的基础。儒学关于人生的思考也建基于此。《论语》中，孔子对人之存在合理性的思索便是基于对人的哀乐、骄敬、好恶、耻怨、喜怒、忧惧、悔欲、狂荡、忿戾等不同情感表现的关注。郭店简《尊德义》云："察诸出所以知己。"所谓"察诸出"亦可视为以人的情感表现为考察基础。《礼记·乐记》云："是故先王本之情性，稽之度数，制之礼义。"在此，"度数"、"礼义"的确立皆建基于情性之本。在此基础上，儒学以情感为平台进行了自己的思想建构，即追溯情感的本原、探讨情感的条理及实现原则、阐释情感指归以及实践路径等，从而形成了儒学情感特质的丰富思想意涵，并引出了天、命、性、道、情、义、心等一系列思想观念。如上引郭店简《性自命出》云："道始于情，情生于性，性自命出，命自天降。"又云："始者近情，终者近义。知情者能出之，知义者能入之。"郭店简《尊德义》云："察诸出，所以知己，知己所以知人，知人所以知命，知命而后知道，知道而后知行。"随着儒学思想建构与实践的不断发展，儒学自身必然出现思想观念及其表现形式与真实情感之间的矛盾，直至因思想观念及其表现形式的极端化而导致人存在的异化。在此背景下，情感又成为儒学思想更新的源泉。如儒学本是赞礼的，但春秋时期是古礼衰落、新礼未成的变礼时期。此时，古礼之礼仪与礼义相疏离，故孔子有言曰："人而不仁，如礼何？人而不仁，如乐何？"（《论语·八佾》）此即是儒学以仁爱之情来深化古礼"报本反始"之意，从而实现了思想理论的自我更新，推动了其礼学思想的进一步发展。儒学思想在以后的阶段性发展中亦曾多次呈现这一理路。

儒学梳理情感的过程存在着三个环节，它也表现为三个阶段，这可谓是儒学立人之路。第一个环节为自然情感的展露，儒学以此表明人存在的实在性和人生的本源之境。故孔子论人不离人之哀乐、骄敬、好恶、耻怨、喜怒、忧惧、悔欲、狂荡、忿戾等自然情感，孟子言人则重在权衡五官之欲与四端之情，《礼记·乐记》更有所谓"先王本之情性"之语。此皆体现了儒学人不离情的本源性生存理解。唐君毅先生认为，人类通过本性来涵养生命，而其本性则是从自然衍生出来的情感[1]。可见，在儒学那里，人是基于自然情感来建构他的生活世界的，此为人的本源性存在。值得注意的是，此环节下的情感状态乃是一种无对待的圆融的自然兴起，是内在充盈之情的当下勃发，是当境而在的发生，无思虑牵绊，正所谓满心而发，"若决江河，沛然莫之能御也"（《孟子·尽心上》）。唯此，其方为本源性的存在。第二个环节是指情理的呈现，儒学以此为人道确立的核心。在儒学看来，情感有其内在条理。《左传·昭公二十五年》云："民有好恶喜怒哀乐，……喜生于好，怒生于恶，……好物乐也，恶物哀也。"可见人情总体体现为好恶。情之条理则体现为对此好恶之好恶，通情理的过程即是正"好恶"的经历。如孔子言："唯仁者能好人，能恶人"（《论语·里仁》），朱熹《四书章句集注》引游氏语曰："好善而恶恶，天下之同情，然人每失其正者，心有所系而不能自克也。唯仁者无私心，所以能好恶也。"[2]所谓"能好恶"者即是正好恶，即是情理的体现，其表现则是对一般好恶之情的好恶。故孔子又言："富与贵是人之所欲也，不以其道得之，不处也；贫与贱是人之所恶也，不以其道得之，不去也"（《论语·里仁》）、"富而可求也，虽执鞭之士，吾亦为之。如不可求，从吾

---

① 参见唐君毅《中国文化之精神价值》，正中书局1979年版，第138页。

② 朱熹：《四书章句集注》，《四库全书荟要》（第72册），世界书局1988年版，第26页。

所好"（《论语·述而》）。郭店简《性自命出》所云"始者近情，终者近义"一语亦包含着这一情理实现的经历。至于孟子则云："独乐乐，与人乐乐，孰？……与少乐乐，与众乐乐，孰乐"（《孟子·梁惠王下》），这同样是正好恶、显情理的体现。儒学以此为人道所在。第三个环节是指情理归心的自得。儒学言心从功能上讲有两个基本意思，即明觉与主宰。明觉属心之官。孟子言："心之官则思，思则得之，不思则不得也。"（《孟子·告子上》）这个"思"即心之明觉。然心之所思者何也？孟子言："口之于味也，有同耆焉；耳之于声也，有同听焉；目之于色也，有同美焉。至于心，独无所同然乎？心之所同然者何也？谓理也，义也。圣人先得我心之所同然耳。故理义之悦我心，犹刍豢之悦我口"（《孟子·告子上》），又言："仁，人心也"（《孟子·告子上》），可见心之所思着落在理义与仁上。理义与仁乃是建基于人情上的情理。朱熹《四书章句集注》引程子语云："在物为理，处物为义。"① 人作为一现实的情感存在，理义即人的情理所在。《朱子语类》卷六又云："仁离爱不得"②，这个"爱"即指人情，这体现了仁的情感基础。不过仁作为儒学的道德理念更是人的情理所在。在此基础上，"心悦理义"的心思活动便是彰显情理的情感活动，此即心之明觉义，孟子以此为人之本心；心之主宰义是对心之明觉倾心相向的情感活动。《论语·阳货》记载孔子与宰我论三年之丧，子曰："食夫稻，衣夫锦，于女安乎？"又曰："女安则为之！夫君子之居丧，食旨不甘，闻乐不乐，居处不安，故不为也。今女安，则为之！""安"即心安，显为一种情态。孔子言其安与不安乃落实在一念之仁上，是为情理也，亦心之明觉所在。心安即是对心之明觉的体贴、肯认之情，它体现了心的主宰义。对此孟子亦有言曰："行有不慊于心，则馁矣"（《孟子·公孙丑上》），又言："心之官则思，思则得之，不思则不得也。此天之所与我者，先立乎其大者，则其小者弗能夺也。此为大人而已矣。"（《孟子·告子上》）所谓"不慊于心""先立乎其大者"皆是在心之明觉的基础上言心之主宰义，其本身亦是一种情感活动。情理归心乃心之明觉与主

---

① 朱熹：《四书章句集注》，《四库全书荟要》（第72册），世界书局1988年版，第175页。

② 黎靖德：《朱子语类》，中华书局1986年版，第119页。

宰义相统一的情感活动，其最终所达成的情志生活在于自得。孟子言："君子深造之以道，欲其自得之也。自得之，则居之安；居之安，则资之深；资之深，则取之左右逢其原，故君子欲其自得之也。"（《孟子·离娄下》）在此，自得既体现了人生应然与实然的统一，又基于这种统一引导人们走上借有限以显其无限的自由之路。以上这一论述有助于人们深入、系统地认识情感在儒学中的重要意义。

综上所述，以上两个方面的论述表明情感问题是儒学所关注的中心内容，儒学由此具有了鲜明的情感特质。不过需要指出的是，它的确立还基于一个前提，即情感的真实性。无此，则亦无情感在儒学中的中心地位可言。简单地说，儒学言情有两个基本含义：一指实情。如孔子云："上好信，则民莫敢不用情"（《论语·子路》），曾子言："上失其道，民散久矣。如得其情，则哀矜而勿喜"（《论语·子张》），这两处的"情"字皆释为"实情"。二指人情。如《礼记·曾子问》中有"子曰：君子礼以饰情，三年之丧而吊哭，不亦虚乎"之语，荀子则有"体恭敬而心忠信，术礼义而情爱人"（《荀子·修身》）之言，这两处的"情"字则可释为"人情"。儒家很重视以上两义之统一，即讲究人情之真。如《论语》很看重"质"与"直"。在《论语》中，有两处文质对举，如孔子言："质胜文则野，文胜质则史。文质彬彬，然后君子"（《论语·雍也》），再如"棘子成曰：'君子质而已矣，何以文为？'子贡曰：'惜乎！夫子之说，君子也。驷不及舌。文犹质也，质犹文也。虎豹之鞟，犹犬羊之鞟'"（《论语·颜渊》）。在此，"质"描述的是一种人自然、真实的存在，它是实情与人情的统一，与"文"相应，是"文"的基础。"质"的直接表达引出"直"。《论语》中多处讲到"直"，其基本内涵可从孔子讲"父为子隐，子为父隐，直在其中矣"（《论语·子路》）中体会。这里的"直"首先建基于人之真情，其次则是得情之正，再次则是正情直显，正所谓"中心辩然而正行之，直也"（郭店简《五行》）。与之相应，《论语》中讲"直"往往是"直""枉"对举，如"举直错诸枉，能使枉者直"（《论语·颜渊》）等等，其义是说明在人情之真的前提下正情直露，反对邪道矫饰。钱穆先生云："直者诚也。内不以自欺，外不以欺人，心有所好恶而如实以出之者也。"又云："孔子所谓直者，谓其有真心真意，而不以欺诈邪曲待人也。"① 由此我们可以看到儒学很重视情感真实性。儒学这一认识在郭店简《性自命出》中得到明确体现。《性自命出》多言情，其中有云："苟以其情，虽过不恶；不以其情，虽难不贵。苟有其情，虽未之为，斯人信之矣。"我们从这里可以看到，情可谓是善、贵、信的基础，唯真情可当此意。故《性自命出》又云："凡人伪为可恶也"、"凡人情为可悦也"。《语丛一》则云："人，无能伪也。"《礼记·表记》则有"情欲信，辞欲巧"一说。此皆是在言情感的真实性，这是儒学情感特质确立之前提。

（二）始者近情，终者近义

如上所述，儒学关于情感的思想建构主要指追溯情感的本原、探讨情感的条理及实现原则、阐释情感指归以及实践路径等等，这些内容共同构成了儒学情感特质的丰富思想意涵。以下分述之。

首先，儒学追溯了情感的本原。《左传·昭公二十五年》曾记载子大叔引子产之语云："天地之经，而民实则之，则天之明，因地之性，生其六气，……民有好恶喜怒哀乐，生于六气，是故审则宜类，以制六志，哀有哭泣，乐有歌舞，喜有施舍，怒有战斗，喜生于好，怒生于恶，是故审行信令，祸福赏罚，以制死生。生，好物也；死，恶物也。好物乐也，恶物哀也，哀乐不失，乃能协于天地之性，是以长久。"这段话将喜怒哀乐之人情总归为好恶，以之为"六气"所出。因六气又出于"则天之明，因地之性"，故天地之明性亦为人情之本原。先秦儒学同样体现了这一思路。如《礼记·中庸》云："喜怒哀乐之未发谓之中，发而皆中节谓之和。"朱熹以为未发是性，已发则是情②，由此情为性显。郭店简《性自命出》云："情生于性，性自命出，命自天降。"这里即把情之所出归于天命之性。《荀子·正名》则云："不事而自然谓之性。性之好、恶、喜、怒、哀、乐谓之情。"《论衡·本性》再进而言之曰："性，生而然者也，在于身而不发；情，接于物而然者也，形出于外。"总之，儒学基于对情感之本原的追溯而逐渐建立起自己的性情论。在此，情是儒学思考人存在、建构性情论的本原、基础，具有

---

① 参见钱穆《四书释义》，《钱宾四先生文集》（卷2），联经出版事业公司1996年版，第87—92页。

② 参见朱熹《四书章句集注》，《四库全书荟要》（第72册），世界书局1988年版，第554—558页。

实体意义；性则是关于情之本原的形上思考。如李泽厚先生就认为"孔学特别重视人性情感的培育……实际是以'情'作为人性和人生的基础、实体和本源……强调培植人性情感的教育，以之作为社会根本，这成为华夏文明的重要传统。"① 宋儒曾大力提升性理的地位，突出其价值与意义，相对而言对情感的关注则有不足，甚至在一定程度上导致性、情的对立。这固有其具体的思想史发展因由，但也因此形成对人之情感存在的损坏，其道德理想亦难以真正落实。

其次，儒学探讨了情感的条理和实现原则。《礼记·乐记》云："物至知知，然后好恶形焉。好恶无节于内，知诱于外，不能反躬，天理灭矣。"又云："夫物之感人无穷，而人之好恶无节，则是物至而人化物也。人化物也者，灭天理而穷人欲者也。"这里两次提到好恶无节的问题。《礼记·檀弓下》又云："有直情而径行者，戎狄之道也。"孔颖达疏云："直肆己情而径行之也。无哭踊节制，乃是夷狄之道。"② 可见儒学对于纵情无制是持贬抑态度的。相对而言，它更强调情感的条理，依此而达情。孔、孟对此皆有阐释。如孔子言："关雎，乐而不淫，哀而不伤"（《论语·八佾》），这是借论诗从"正乐之和"③ 的角度讲哀乐之情的条理，以彰显"性情之正"④。孔子又言："唯仁者能好人，能恶人"（《论语·里仁》），对此朱熹《四书章句集注》引游氏语曰："好善而恶恶，天下之同情，然人每失其正者，心有所系而不能自克也。唯仁者无私心，所以能好恶也。"⑤ 这是依仁者之德讲好恶之情的条理。以上两点反映了孔子对情之条理的基本认识。孟子则对此有进一步阐发。孟子有言："故凡同类者，举相似也……口之于味也，有同耆焉；耳之于声也，有同听焉；目之于色也，有同美焉。至于心，独无所同然乎？心之所同然者何也？谓理也，义也……故理义之悦我心，犹刍豢之悦我口。"（《孟子·告子上》）在此，孟子据人之同好列举了两

---

① 李泽厚：《论语今读》，安徽文艺出版社 1998 年版，第 18 页。

② 郑玄注，孔颖达疏：《礼记注疏》，《四库全书荟要》（第 51 册），世界书局 1988 年版，第 216 页。

③ 何晏集解，邢昺疏：《论语注疏》，《四库全书荟要》（第 70 册），世界书局 1988 年版，第 34 页。

④ 朱熹：《四书章句集注》，《四库全书荟要》（第 72 册），世界书局 1988 年版，第 24 页。

⑤ 同上书，第 26 页。

类欲求：生物欲求与道德欲求。如何看待这两类欲求及其相互关系呢？这就涉及情感的条理问题了。孟子言："人之所以异于禽兽者几希，庶民去之，君子存之。"（《孟子·离娄下》）所谓"几希"，首先是指人与禽兽相差无几。孙奭疏云："以其皆含天地之气而生耳，皆能辟去其害而就其利矣"[1]，这是讲人与禽兽都是秉天地之气而生，故同质，都有趋利避害的一般生物欲求。其次是指人禽几希之差。孙奭疏又云："小人去其异于禽兽之心，所以为小人也；君子知存其异于禽兽之心，所以为君子也。所谓异于禽兽之心者，即仁义是也。"[2] 这是讲人禽之别要在存仁义之心，这是人道德欲求的体现。由此生物欲求为人求生的基础，道德欲求则为成人的根本。对此孟子又云："人之有道也，饱食、暖衣、逸居而无教，则近于禽兽。圣人有忧之，使契为司徒，教以人伦：父子有亲，君臣有义，夫妇有别，长幼有序，朋友有信。"（《孟子·滕文公上》）这里讲明饱食、暖衣、逸居等纵情无教的一般生物欲求近于禽兽，而人道之本在于仁义的确立，此为"心悦理义"之道德欲求。由上述可见，借助人禽之辨，孟子梳理了人情之条理，即：在达成基本生物欲求的基础上，通过道德欲求的实现来凸显人的本质存在、建起人道。总之，儒学基于对人的各种情感性质的思考而达成了对情之条理的认识。值得注意的是，在儒学中，人情固为好恶，情之条理则是对此好恶之好恶，二者皆是情感显现，并不离人的情感世界。故孔子言："富与贵是人之所欲也，不以其道得之，不处也；贫与贱是人之所恶也，不以其道得之，不去也"（《论语·里仁》）、"富而可求也，虽执鞭之士，吾亦为之。如不可求，从吾所好"（《论语·述而》），孟子则云："独乐乐，与人乐乐，孰乐？……与少乐乐，与众乐乐，孰乐？"（《孟子·梁惠王下》）。

　　情感的实现原则在于合义。郭店简《性自命出》云："始者近情，终者近义。知情者能出之，知义者能入之。"《孔丛子》则云："辞不越情，情不越义。"儒学讲情感合义当具有两重指向：一为得好恶之正，所谓"可欲之谓善"（《孟子·尽心下》）。卫湜《礼记集说》引马氏语

---

① 赵岐注，孙奭疏：《孟子注疏》，《四库全书荟要》（第 71 册），世界书局 1988 年版，第 186 页。

② 同上书，第 186 页。

曰："好恶正则天下之是非瞭然而不惑矣"①。二为得好恶之宜，如孔子言："君子之于天下也，无适也，无莫也，义之与比"（《论语·里仁》），《论语集释》引毛奇龄《论语稽求篇》曰："适、莫与比皆指用情言。适者，厚也、亲也；莫者，薄也、漠然也；比者，密也、和也。当情为和，过情为密"②，这是讲情感之发要适度。以上二者合而观之，方为儒学情感合义之实现原则。《礼记·曲礼》云："贤者狎而敬之，畏而爱之。爱而知其恶，憎而知其善。"此即儒学情感实现原则的具体显现。《礼记·中庸》云："喜怒哀乐之未发，谓之中；发而皆中节，谓之和。中也者，天下之大本也；和也者，天下之达道也。"这里针对喜怒哀乐之存在而言的中和之情更是关于此一原则的精当表述。

再次，儒学阐释了情感之指归和实现路径。针对诸种情感欲求的实现，儒学有着深刻的阐释，且由此点明情感之指归。如孟子云："求则得之，舍则失之，是求有益于得也，求在我者也。求之有道，得之有命，是求无益于得也，求在外者也。"（《孟子·尽心上》）以此为前提，对应人的两类情感欲求，孟子以生物欲求为"求在外者"，人不能自专，得与不得在于命；以道德欲求为"求在我者"，正所谓"仁、义、礼、智，非由外铄我也，我固有之也"（《孟子·告子上》），故"求则得之，舍则失之，是求有益于得也"。由此出发，人之道德欲求的实现便具有了情感自由实现的意味，道德欲求也由此具有了情感自由的喻意，并最终成为情感之指归，故孟子有言曰："生，亦我所欲也；义，亦我所欲也，二者不可得兼，舍生取义者也。"（《孟子·告子上》）儒学的情理合义当是此情感自由的具体呈现。那么具体如何实现呢？儒学将之归于心的作用。如孔子言："操则存，舍则亡"（《孟子·告子上》），孟子言："求则得之，舍则失之"（《孟子·尽心上》），这都是在强调心的自觉作用。郭店简《性自命出》则提出："君子身以为主心"、"凡道，心术为主"，又说："凡学者求其心为难。"这是肯定心在道德实践过程中所具有的关键作用。再进一步言，心的作用内含两个相互关联的方面，即心志与心智。心志即心之所向。孔子讲："三军可夺帅也，匹夫不可夺志也。"（《论语·子罕》）孟子言："夫志，气之帅

---

① 卫湜：《礼记集说》，《四库全书荟要》（第 53 册），世界书局 1988 年版，第 27 页。
② 程树德：《论语集释》（第 1 册），中华书局 1990 年版，第 248 页。

也；气，体之充也。"（《孟子·公孙丑上》）可见心志在儒学道德实践中具有主宰地位。儒学言心志具有特定指向，即指向仁道。如孔子讲："志于道，据于德，依于仁，游于艺"（《论语·述而》），孟子言："苟不志于仁，终身忧辱，以陷于死亡"（《孟子·离娄上》），荀子则言："志意修则骄富贵，道义重则轻王公。"（《荀子·修身》）从本体层面讲，儒学言心志反映的是"心悦理义"的道德情感欲求，一种"闻一善言，见一善行，若决江河，沛然莫之能御"（《孟子·尽心上》）的内在情志主张，它是人超越自然生物链、实现自身自由的道德情感欲求，由此达成的乃是一种得志行道的大丈夫气概；心智即心之明觉、理智之功，其要在于"知者不惑"（《论语·子罕》）。所谓"不惑"，就其表层言具有认知、辨析的意义，如"孰谓鄹人之子知礼乎"、"乐其可知也"（《论语·八佾》）之类。礼乐乃人情之节文，知礼乐实在于通情理；就其深层言则具有转识成智而归于道德的终极意义，如"择不处仁，焉得知"、"仁者安仁，知者利仁"（《论语·里仁》）之类，这体现了心对于自由的道德情感欲求的理解和自觉认同能力。孟子言："心之官则思，思则得之，不思则不得也。此天之所与我者，先立乎其大者，则其小者弗能夺也。此为大人而已矣。"（《孟子·告子上》）这里的"思"与"立"即体现了心智之功，人由此而"不惑"，继而得以成"大人"之心志。反之，郭店简《五行》则云："君子无中心之忧，则无中心之智，亡中心之智则亡中心之悦，亡中心（之悦则不）安，不安则不乐，不乐则亡德。"总之，儒学言人之情感指归必基于以上心的作用方能实现。

值得注意的是，对于借心显情以立人成德，儒学存在两方面理解：一者是在存在本体意义上讲性、情、心的本然统一。如孟子超越以往"生之谓性"的理论，进一步发展出"性善"说。其所谓"性善"者即在于直接肯认人的道德情感欲求，以此欲求为人之本性，以此欲求的实现为立人之本，而其实现的基础则在于"心悦理义"。由此性、情、心一体而成为人的存在本体，而在此意义上的性、情、心亦可谓人的本性、本情、本心。一者是以"生之谓性"为前提，在教化修养意义上讲心对性情的操持作用。郭店简《性自命出》说："喜怒哀悲之气，性也"，又说"情生于性"，由此树立了性情一体观。然人"虽有性，心弗取不出"（《性自命出》），可见性的呈现需依赖心的作用。而心应如何作用呢？《性自命出》云："凡心有志也，亡与不［可］。"这是说心志一旦确定，则必然会发挥其主身显性的作用。问题是，"凡人虽有性，心无定志，待物而后作，待悦而后行，待习而后定"（《性自命出》），即现实中，人虽有性，但因心无定志，以致性受其影响而发生变化，必经一定教化习行方能定。故《性自命出》又云："四海之内，其性一也；其用心各异，教使然也。"此亦凸显了教化人心的重要性。《礼记·中庸》有言："自诚明，谓之性；自明诚，谓之教。"前者可谓是存在本体的自在呈现经历，而后者则可谓是教化修养的历程。此或可与以上所论两方面内容互为发明①。

（三）五重情感世界

在以上认识基础上，我们可进一步了解儒学蕴涵的多重情感世界及其不同幸福体验，发掘情感与幸福之间多重而有序的关联。

儒学第一重情感世界可谓之原生情感世界，其要在真情流行。如上所述，儒学论人乃基于人情，人情之初首在于真。郭店简《性自命出》云："苟以其情，虽过不恶。不以其情，虽难不贵。苟有其情，虽未之为，斯人信之矣。"在此，情是善、贵、信的基础，唯真情可当此意。故《性自命出》又云："凡人伪为可恶也"、"凡人情为可悦也"。《语丛一》则云："人，无能伪也。"《礼记·表记》则有"情欲信，辞欲巧"一说。此皆是在言情感的真实性，对此儒学又以"质"、"直"、"诚"等语谓之。如孔子言："质胜文则野，文胜质则史。文质彬彬，然后君子。"（《论语·雍也》）这里的"质"描述的是一种自然、真实的人的存在，它是实情与人情的统一，与"文"相应，是"文"的基础。关于"直"与"诚"，钱穆先生云："直者诚也。内不以自欺，外不以欺人，心有所好恶而如实以出之者也。"又云："孔子所谓直者，谓其有真心真意，而不以欺诈邪曲待人也。"② 这同样是讲情感的真实性。在儒学看来，人的原生世界即是真情流行的世界，其原生状态即是一个无人伪的真情状态，在此情况下，人的存在即是无对待、纯然任情而行、不待反思的存在。对此，儒学曾依托《诗经》作了深刻阐释。

---

① 参见梁涛《郭店竹简与思孟学派》，中国人民大学出版社 2008 年版，第 320—336 页。

② 参见钱穆《四书释义》，《钱宾四先生全集》（卷二），联经出版事业公司 1996 年版，第 87—92 页。

作为上古流传而来的文化典籍，《诗经》无疑反映了原生世界中人的存在样态，其"所传递的信息多是感性的和形象的，又是模糊的和不太确定的，其中充满着诱人的神秘色彩，蕴蓄着原始的生命冲动"①。儒学对此有着深切的体验和概括。如孔子言："《诗》三百，一言以蔽之，曰'思无邪'。"（《论语·为政》）朱熹的《四书章句集注》引程子语曰："思无邪者，诚也。"② 程树德《论语集释》引郑浩《论语集注述要》语曰："古义'邪'即'徐'也……无虚徐，则心无他骛"、"夫子盖言《诗》三百篇，无论孝子、忠臣、怨男、愁女皆出于至情流溢，直写衷曲，毫无伪托虚徐之意"③。《诗经》反映的原生世界中人的纯情状态即为儒学的第一重情感世界——原生情感世界。人由此保有清澈自然的生命态度，存在于生活之中，安享着那份简然而直接的幸福，正所谓"未见君子，忧心惙惙。亦既见止，亦既觏止，我心则悦"（《诗经·国风·草虫》）。

儒学第二重情感世界可谓之厚生情感世界，其要在确立民生。孔子曾言："富与贵，是人之所欲也"（《论语·里仁》）、"富而可求也，虽执鞭之士，吾亦为之"（《论语·述而》），又言："邦有道，贫且贱焉，耻也"（《论语·泰伯》），可见孔子对人的基本生存欲求是持肯定态度的。《论语·子路》载："子适卫，冉有仆。子曰：'庶矣哉！'冉有曰：'既庶矣，又何加焉？'曰：'富之。'曰：'既富矣，又何加焉？'曰：'教之。'"在此，孔子明确以人的基本生存欲求的满足作为其礼乐教化的前提，体现了他对人之基本生存欲求的深切关注。孟子亦是如此。孟子曾言："是故明君制民之产，必使仰足以事父母，俯足以畜妻子，乐岁终身饱，凶年免于死亡。……五亩之宅，树之以桑，五十者可以衣帛矣；鸡豚狗彘之畜，无失其时，七十者可以食肉矣；百亩之田，勿夺其时，八口之家可以无饥矣；谨庠序之教，申之以孝悌之义，颁白者不负戴于道路矣。老者衣帛食肉，黎民不饥不寒，然而不王者，未之有也。"（《孟子·梁惠王上》）以上这番话体现了孟子以人之基本生存欲

---

① 蒋成瑀：《读解学引论》，上海人民出版社1998年版，第3页。

② 朱熹：《四书章句集注》，《四库全书荟要》（第72册），世界书局1988年版，第18页。

③ 程树德：《论语集释》，《新编诸子集成》（第一辑），中华书局1990年版，第66—67页。

求的实现为治礼义、行王道之基础的主张。孟子甚至以此为底色描绘出一幅衣食丰足、道德充盈的美好人生景象，进而提出"王欲行之，则盍反其本矣"的劝导之语。后来的荀子直接将此基本生存欲求视为人之真性情。它的满足亦即人之真性情的实现。《荀子·性恶》云："今人之性，饥而欲饱，寒而欲暖，劳而欲休，此人之情性也。""若夫目好色，耳好听，口好味，心好利，骨体肤理好愉佚，是皆生于人之情性者也。感而自然，不待事而后生之者也。"从本质上讲，儒学反对人纵欲放情，但也极为重视人之基本生存欲求的实现。这是儒学论仁、行礼乐教化以及施仁政、行王道的基础。故《论语》《孟子》中多有民生建设方面的积极表述。而《礼记》中关于饮食、祭器、服饰、建筑等方面的描述亦无不在提示这一点。此即构成儒学第二重情感世界——厚生情感世界，人由此拥有衣食具足的生存幸福体验。

　　儒学第三重情感世界可谓之德生情感世界，其要在立德。儒学言德乃落实在仁上，《孟子·离娄下》与《荀子·议兵》皆言："仁者爱人。"这表明仁是不同于利己足欲的一种自觉利他的具有超越性的德，属于道德范畴。儒学以此为人的存在本质。如孔子言："君子去仁，恶乎成名？君子无终食之间违仁，造次必于是，颠沛必于是"（《论语·里仁》），又言："志士仁人，无求生以害仁，有杀身以成仁。"（《论语·卫灵公》）在此，孔子所强调的君子对仁的那份坚守实际上已使仁内化为人的存在本质。在此基础上，孔子还进一步讲道："为仁由己，而由人乎哉？"（《论语·颜渊》）这体现了人之存在本质的自由实现义。《礼记·中庸》则直言曰："仁者，人也。"这体现了儒学以仁论人的本质性认识。所谓"德生"即具有存在本质义的仁德在现实人生中的实现。儒学言仁有其坚固的情感基础。如孔子在阐释仁德时十分注重人的亲亲之情。《礼记·中庸》"哀公问政"一段载："子曰：仁者人也，亲亲为大。"可见孔子以亲亲之情为行仁之大端。关于亲亲之情，孔子有多方陈述，如重孝、丧祭之礼、父子互隐等等。后来的孟子则在此基础上又提出了更具普遍意义的"恻隐之心"来作为仁德的情感基础，如孟子曰："人皆有不忍人之心。……所以谓人皆有不忍人之心者，今人乍见孺子将入于井，皆有怵惕恻隐之心。非所以内交于孺子之父母也，非所以要誉于乡党朋友也，非恶其声而然也。由是观之，无恻隐之心，非人也；……恻隐之心，仁之端也。"（《孟子·公孙丑上》）

孟子这一思想也成为后来儒学论证仁德之情感基础的共识。由此出发，儒学仁德的实现即是一个人道德情感的展开历程。它所建构的便是儒学第三重情感世界——德生情感世界，人由此享有道德心灵所带来的幸福感，具体说来便是"老者安之，朋友信之，少者怀之"（《论语·公冶长》）。

儒学第四重情感世界可谓之义生情感世界，其要在情感合宜。《礼记·中庸》言："义者，宜也。"孔颖达疏云："于事得宜即是其义。"①所谓义生情感世界即指人的情感的合宜实现，其本质是情理的时中而显。陆陇其在《四书困勉录》中言："情与理必相准，天理内之人情，乃是真人情；人情内之天理，乃是真天理。"②戴震也说："理也者，情之不爽失也"、"理者，存乎欲者也"、"天理者，节其欲而不穷人欲也"③。可见儒学言人情有其内在之理。情理的时中而显是为行义，由此达成的情感世界即义生情感世界。这主要表现在两个方面：首先，在真情的基础上，比较厚生情感世界，儒学更强调德生情感世界的价值与意义，即凸显人的道德情感取向，如孔子言："富与贵是人之所欲也，不以其道得之，不处也；贫与贱是人之所恶也，不以其道得之，不去也。君子去仁，恶乎成名？"（《论语·里仁》）又如孟子言："生，亦我所欲也；义，亦我所欲也，二者不可得兼，舍生而取义者也。"（《孟子·告子上》）不仅如此，儒学还视此为情感的自由抉择、本心之当显，如孔子言"为仁由己"（《论语·颜渊》），又云"不义而富且贵，于我如浮云"（《论语·述而》）。孟子则言："是故所欲有甚于生者，所恶有甚于死者，非独贤者有是心也，人皆有之，贤者能勿丧耳。"（《孟子·告子上》）其次，儒学以为人的道德情感乃是因其自然亲疏差异而逐次展开的，故存在一个自然情感的差序问题。如孔子讲仁道的实现即存在一个从孝亲、友于兄弟、泛爱众到致身事君等由近及远的差序层次。《孟子·滕文公上》载墨者夷之之言曰："爱无差等，施由亲始。"对此孟子指出："杨氏为我，是无君也；墨氏兼爱，是无父也。无父无君，是禽兽也"（《孟子·滕文公下》），又言："夫夷子，信以

---

① 郑玄注，孔颖达疏：《礼记注疏》，《四库全书荟要》（第52册），世界书局1988年版，第435页。

② 程树德：《论语集释》，《新编诸子集成》（第一辑），中华书局1990年版，第926页。

③ 戴震：《戴震集》，上海古籍出版社1980年版，第265、273、276页。

为人之亲其兄之子为若亲其邻之赤子乎？彼有取尔也。……且天之生物也，使之一本，而夷子二本故也。"（《孟子·滕文公上》）可见，孟子以为仁爱情感在应物之时是存在差等的，反对等同视之。《礼记·礼运》云："何谓人情？喜怒哀惧爱恶欲七者，弗学而能。何谓人义？父慈、子孝、兄良、弟弟、夫义、妇听、长惠、幼顺、君仁、臣忠十者，谓之仁义。"这段话可谓同时体现了以上儒学关于情理的两方面内涵："治人七情"者即凸显人的道德情感取向；"修十义"者即强调人的道德情感展开的差序性。儒学义生情感世界即是包含此双重义理的道德情感的时中而显，正所谓"仁以爱之，义以正之"（《礼记·乐记》），其所要达成的则是一种"亲亲而仁民，仁民而爱物"（《孟子·尽心上》）的幸福境界。

　　儒学第五重情感世界可谓之乐生情感世界，其要在圆融自得。"乐"既是自然人情之一，亦为儒学崇尚的一种德行成就。儒学言乐有三重寓意：一谓乐情之真。儒学对于"巧言令色"的表现总体持批判态度。如孔子言："巧言令色，鲜矣仁"（《论语·学而》），《大戴礼记·曾子立事》云："巧言令色，能小行而笃，难于仁矣。"可见儒学言乐首重情真。在这个意义上，孔子讲的"发愤忘食，乐以忘忧"（《论语·述而》）、"人不堪其忧，回也不改其乐"（《论语·雍也》）皆指向人的真情实感。二谓乐情之理。孔子言："饭疏食饮水，曲肱而枕之，乐亦在其中矣。"（《论语·述而》）程子以为"须知所乐者何事"。朱熹言："圣人之心浑然天理，虽处困极而乐亦无不在焉。"[1] 可见朱子以为孔子所乐乃为满心天理。只不过朱子所谓的这个理依然是离不得人情的，所谓"约其情使合于中"[2]，这仍是在人情上著，当为情之理。孟子言乐亦重此理，如孟子在具体区分了"独乐乐"和"与民偕乐"两种情况后指出："古之人与民偕乐，故能乐也。"（《孟子·梁惠王上》）这是在行仁政的层面上讨论乐之情理。孟子还进一步追溯了它的义理本原，如孟子言："有天爵者，有人爵者。仁义忠信，乐善不倦，此天爵也；公卿大夫，此人爵也。"（《孟子·告子上》）这里"仁义忠

---

　　① 朱熹：《四书章句集注》，《四库全书荟要》（第72册），世界书局1988年版，第435页。
　　② 同上书，第33—34页。

信"即是善，"乐善"者，乐此也。此为天爵，故"德义可尊，自然之贵也"①，此即乐之情理的本原所在，上引"与民偕乐，故能乐也"的仁政之乐即建基于此，正所谓"其尊德乐道，不如是不足与有为也"（《孟子·公孙丑下》）。三谓乐情之自得。这种"自得"在性质上乃是得情之真，在内涵上乃是得乎情理，在价值认定上是正好恶，在实践上则是"君子以自昭明德"（《易·晋卦·象传》），具体说来就是"万物皆备于我矣，反身而诚，乐莫大焉"（《孟子·尽心上》）。在此基础上达成的自得之乐即儒学第五重情感世界——乐生情感世界。此亦是儒学中一种很高的德行成就。孔子曾言："知之者不如好之者，好之者不如乐之者"（《论语·雍也》），其间的一个重要差异即在于"知之者"、"好之者"与其所知者、所好者之间仍是一对待关系，不得圆融；而"乐之者"与所乐者则已然是自在一体，尽得圆融之境。其在状态上则是因心中之悦而得其安，由安而得其乐，因乐而成其德，人亦由此获得了终极性的幸福体验，如孔子之"从心所欲不逾矩"（《论语·为政》）者，又如孟子之"左右逢其原"（《孟子·离娄下》）者，再如《礼记·中庸》"君子居易以俟命"之"无怨"者，皆如是。

儒学五重情感世界及其相应幸福体验表达的是一个多重而系统的情感存在。原生情感世界重在彰显情感的真实性，其幸福体验在于情感的简洁与清澈；厚生情感世界重在确立民生，其幸福体验在于基本生存欲求的满足；德生情感世界重在凸显人的道德情感，其幸福体验在于仁爱之情的充盈；义生情感世界重在表明人之情感在践行中的时中原则，其幸福体验在于情感的合宜显现；乐生情感世界重在表达一种圆融自得之境，落实为一种德行成就，其幸福体验在于由圆融自得而安乐无怨。前二者体现了儒学情感的基本存在义，后三者则彰显了儒学情感的内在超越义。合而观之，儒学五重情感世界可谓自然与人文、情理与权变、规范与自得的统一。在此基础上的儒学情感实践即为一个逐次发展、不断提升的丰富修养历程，而非一单向度的极端化发展的情感和幸福追求。如果说儒学立人的根本在成德，则其成德的内涵便是以上五重情感世界的系统构成。

---

① 朱熹：《四书章句集注》，《四库全书荟要》（第72册），世界书局1988年版，第179页。

二　情感与当代生活

儒学情感特质的丰富思想意涵是儒学文化的重要组成部分，它对当代社会深入思考人的真实而合理的存在方式、化解情感危机、探讨具体情境下理想人格化成、追求理想的人生幸福具有深刻的启示，以下略作几点阐释：

（一）情感与存在

在当代社会发展中，有两个因素对现实生活影响至深：其一，体现为思维方式上的对象化认知。它以建立对象性知识为基本任务，以达成真理性认识为基本目的。现实中人们多以此为基础来理解生活、建构生活、推动生活发展。在一定意义上，我们可以把基于此建立的生活谓之立知的生活，现代文明的确立与此密切相关。然而这同时也引发一些问题，即：由对象化认知所建构起来的对象性知识因思维存在者与存在本身的对待方式而难以真实呈显存在本身。由此出发，有关"存在"的对象性知识便成为一种存在者，而所谓立知的生活也就显现为一种存在者的存在，这在一定程度上就构成对存在本身的遮蔽①。就人自身而言，这意味着对具有本源意义的人的真实生活的遮蔽，甚至导致人的存在的异化。因此，通过何种方式来实现存在的真实呈现以及由此建构人的真实而合理的存在方式，便成为现实需要解决的一个问题。传统儒学乃立人之学。其对人生的解悟一本于人的情感，其把握情感的方式则为情感体验。它以人的情感为思考人生的基点，以情感体验为人生探索的基本方式，以情感的条理与合义为人生的恰当表达，以情感自由为人生的理想指归。儒学这种依托人的真实情感来建构思想、解悟人生、践行理想的方式既使我们随时保有生活之源、彰显存在之真、避免因对象化认知而造成异化认识的发生，又为我们切实领会生活、开创生活提供了可靠的平台，故可资借鉴。其二，体现为对情感欲求的单向度理解，即以情感欲求等同于利己的生物欲求，在肯定个体存在的前提下，以私欲辖制或诠释道德。在一定意义上讲，这种认识的涌现是对集权专制主义

---

① 参见黄玉顺《面向生活本身的儒学》，四川大学出版社 2006 年版，第 32—47 页。

和道德形式主义的反动，具有一定的积极作用。但其激进的发展则会导致人生与社会的异化。因为它看似体现了人的真实情感欲求，实则只是对人的情感欲求的单向度解读，即片面肯定了人的利己的生物欲求，凸显了人的生物存在，却忽视乃至遮蔽、甚至是否定了人的道德情感欲求，抑或以前者来诠释后者，由此造成了人的道德情感欲求在现实生活中的缺位。在此前提下，即便现实中存在道德认识，也会因丧失了情感根基而只能流于形式，成为反思、批判的对象。就此而言，儒学对人之情理的梳理以及对道德情感欲求的阐扬和教化无疑具有切中时弊的现实意义。

2012 年五四前夕，北京大学钱理群教授在武汉大学老校长刘道玉先生召集的"'理想大学'专题讨论会"上的发言中首次提出了"精致的利己主义者"这一说法。如果我们仔细审视这一说法的内涵，就会发现它基本囊括了以上列举的两个因素（立知与利己）。钱教授认为，现代大学中一定程度上即存在着这样的人，他们一旦掌握权力，将比一般的贪官污吏危害更大。有鉴于此，我们更可显见在当代理想人格化成的实践中儒学重情感、讲情理、阐扬道德情感欲求的思想价值与意义。

（二）"自由"的解读

在传统文献中，"自由"二字的原初含义是指在礼制约束之外，自作主张、随心所欲。如《礼记·曲礼上》云："帷薄之外不趋。"郑玄注："不见尊者，行自由，不为容也。入则容行而张足曰趋。"① 这里的自由即是指在礼制规定之外，不受礼制（见尊者趋）约束而行动自得之意。后来人们对于身处制度内却不守规范、随心所欲的做法也谓之自由。对此，传统社会基于对于人的责任、义务的强调主要持否定的态度。如《风俗通义·过誉》言："何得乱道，进退自由，傲很天常，若无君父？"又如《后汉书·皇后纪下》云："兄弟权要，威福自由。"近代以来，在引入西方思想后，国人言"自由"在内涵上有了新的变化，即自由包含了积极的权利意味，如梁启超言："自由者，权利之表证也"②，即从自我的权利主张而非与制度规范对立意义上讲自由，突出

---

① 郑玄注，孔颖达疏：《礼记注疏》，《四库全书荟要》（第 51 册），世界书局 1988 年版，第 50 页。

② 梁启超：《梁启超全集》（第 1 册），北京出版社 1999 年版，第 429 页。

个体存在欲求。严复则进一步指出："学者必明乎己与群之权界，而后自繇之说乃可用耳"、"但自入群而后，我自繇者人亦自繇，使无限制约束，便入强权世界，而相冲突。故曰人得自繇，而必以他人之自繇为界。"① 严复的这个说法可谓是在凸显个体存在欲求的基础上对自由的深化理解，即：把人放在社会群体中，通过对个人与他人乃至群体的权利分界的界定来达成对自由的认识。由此实现的自由即权利与责任的统一。比照一味强调人的责任或权利的自由定位，这无疑是一个进步②。

需要指出的是，以上的考察是围绕"自由"一词中文内涵的历史演变来进行的，它多在提示中文"自由"一词的一些阶段性含义及其变化特征，但还不足以体现传统哲学关于自由的丰富而深刻的思想认识。以儒学为例，尽管其原始典籍中并没有直接出现"自由"一词，但它并不缺乏有关自由的深刻认识。所谓"从心所欲不逾矩"（《论语·为政》）、"求在我者也"（《孟子·尽心上》）即体现了儒学的自由意识。具体说来，其对自由的诠释可体现在以下四个方面：首先，儒学关于自由的理解是建立在对人的真实情感欲求的肯定基础上。如孔、孟对人的基本生物欲求和道德情感欲求皆持肯定态度，这在一定程度上也可视为是对人的生存权利的认同。其次，基于"仁者，人也"的理解，儒学的道德既作为人的情感欲求而具有了权利主张，又作为人的本质体现而有了责任担当，从而成为权利与责任的统一体，这是儒学思考自由问题的又一层认识。再次，基于"求在我"的道德实践认识，儒学以人的道德欲求为自由意志，以人的道德情志展开为自由追求，以道德情感欲求的满足为自由的实现，由此实现的自由亦是权利与责任的现实统一。最后，当道德情感欲求的实现与自然生物欲求不可避免地发生冲突时，儒学的选择是前者，即"志士仁人，无求生以害仁，有杀身以成仁"（《论语·卫灵公》）。如何看待这一选择呢？著名学者许倬云先生的一段话可资参考："历史学家区别文明的界线，不在于人能生产，人能聚集成群，人能歌唱绘画；甚至人可以有信仰，但是，如果一种宗教只有仪式，而缺乏相应的伦理与道德，这一宗教所在的文化，仍不能称为文明。当是有了是非与对错，有了超越'活着'的价值；而且，这

① 严复：《严复集》（第1册），中华书局1986年版，第131—132页。
② 参见陈静《自由的含义——中文背景下的古今差别》，《哲学研究》2012年第11期。

些价值是普遍的，不只是局限于人群中的一小部分；这样的人类文化，方得称为文明。……用文明的开始作为界线，在这条界线的前面，人只是'活着'，过了这条界线，人方能知道'活着'的意义。如果以这条界线作为阴阳界，一边是迷茫，一边是清明，则孔子为中国及其近地区的人类点亮了一盏明灯。"① 许先生这番话可谓是对以上儒学之选择的恰当注脚。

西学东渐以来，社会流行的自由观多以个人权利主张的实现为根本，在权利与责任的相对关系中被动地寻求二者的统一。就其反抗专制集权，提倡个人权益而言，它无疑具有进步意义。然演变至今，发展到极端，则往往借此自由的倡导而为利己主义、极端利己主义张目，则是过犹不及。在此背景下，反思传统儒学的自由观当具有一定现实启示意义。因为传统儒学所倡导的自由观是以人的道德情感欲求的实现为根本。道德情感欲求既是人的权利主张，亦是人的本质体现、责任担当，故权利与责任自然一体。由此达成的自由亦可谓是权利与责任的内在统一。这对于一味凸显自我权利主张的利己倾向、被动反思权利与责任分际的做法而言，无疑具有本质意义上的开解作用。

（三）情感的危机

众所周知，情感危机是当代社会发展涌现的一个问题。导致其出现的一个重要原因是现实功利原则的盛行。由功利原则盛行而引发的情感危机大体体现在以下两方面，即：情感信任危机与情感迷失危机。情感信任危机发端于情伪。现实中人们因奉行功利原则而导致情感成为谋求功利的工具，以致其失去了本真，于是便出现了情伪。情伪的出现意味着人自身存在的异化，即人不再是其所是、不再真实，进而又导致了情感信任危机。因为情感信任的前提是诚实不欺，情伪则反是。情感信任危机引发的一个直接后果则是诚信的缺失。因为诚信是以"真实"为其根本义②，这种"真实"必然建基于情感的"真实"。故情伪及其引发的情感信任危机最终必然导致诚信之德的缺失，而缺乏诚信的人生则是值得反思的。孔子说："人而无信，不知其可也"（《论语·为政》）、"自古皆有死，民无信不立"（《论语·颜渊》），可见在古人眼里，诚

---

① 许倬云：《历史分光镜》，《学苑英华》，上海文艺出版社 1998 年版，第 257—258 页。
② 参见李景林《教化视域中的儒学》，中国社会科学出版社 2013 年版，第 121—130 页。

信对现实人生是多么重要。因此，如何化解情伪、恢复情感信任、建立诚信之德以实现对人存在自身的肯定和基于此的幸福追求便成为一个具有重要现实意义的课题。在此意义上，反观儒学关于情感之纯情至真的开显和深入肯定无疑有其积极的建设意义；所谓情感迷失危机乃源于人们奉行功利的行为原则而导致的情感功利化。它在两个角度上引发了情感迷失危机：一者情感的功利化使功利原则成为情感实践的根本原则，从而遮蔽了人呈显其存在之至理当然的道德情感，亦即遮蔽了人存在之情理。从人实现自身的情感实践角度而言，这体现了情感的迷失。对此孔子曾有言曰："君子喻于义，小人喻于利"（《论语·里仁》）、"见利思义"、"义然后取"（《论语·宪问》）。孟子则云："何必曰利？亦有仁义而已矣……上下交征利，而国危矣。"（《孟子·梁惠王上》）宋儒陆象山更是严辨于此，其有言曰："志道、据德、依仁，学者之大端"、"今之人易为利害所动，只为利害之心重……故学者须当有所立，免得临时为利害所动。"① 识古而观今，此不可谓无益也。二者情感的功利化还使人的情感实践易趋于功利一端，乃至走上极端化发展的道路。在此前提下，道德行为亦被赋予功利性目的的诠释，由此人的情感世界便是单向而极端的。这显然遮蔽了人情感世界多向而系统的内涵，使人的情感陷于片面发展的迷失之中。事实上，人的情感世界既有其多重的面向，又有其系统的条理。人正是在本质实现的前提下践行其多重情感欲求，完成其对存在自身的肯定的。故在人的情感生活中，功利原则既不应是唯一的原则，也不应是主导原则。执迷于此则将使情感陷于迷失，与幸福渐行渐远。在此情况下，如果我们能够适当反观儒学关于情感内涵的理解以及伴随情感实践而出现的原生、厚生、德生、义生、乐生等五重情感世界及其相应的幸福观，则对于我们逐步缓解现实情感迷失危机、积极寻求人生理想幸福不无裨益。

---

① 陆九渊：《象山语录》，上海古籍出版社 2000 年版，第 61、64 页。

第七章　理念、现实与教化

——论儒家中道观的三重本体视界

中道观是儒家思想的一项重要内容。它不仅具有方法义与人格化成义，还具有深刻的本体义。儒家中道观的本体义是其方法义与人格化成义的基础。儒家中道观的本体义存在三重视界，即理念视界、现实视界与教化视界。理念视界下的儒家中道本体指由中庸至德所呈现出来的至上的自由人格原则，此为理念本体；现实视界下的儒家中道本体指由具体生命践行中道所显明的具体德性人格原则，此为现实本体；教化视界下的儒家中道本体指在以上二者基础上所形成的彻上彻下的德性修养原则，此为教化本体。只有统合以上三重本体视界，儒家中道观方能真正体现它系统的方法义与深远的人格化成义。

一　儒家"中道"释义

（一）"中道"溯源

"中"字出现很早。在甲骨文和金文中，它象征一根竖立着的旗杆的中央位置，以后逐渐引申出不偏不倚的哲学义。"中道"即是不偏之道，对此不偏之道的系统认识即为中道观。相较于西方哲学中的二分法思维，中道观所体现的思维特质是中国传统哲学核心特征之一①。

中道观作为一种独特的文化精神由来已久。作为先秦诸子共同文化资源的五经中就蕴涵着丰富而深刻的中道精神。《尚书·洪范》中箕子言洪范九畴，九畴之五为"建用皇极"。孔颖达《正义》曰："皇，大

---

① 参见胡伟希《中国哲学的中观思维》，《中国哲学》（中国人民大学书报资料中心）2008 年第 8 期。

也；极，中也"、"大中者，人君为民之主，当大自立其有中之道以施教于民。"此言人君中道治民之意。《酒诰》言："尔克永观省，作稽中德。"此乃周公告诫群臣无节制地酗酒纵欲将会乱性进而导致败德乱政，故从酒戒的角度讲要敬中德。所谓敬中德就是要规范情欲，使其中正平和，这体现了中道精神平正、适当的一面。《诗经》中论理想人格亦体现出强烈的中道精神，如《大雅·抑》言："温温恭人，惟德之基。"《荀子·不苟篇》解之曰："君子宽而不僈，廉而不刿，辩而不争，察而不激，寡立而不胜，坚强而不暴，柔从而不流，恭敬谨慎而容，夫是之谓至文。《诗》曰：'温温恭人，惟德之基。'此之谓矣。"这里把君子之德建基在不执一端的中和之情上，此亦中道精神的体现。礼、乐亦关乎中道精神。礼、乐之立与成乃依于人情。礼本人情而表现为差别规定，其要在分别与节制，即通过情的变化而自然合度，以得其正。《乐记》讲"礼胜则离"就是针对礼的分制作用的极端化而言的。乐亦依于人情，它是此情的充分实现。为此它既包含礼的分别、节制义，又具有人情之通义，乃是二者的统合，最终要达到发于情、感于心的和乐境地。乐因礼而得其中，礼因乐而成其和。故《周礼·地官·大司徒》云："以五礼防万民之伪，而教之中；以六乐防万民之情，而教之和。"而《礼记·乐记》曰："乐者，天地之和也；礼者，天地之序也"、"乐者敦和……礼者别宜。"礼、乐中和乃有人神合一之德，故《国语·周语下》讲："道之以中德，咏之以中音，德音不愆，以合神人。"可见礼乐教化中深含以中和为宗旨的中道精神。《左传·成公十三年》记刘康公言："吾闻之，民受天地之中以生，所谓命也。是以有动作礼义威仪之则，以定命也。"这更是把中道精神与动作礼义威仪之则、天命贯通起来，使其具有了体用本末为一的意味。《周易》亦重中道。《易经》六十四卦每卦六爻，其中，五爻多为吉，此为通则。对此，《易传》常以"刚中"、"柔中"来解释，以此体现阴阳和合、刚柔得中之意。如泰卦和否卦虽同由乾坤两经卦相重而得，然泰卦卦辞"小往大来，吉，亨"，是一吉卦，依《彖》《象》言其要在于天地交通、阴阳中和。而否卦卦辞"否之匪人，不利君子贞，大往小来"，是一不吉卦，其《彖》《象》之意与上正相反。由此可见，《易经》思想同样表达了强烈的尚中精神①。以上所述可谓是先秦子学中道观形成的共同前提。儒家亦是在以上文化背景的影响下逐次形成了自己系统而深刻的中道观。

（二）解中与用中

在中国传统哲学中，不同学派的中道观在内涵上往往有所不同。大体来说，儒家中道观内含"解中"与"用中"两个相关层面。借此，它表达了自己"无过无不及"的中道精神。

所谓"解中"就是阐释"中"的具体含义。对此，儒家结合两个相关方面做出了自己的诠释。首先，儒家以诚为中，揭示自我应然之境。《礼记·中庸》言："诚者不勉而中，不思而得，从容中道，圣人也。"在此，诚与中取得了一体性，诚者自然中道。那么何谓"诚"呢？《礼记·中庸》与《孟子·离娄上》皆言："诚者，天之道也。"郑玄注："诚者，天性也。"② 朱熹进一步解之为"真实无妄之谓，天理之本然也"③。可见诚是天性，此天性乃真实的自我，它是"中"所指向的存在适中合宜、"无过无不及"的内在性原则，亦即"喜怒哀乐之未发"的"中"。它具有两层内涵：一为由阴阳之动而得其诚。《周易·系辞上》云："一阴一阳之谓道，继之者善也，成之者性也。"可见天道基于阴阳之动而有生物之善，万物秉天道而各得其性，有其诚，正所谓"阴阳合德而刚柔有体"（《周易·系辞下》）。二指人格意义上的文质中道。孔子云："质胜文则野，文胜质则史。文质彬彬，然后君子。"（《论语·雍也》）这里的"文质彬彬"即是文质中道、情理俱尽的人格表现。《礼记·中庸》云："君子之道：淡而不厌，简而文，温而理……可与人德矣。"《论语·述而》描述孔子情态时说"子温而厉，威而不猛，恭而安"。此皆可视为文质中道的具体发明。在权衡尺度上，儒家把它确定为中礼义。如荀子曰："先王之道，仁之隆也，比中而行之。曷谓中？曰：礼义是也。"（《荀子·儒效》）这里即把适中的

---

① 参见李景林、牟红芳《中道——"周文"所显现的上古伦理精神》，《吉林大学社会科学学报》1995 年第 5 期。

② 郑玄注，孔颖达疏：《礼记注疏》，《四库全书荟要》（第 52 册），世界书局 1988 年版，第 440 页。

③ 朱熹：《四书章句集注》，《四库全书荟要》（第 72 册），世界书局 1988 年版，第 580 页。

尺度确定为"礼义"，中礼义即是中道。以上两层内涵构成了儒家"以诚言中"的基本认识。在此基础上的"不中"即意味着存在的异化，故荀子又言："道之所善，中则可从，畸则不可为。"（《荀子·天论》）其次，儒家在以诚为中的基础上又进一步以和为中，彰显"天地位焉，万物育焉"的宇宙应然之境。关于"和"，《说文》云："龢，调也"，《礼记·乐记》云："其声和以柔"，可见"和"原指音声调和，后引申为物理、事物间的契合。它是"中"所指向的存在适中合宜的内外统一性原则。以和为中亦存在两层认识：其一是"中节"。《礼记·中庸》云："喜怒哀乐之未发，谓之中；发而皆中节，谓之和。"这里的中节之和即是以和为中，它是以诚为中的内在性原则在具体条件下的合宜体现，即事物天性在后天实践中的完美表达，叶水心谓之"喜怒哀乐称事之当然而不为过"①，亦是孔子晚年"从心所欲不逾矩"之生命境界的写照。其二是因"和实生物"以言中。在《国语·郑语》中，史伯讲"和实生物，同则不继"，即不同事物在自我实现的基础上可以相宜的方式构成一个契合的新的存在系统，这应是在中节基础上形成的一个更大系统的中和。就其内在不同事物的构成关系而言，这是和；就其新的存在系统自身而言，这又是一个新的中。合而言之亦可谓以和为中之意。王符的《潜夫论·本训》云："三才异务，相待而成，各循其道，和气乃臻，机衡乃平。"这可谓是以上思想的具体发挥。孔子正是因"和实生物"思想而提出了"君子和而不同，小人同而不和"（《论语·子路》）的人格命题。而《礼记·中庸》描述圣人之德时说"上律天时，下袭水土。辟如天地之无不持载，无不覆帱。辟如四时之错行，如日月之代明。万物并育而不相害，道并行而不相悖，小德川流，大德敦化，此天地之所以为大也"。此亦可视为在中节之和的基础上言"和而不同"之和的德行成就，所谓"天地位焉，万物育焉"的宇宙应然之境亦由此得以显现②。

---

① 叶适：《叶适集》，中华书局 1961 年版，第 697 页。

② 程颐在《伊川易传》中言："推物理之同，以明暌之时用，乃圣人合暌之道也。见同之为同者，世俗之知也。圣人则明物理之本同，所以能同天下而和合万类也。"见程颐《伊川易传》，《四部备要》（第 56 册），中华书局 1989 年版，第 371 页。所谓"推物理之同"、"明物理之本同"乃是在更高的本体论原则下对物理差异性存在的整合，此所谓"本同"实可谓天下之大中。而"同天下而和合万类"意指万物乃天下大中的流行显现，其差异性存在的和合互补恰恰构成天下大中的全体内涵。这显然是对"和实生物"思想的进一步深化理解。

　　所谓"用中"亦即行"中"。儒家对此有一贯的理解。其中有两个原则需要特别关注：首先，在"用中"过程中儒家尚和。儒家对"以诚为中"和"以和为中"的关系和权重有着深刻的认识。就二者关系言，儒家以为以诚为中乃是以和为中的发端，其最终必然发展为以和为中；而以和为中则是以诚为中的系统完成，必以以诚为中为前提。二者一体成为儒家中道的运行规定。故《礼记·中庸》一方面讲"诚者自成也……诚者物之终始，不诚无物"，这是论以诚为中。另一方面又讲"诚者，非自成己而已也，所以成物也""唯天下至诚，为能尽其性。能尽其性，则能尽人之性。能尽人之性，则能尽物之性。能尽物之性，则可以赞天地之化育。可以赞天地之化育，则可以与天地参矣"。这是论以和为中。在此，以诚为中最终将走向以和为中。不过在价值序定上，儒家更崇尚"和"。这一方面在于以诚为中的终极意义必借以和为中方得以系统显现。《论语·学而》讲："礼之用，和为贵。先王之道，斯为美。"儒家言礼乃是称情立文，中礼本质上是为得其情实，其外在特征在于"别"，即所谓"定亲疏，决嫌疑，别同异，明是非也"（《礼记·曲礼上》），目的在于体现诚之天性。但是礼这一目的的实现最终则需落实在"和"上，否则就会落入"礼胜则离"的生命异化境地。有鉴于此，儒家表达了贵和的主张。另一方面在于以诚为中的天性实现程度被置于以和为中的系统要求下。《伊川易传·卷三》在比较中爻与正爻时说："中重于正，中则正矣，正不必中也。"又说："正未必中，中则无不正也。"如以义理会之，则上文的"以诚为中"相当于此处的"正"。上文的"以和为中"则相当于此处的"中"，程颐以为"正者有时而失其中，中则随时而得其正者"，故"守其中德，何有不善"①。由此可见，以诚为中的实践展开程度乃是收束在以和为中的系统要求之下的，这也体现了儒家中道观尚和的价值取向；在"用中"过程中儒家尚"时中"。所谓"时中"是指在具体条件下随时变通以合中道。其内涵在于表明中道虽然具有其内外规定性，然却不是一个纯然静态的实体，而是具体的流行显现，故亦应以相应的变通方式来实现与中道之合。儒家言用中是非常看重"时中"这一点的，例如孔子就曾点评伯夷、叔齐等七位贤者，以为他们所行皆有所偏，而自言"我则

---

① 程颐：《伊川易传》，《四部备要》（第56册），中华书局1989年版，第362—381页。

异于是，无可无不可"（《论语·微子》），何谓"无可无不可"呢？孔子云："君子之于天下也，无适也，无莫也，义之于比。"（《论语·里仁》）朱熹《四书章句集注》引谢氏语以"无适"、"无莫"指无可无不可①，其依据在于"义"。这个"义"即是中道常理与具体条件的统一，由此出发的表现就是"可以仕则仕，可以止则止，可以久则久，可以速则速"（《孟子·公孙丑上》）。由此孔子表现了他适时变通以合于义的时中理念。《礼记·中庸》则讲"道也者，不可须臾离也，可离非道也"，又说"君子慎其独也"。其意在表明君子所行始终不离道，此道亦可谓中道。如何实现这一点呢？《礼记·中庸》明确提出"君子之中庸也，君子而时中"的说法。这个"时中"，即是指在具体形势下即时行中道。也是在这个认识基础上，孟子说："大人者，言不必信，行不必果，惟义所在。"（《孟子·离娄下》）由"时中"所实现的中庸之德亦可谓大人之德，《易·乾·文言》曰："夫大人者与天地合其德，与日月合其明，与四时合其序，与鬼神合其吉凶，先天而天弗违，后天而奉天时。天且弗违，而况于人乎？况于鬼神乎？"此可谓深得时中之义。

通过对以上"解中"与"用中"两个相关层面的诠释，儒家表达了自己基本的中道思想，这也是后人解读儒家中道观的前提。在此前提下，后人在解读儒家中道观的过程中，先后阐释了其方法义与人格化成义，这固然丰富并深化了对儒家中道观的认识，然同时也引出了一个问题，即此方法义与人格化成义得以确立的基础又是什么呢？这便促成了我们对儒家中道观本体义的思考。这种思考集中体现为以下对儒家中道观三重本体视界的考察。

二 三重本体视界

（一）理念视界下的儒家中道本体

作为儒家中道观的本体视界之一，理念视界下的儒家中道本体所表达的即是儒家中道观的理念本体，具体而言是指由中庸至德所显明的自

---

① 朱熹：《四书章句集注》，《四库全书荟要》（第72册），世界书局1988年版，第286页。

由人格原则。它所传达的是价值系统下的儒家至上人格理想，亦为反思意义上纯化的人生应然境界。儒家中道观方法义与人格成就义皆建基于此。

何谓"中庸至德"呢？儒家言中庸，"中"者，即中道，适中合宜、无过无不及；"庸"者一般有二说：一为常，如何晏注云："庸，常也。"① 一为用，如《尚书·大禹谟》云："无稽之言勿听，弗询之谋勿庸。"以上两说与中道之意结合起来，便有了"以中道为常"和"用中"二义，可谓各有所指，然又彼此互济。《礼记·中庸》"君子中庸"章下郑玄注云："庸，常也，用中为常道也。"② 即中道乃常理而用中之道为常道，这是统合以上二义的讲法，可为中庸大意。孔子曾言："中庸之为德也，其至矣乎，民鲜久矣。"（《论语·雍也》）所谓"德"，《说文》云："悳，外得于人，内得于己也。"段玉裁注："内得于己，谓身心所自得也。"③ 朱熹亦云："德者，得也。得其道于心而不失之谓也。"④ 可见"德"是一个基于身心修养以至人格完善的概念。"至德"则是人格完善的最高表达，以"至德"称中庸则是把中庸作为身心修养以至人格完善的最高理念，其所表达的是一个自由人格原则，此亦构成了儒家中道观的理念本体。

作为儒家中道观的理念本体，中庸至德是因践行中道而于人格上取得的完美成就，它在静与动、空间与时间的绝对统一中表达了人生应然之境，并最终体现为中和之意。中庸至德的理想代表是"圣"。儒家言圣大体有以下四方面内容：

首先，圣通天人之道。简、帛《五行》篇以仁、义、礼、智为"四行"，"四行"和为"善"，为人道；以仁、义、礼、智、圣为"五行"，"五行"和为"德"，为天道。长沙马王堆汉墓帛书《老子》甲本卷后第四种佚书，学者称作《四行》⑤，其中讲："知人道曰知，知天

---

① 何晏注，邢昺疏：《论语注疏》，《四库全书荟要》（第 70 册），世界书局 1988 年版，第 62 页。

② 郑玄注，孔颖达疏：《礼记注疏》，《四库全书荟要》（第 52 册），世界书局 1988 年版，第 424 页。

③ 段玉裁：《说文解字注》，上海书店 1992 年版，第 502 页。

④ 朱熹：《四书章句集注》，《四库全书荟要》（第 72 册），世界书局 1988 年版，第 311 页。

⑤ 参见魏启鹏《德行校释》，巴蜀书社 1991 年版。

道曰圣。"这里的"知"与"圣"为儒家崇尚的两种德目。如果结合前面《五行》的说法，则"知"指向的是"四行和"，"圣"指向的是"五行和"。前者以"知"、"善"、得人道为标志，可谓是"以诚言中"；后者以"圣"、"德"、行天道为标志，可谓是"以和言中"。在人格完善的进路上，它们既是分属于两个不同层级的生命境界，又因其内涵上的关联而共属一体，从而表现出一种差异性上的连续性，亦即以五行包四行，以德包善，以天道包人道，以圣包知，以"以和言中"包"以诚言中"。这既体现了儒家"以诚言中"与"以和言中"相统一的中庸至德理念，又反映了儒家意义上的道德人生的全面展开。

其次，圣时中而化。时中是中庸至德的基本内涵之一。张载说："大率时措之宜即时中也。"① 作为中庸至德的理想代表，圣充分体现了时中之意，其具体表现就是"能化"。《礼记·中庸》言："唯天下至诚为能化。"孔颖达疏云："'唯天下至诚'者，谓一天下之内，至极诚信为圣人也。"② 圣人如何能化？对此《礼记·中庸》又言："唯天下至诚为能尽其性；能尽其性，则能尽人之性；能尽人之性，则能尽物之性；能尽物之性，则可以赞天地之化育；可以赞天地之化育，则可以与天地参矣。"由此可见，圣人能化是因在至极诚信的基础上能随时尽己性、人性与万物之性，此之谓"时中"，由此故能"赞助天地之化育，功与天地相参"③。同样，《易传·系辞上》亦云："圣人……变而通之以尽利。"又云："圣人……化而裁之存乎变，推而行之存乎通，神而明之存乎其人，默而成之，不言而信，存乎德行。"此亦是言圣行时中、穷神知化以应天下之意。有鉴于此，《礼记·中庸》才有"大哉圣人之道！洋洋乎！发育万物，峻极于天"的感叹。

再次，圣不勉而中。《礼记·中庸》围绕"诚"讲了两层境界：一者言"诚者，天之道也……诚者不勉而中，不思而得，从容中道，圣人也"。孔颖达疏："至诚之道，天之性也……是上天之道不为而诚，不思而得……唯圣人能然，谓不勉励而自中当于善，不思虑而自得于

---

① 张载：《张子语录》（下），《四部丛刊续编》（子部），上海书店 1985 年版，第 3 页。
② 郑玄注，孔颖达疏：《礼记注疏》，《四库全书荟要》（第 52 册），世界书局 1988 年版，第 441 页。
③ 同上。

善，从容间暇而自中乎道，以圣人性合于天道自然，故云'圣人也'。"① 这是说圣即诚者，性合于天道自然，不假刻意人为，此为至上人格境界；二者言"诚之者，人之道也……诚之者，择善而固执之者也"。孔颖达疏："由学而致此至诚，谓贤人也。"② 在此，贤人虽学而固执，然与至诚仍有一间未达，故与圣有别。《礼记·中庸》述二者之别："自诚明，谓之性；自明诚，谓之教。"又云："诚则明矣，明则诚矣。"表明此二者在层次差异的基础上还存在着相应的联系。要言之，圣者至诚，与中道为一而表现为自由的生命活动；贤者则以中道为对象化的存在而表现为理性抉择下的规范活动。此为二者本质性差异，亦是圣作为中庸至德之理想代表的一个重要标志。

最后，圣具有以听涵视的证显方式。李景林先生认为："从文字学的角度说，'圣'与'听'本一字之分化……本像一只耳在听。儒家论圣，颇重此一原初意义。"③ 先生所言有据。《白虎通义·圣人》有云："圣者通也，道也，声也。道无所不通，明无所不照，闻声知情，与天地合德，日月合明，四时合序，鬼神合吉凶。"可见，声闻是圣通于天道的方式。上引《四行》云："圣者知，圣之知知天，其事化翟。其谓之圣者，取诸声也。知天者有声，知其不化，知也。化而弗知，德矣。"在此，圣、知（智）之别在于：圣者取声通化而知天，故为有德；知（智）者则知其不化。何以会如此呢？帛本《五行》"说"部云："（聪）也者，圣之臧（藏）于耳者也。明也者，知（智）之臧（藏）于目者也。"此可为一说明，即：圣者通天道，天道化而无形，故不可在对象化中探寻，必借心灵开放状态下的听闻来了解；而知（智）者知其不化，在于所知有形可见，故以视觉之明来把握。上引《五行》篇云："见而知之，智也。闻而知之，圣也。"在此，智（知）者著于明视而知，圣者著于听闻而知。《五行》以圣包知（智），则圣者在证显方式上自然也就体现为以听涵视。由此，圣作为中庸至德的理想代表亦必然是在一心灵自由状态下通过以听涵视的道德活动而实现的理想人格。

---

① 郑玄注，孔颖达疏：《礼记注疏》，《四库全书荟要》（第 52 册），世界书局 1988 年版，第 440 页。
② 同上。
③ 李景林：《教化的哲学》，黑龙江人民出版社 2006 年版，第 160 页。

（二）现实视界下的儒家中道本体

现实视界下的儒家中道本体所表达的乃是儒家中道观的现实本体，是指以中庸至德为至上理念的由具体道德生命所显明的具体德性人格原则。它所传达的是价值系统下的儒家具体人格理念，亦是反思意义上包含着纯化应然的具体人生境界。

如上所述，中庸至德作为儒家中道观的理念本体乃是儒家至上的自由人格理念。它是儒家在反思人的现实具体存在的过程中所获得的一种纯粹认识。故而它与人的具体存在既区别又联系。《礼记·中庸》云："君子中庸，小人反中庸。君子之中庸也，君子而时中。小人之中庸也，小人而无忌惮也。"意即：君子用中道以为常，小人所行非中庸而自以为中庸；君子行中庸乃是"心行而时节其中"①，小人所行非中庸而心行无所忌惮，却又以此为常而自谓中庸。在此，中庸首先是一个核心理念，而是否能够努力恒久真行中庸则成为界别君子与小人、确立儒家德性人格的一个关键；其次，孔子又云："中庸其至矣乎！民鲜能久矣。"（《礼记·中庸》）郑玄注："中庸为道至美，顾人罕能久行。"②这表明中庸作为儒家至上的人格理念，体现了儒家中道之极致，人虽力为之，却终难久行周全。故孔子又复言之"道之不行也，我知之矣……道之不明也，我知之矣……道其不行矣夫"（《礼记·中庸》）。何以会如此呢？孔子言："道之不行也，我知之矣：知者过之，愚者不及也。道之不明也，我知之矣：贤者过之，不肖者不及也。人莫不饮食也，鲜能知味也。"（《礼记·中庸》）所谓"知""愚"是就人的才性言。道之不行在"知者过之"与"愚者不及"，这是在提示人的才性在践履中道上存在一定局限。孔子曾言："我非生而知之者，好古，敏以求之者也。"（《论语·述而》）又云："吾有知乎哉？无知也。有鄙夫问于我，空空如也。"（《论语·子罕》）为此孔子的解决方法是："我叩其两端而竭焉。"（《论语·子罕》）所谓"两端"，何晏注称："事之终始。"③孔子"叩其两端"的做法体现了他力行中道的方法义。所谓"竭"则

---

① 郑玄注，孔颖达疏：《礼记注疏》，《四库全书荟要》（第52册），世界书局1988年版，第424页。

② 同上。

③ 何晏注，邢昺疏：《论语注疏》，《四库全书荟要》（第70册），世界书局1988年版，第84页。

是希图以此尽可能地证成事之本身，其背后所反映的则是人的才性在把握中道上难以克服的局限。所谓"贤""不肖"则是就人的德性修养言。道之不明在"贤者过之"与"不肖者不及"，这是在提示人的德性修养在显明中道上的局限。在一定程度上，它又可以体现为"有中无权"与"有权无中"这样两种情况。前者执守中正而不通权变可谓贤，后者一味求变通而不守中正之道则可谓不肖。所谓"人莫不饮食也，鲜能知味也"，孔颖达疏云："言饮食，易也；知味，难也。犹言人莫不行中庸，但鲜能久行之。"①此言有深意，即久行中道必须有恒力贯彻，以颜回之力亦仅得"三月不违仁"，"其余则日月至焉而已矣"，可见在践行中道上久行之难。故孔子感叹说："圣人，吾不得而见之矣；得见君子者，斯可矣"、"善人，吾不得而见之矣；得见有恒者，斯可矣。亡而为有，虚而为盈，约而为泰，难乎有恒矣"（《论语·述而》）。总起来看，现实中人在践行中道的过程中存在着才性（知）、德性修养（仁）、恒力（勇）三方面的制约。故在现实的具体条件制约下，其特定人格成就原则与中庸所显明的至上的自由人格原则存在着相应的区别，而这也就构成了儒家中道观的现实本体义，即：以中庸至德为至上理念，依据自身现实条件而建构起来的具体德性人格原则。对此亦可以圣者"执两用中"之道解之。孔子曾言："舜其大知也与！舜好问而好察迩言，隐恶而扬善，执其两端，用其中于民，其斯以为舜乎！"（《礼记·中庸》）这是说舜有大知，因其既能通于幽微大道，又能察知近言，行大义。所谓"两端"指"知""愚"。"执其两端，用其中于民"是指舜能用精微之中道于民，使"知""愚"皆能行之而各成其是。后来的孟子讲"汤执中，立贤无方"（《孟子·离娄下》）亦体现了类似的思想内涵。所谓"执中"在于用中，所谓"立贤无方"在于成贤以义。这一方面体现了圣者自身不勉而中、证显中庸至德；另一方面又表明圣者以中庸至德为本，因循现实有限性存在而行次第教化之责，以全其功。

（三）教化视界下的儒家中道本体

教化视界下的儒家中道本体是指在以上两重视界下的儒家中道本体

---

① 郑玄注，孔颖达疏：《礼记注疏》，《四库全书荟要》（第52册），世界书局1988年版，第424页。

理解基础上所形成的彻上彻下的儒家中道修养原则，此为儒家中道观的教化本体。

《礼记·中庸》有云："诚者，天之道也；诚之者，人之道也。"朱熹解"诚者"为"真实无妄"、"天理之本然"，其作为人格成就可会同于以上理念视界下的中道本体义（中庸至德），能体现这一点的就是圣，故谓"诚者不勉而中，不思而得，从容中道，圣人也"（《礼记·中庸》）。所谓"诚之者"，朱熹以为是"未能真实无妄，而欲其真实无妄"①。这表明"真实无妄"的实现绝非全然如圣人那样"不勉而中，不思而得"，它还将受一定具体条件的限制。但朱熹以为努力证求之则是"人事之当然"②。在此基础上，具体生命行此当然最终证得的人格成就可会同于以上现实视界下的中道本体义。比较二者会发现其间一个重要差别，即：前者乃是一个圣者"从容中道"的自在历程，而后者则是"择善而固执之者"（《礼记·中庸》）的教化修养历程，所谓"自明诚，谓之教"者也。现实视界下的儒家中道本体正是借后者方才得以次第实现，无此则其无以建立自身，故"君子不可不修身"（《礼记·中庸》），而这也就引出了教化视界下的儒家中道本体，即为证成现实视界下的儒家中道本体而确立的儒家中道修养原则，此亦可谓儒家中道观的教化本体。

那么作为儒家中道观之教化本体的修养原则又是如何呢？《礼记·中庸》云："天下之达道五，所以行之者三……知、仁、勇三者，天下之达德也。"可见知、仁、勇是中道得以行的三个重要条件。对此孔子有着深切的认识，如《论语·子罕》中孔子曾言："知者不惑，仁者不忧，勇者不惧。"而在《论语·宪问》中孔子将此三者进一步归为"君子之道者三"，且自言"我无能焉"。君子以中庸至德为其生命理念，可见知、仁、勇是明中道、行中庸的必要条件，儒家中道修养原则亦必然依此而建立。为此《礼记·中庸》进一步提出了五项内容，即"博学之，审问之，慎思之，明辨之，笃行之"。此五项内容作为"致曲"之道，旨在确立知、仁、勇。所谓"曲能有诚"，即在具体条件下

---

① 朱熹：《四书章句集注》，《四库全书荟要》（第72册），世界书局1988年版，第580页。

② 同上。

践行中道以成德。再次，基于"仁"与"知"的内涵，儒家中道人格修养中保有内外相互贯通的两个指向，即"成己，仁也；成物，知也。性之德也，合外内之道也，故时措之宜也"（《礼记·中庸》）。在此，"仁"与"知"作为内外两个指向上的成就借助于"勇"共同推动了儒家中道人格的确立。最后，儒家中道修养在修养方式上体现为自觉内省与礼乐教化的统一。儒家一贯注重自觉内省。司马牛曾问君子，孔子答以"君子不忧不惧"，复云"内省不疚，夫何忧何惧?"（《论语·颜渊》），又言"君子求诸己"（《论语·卫灵公》），至孟子乃更言"思则得之，不思则不得"（《孟子·告子上》）、"求在我者也"（《孟子·尽心上》）。此皆强调修养中自觉内省的重要性。至于礼乐教化亦是儒家中道修养的重要方式。孔子曾言："兴于诗，立于礼，成于乐。"（《论语·泰伯》）何以如此呢?《礼记·乐记》曰："乐者，天地之和也；礼者，天地之序也"、"乐者敦和……礼者别宜"。故《周礼·地官·大司徒》云："以五礼防万民之伪，而教之中；以六乐防万民之情，而教之和。"因此说儒家极重礼乐之教。作为儒家中道修养的修养方式，自觉内省与礼乐教化是相辅相成的。从自觉内省到礼乐教化，孔子讲"克己复礼"（《论语·颜渊》）；从礼乐教化到自觉内省，孔子言"人而不仁，如礼何? 人而不仁，如乐何?"（《论语·八佾》）儒家中道修养在修养方式上即是自觉内省与礼乐教化的统一，也就是孔子讲的"文质彬彬，然后君子"（《论语·雍也》）。

对以上三重视界下儒家中道本体内涵的诠释旨在系统提示儒家中道观的本体义。这也是儒家中道观的方法义与人格成就义得以确立的基础。而只有借此三方面的系统关联认识，我们才可对儒家中道观之立人成德的宗旨获得一种整体而深刻的领会。以下对此做进一步的探讨。

三 本体、方法、立人

儒家中道观的三重本体义与其方法义、人格成就义之间存在着双重联系：

首先，如果以本体建构为中心，则儒家中道观的本体义与方法义、人格成就义具有内在统一性。从方法义上讲，儒家中道观之三重本体义的建立皆在把握"无过无不及"的中道原则。其实现这一原则的方法则为执中与行权的统一。执中就是坚守中道，行权就是在具体条件下实现中道，亦即时中之意。孟子曾言："子莫执中，执中为近之，执中无权，犹执一也。所恶执一者，为其贼道也，举一而废百也。"（《孟子·尽心上》）这是说执中虽然近于中道，但是如果不通权变，则与偏执一端一样，仍是对中道的贼害。只有执中与行权统合起来乃可达成"无过无不及"的中道原则。儒家中道观之三重本体义的建立就其方法义上讲即是执中与行权的统一；从人格成就义上讲，儒家中道观之三重本体义皆包含着立人指向。譬如中庸至德作为儒家中道观的理念本体本身即体现了儒家至上的人格理念。而儒家中道观的方法义虽内含着一定认知倾向，然究其根本立场则仍在于成就人格。所谓方法义亦是从属于人格成就义，这是儒家立人成德宗旨的一贯体现。故仅就本体自身建构而言，儒学中道观的本体义与其方法义和人格成就义实为内在统一的。

其次，如果以立人成德的实践为中心，则儒家中道观的方法义与人格成就义便是以本体义为标的的向此而在，而本体义则是经由方法义而在人格成就义上落实自身。中庸至德作为儒家中道观的理念本体就充分体现了这一点。它在儒家中道观的方法义基础上，通过情志中和的修养经历而成就一种理想的道德人格，并展开为一种率性合道的自由的德性生活。对此，孔子言："从心所欲不逾矩"（《论语·为政》），孟子云："动容周旋中礼者，盛德之至也。"（《孟子·尽心下》）

以上分析既有助于人们对儒家中道观之整体内涵进行深入认识，亦可使人们对儒家人格理想乃至以儒学为骨干的传统文化中的人格理想有一深入了解，更对当代传承历史文化、发展民族精神、建构理想道德人格具有一定借鉴意义。

第八章 生活 哲学 规范

——儒学传礼的当代启示

儒学是基于传统而建构起来的思想体系。古礼是儒学传承的重要内容。儒学通过对不断变化的现实生活的深切思考，以"义起"的方式对古礼做了深度诠释。作为儒学传承古礼的方式，这种诠释在深层次上充分体现了生活与哲学的辩证发展关系，既使古礼于时代发展中重获生命、实现了文化发展的连续性，又融入了儒学对现实问题的反思，使儒学在追本溯源、推陈出新中逐步展示出自己人生哲学的价值取向、践行方式和理想境界，推动了时代进一步发展。儒学亦由此成为一个对社会生活产生深远影响的思想流派。了解这些对于当下寻求民族文化复兴、实现当代中国振兴无疑具有重要参考价值。以下对此做进一步阐释。

一 反本修古 不忘其初

钱穆先生以为中国文化的核心和特质是"礼"[①]。一般来说，它是由有形的礼仪和无形的礼义两部分组成。关于它们之间的关系，我们可参考晚清学者阎镇珩的说法。阎镇珩在《六典通考·序》中讲："由三代以上，治与道出于一。由三代以下，治与道出于二。"[②] 所谓"治"，即社会制度与行为规范之总和，可对应礼的有形部分，即礼仪系统；所谓"道"，即蕴涵于其中的价值原则，可对应礼的无形部分，即礼义系统。三代上下，社会生活变迁带动了治与道亦可谓礼仪系统与礼义系统

---

① 参见邓尔麟《钱穆与七房桥世界》，蓝桦译，社会科学文献出版社1998年版，第9页。

② 阎镇珩：《六典通考·序》，江苏广陵古籍出版社1990年版。

关系的变化，在形式上表现为"出于一"和"出于二"的转换，在内容上则表现为新的价值原则对旧制度规范的批判、融合与创新。这对儒学的形成、发展产生了重要影响。故欲了解儒学的形成、发展就有必要深入梳理这一变化历程。

三代以上（含三代）作为"治与道出于一"的纯正古礼时代主要体现为礼仪与礼义的统一。此二者的统一正是古人生活哲理系统的现实反映。那么这种生活哲理以及它的礼的文化表达又是缘何而来呢？这一本源与古人生活哲理以及礼文化又是什么关系呢？对此我们可以参考黄玉顺先生的一个说法来深入思考。黄玉顺先生在《面向生活的儒学》中指出，存在本身即是本源性的生活，一种无对象、无自我的无分别的生活①。这颇似《庄子·应帝王》中"混沌"的存在，亦如"天何言哉"（《论语·为政》）下的自在之域。所有的思想观念、原则规范皆源于此。也就是说，人们基于本源性的生活而发生生活情感、获得生活感悟，再在反思中将其对象化、客观化，进而获得存在者观念、主体性观念②，由此建构起哲理体系，此可谓生活的哲学。当这种哲理体系体现在种种价值原则、制度规范之中时，此又可谓哲学的生活。及至这种生活达到"百姓日用而不知，习焉而不察"（《易传·系辞上》）、"上下习熟，不待家至户晓"、行其礼"其义不待说而自明"③的境地时，可以说它已转换成为一种新的本源性生活。由此形成了一个由本源性生活到生活的哲学、由生活的哲学到哲学的生活、再由哲学的生活衍化为新的本源性生活的发展过程。三代以上（含三代）的古礼作为礼仪系统（制度规范）与礼义系统（价值原则）的统一，其本身即是这一发展过程的完整体现。

推动以上过程发展的正是古人基于自身生活的现实需要而对本源性生活进行的反思。那么这种反思形成了怎样的生活哲理呢？这是一个值得探究的问题。列维·布留尔说："原始思维和我们的思维一样关心事物发生的原因，但它是循着不同的方向去寻找这些原因的。原始思维是在一个到处都有着无数神秘力量在经常起作用或者即将起作用的世界中

---

① 参见黄玉顺《面向生活的儒学》，四川大学出版社 2006 年版，第 83—86 页。

② 同上书，第 78 页。

③ 黎靖德：《朱子语类》，《朱子全书》（第 17 册），上海古籍出版社 2002 年版，第 2877 页。

进行活动的，如我们已经见到的那样，任何事情，即使是稍微有点儿不平常的事情，都立刻被认为是这种或那种神秘力量的表现"①。三代以上（含三代）的古人主要是基于自身生活的现实需要而展开这种对神秘力量的追溯的。《礼记·郊特牲》云："万物本乎天，人本乎祖。"这是说天乃万物之所出，是古人生存之自然条件和文明发展之物质基础的本源；祖先乃人之所出，是古人繁衍生息、群居以存、造作发明的前提。二者对古人的现实生活具有重要作用，亦由此成为古人之存在本源。故《大戴礼记·礼三本》云："天地者，性之本也；先祖者，类之本也。"在此前提下，古人逐渐形成了对自然天地和祖先崇拜、报还的思想观念。故《礼记·郊特牲》又云："地载万物，天垂象，取材于地，取法于天，是以尊天而亲地也。"这是讲古人敬天地。《礼记·祭义》云："君子反古复始，不忘其所由生也。是以致其敬，发其情，竭力从事，以报其亲，不敢弗尽也。"这是讲古人敬事祖先、父母。总之，三代以上（含三代）的古人因其生活的现实需要而逐渐形成了崇天敬祖的思想观念，亦由此建构起他们的生活哲理系统。

此一系统借古礼得以充分展现，具体说来就是素朴的"反本修古，不忘其初者也"（《礼记·礼器》）的礼义系统和包含自然、家庭、社会、政治等级等在内的礼仪系统②的统一。《礼记·郊特牲》云："礼之所尊，尊其义也。失其义，陈其数，祝史之事也。故其数可陈也，其义难知也。"可见认识礼义对于了解古礼具有重要意义。基于古人因生活的现实需要而崇天敬祖的生活哲理系统，三代以上（含三代）的古人建立了"反本修古，不忘其初者"的礼义系统。《礼记·礼器》云："先王之制礼也，必有主也，故可述而多学也。"郑玄注曰："主谓本与古也。"孔颖达疏曰："主谓本与古也。即初不可忘，故先王制礼必有反本修古之法也。"③可见"反本修古"是三代以上（含三代）古人体现其崇天敬祖思想的价值原则。故《礼记·郊特牲》云："大羹不和，贵其质也。大圭不琢，美其质也。丹漆雕几之美，素车之乘，尊其朴也，贵其质而已矣。"对此，《礼记·礼器》则云："礼也者，反其所自

① 列维·布留尔：《原始思维》，中华书局 1981 年版，第 418 页。
② 邹昌林：《中国礼文化》，社会科学文献出版社 2000 年版，第 20 页。
③ 郑玄注，孔颖达疏：《礼记注疏》，《四库全书荟要》（第 51 册），世界书局 1988 年版，第 537 页。

生；乐也者，乐其所自成。"《礼记·祭义》云："君子反古复始，不忘其所由生也。"如此作为的目的可谓有三。正如《礼记·郊特牲》所言："祭有祈焉，有报焉，有由辟焉。"所谓"祈"，即"祈福祥，求永贞"（《周礼·春官·大祝》），也就是求神灵保佑赐福之意；所谓"报"，即报恩、报功、报德，即报答一切有助于人的对象。如祭社之礼："社，所以神地之道也……所以报本反始也。"（《礼记·郊特牲》）这是在讲通过设祭社之礼来"教民美报"，报答于己有恩的土地。《礼记·曲礼上》也讲："太上贵德，其次务施报。礼尚往来"；所谓"由辟"，郑玄注："由，用也。辟读为弭，谓弭灾兵，远罪疾也。"①概括起来就是求施有报、祈福远疾之意。由上可见三代以上（含三代）古人礼义系统的基本内涵。以上礼义内涵经由具体的历史实践原则又进一步展开为包含自然、家庭、社会和政治等级等方面在内的礼仪系统。《礼记·礼器》云："礼，时为大，顺次之，体次之，宜次之，称次之。"这里的"时""顺""体""宜""称"即是礼义的历史实践原则。所谓"时"是指时势，"尧授舜，舜授禹，汤放桀，武王伐纣"（《礼记·礼器》）四者之行有不同，皆因时势变化使然。"时为大"即行礼当以此为大，可见古人对于行礼的机缘已经有了深刻的认识；所谓"顺"，孔颖达疏为"以伦为顺"，所谓"下之事上，以顺为本"②，这是行礼时需要注意的第二位的内容，具体展开就是"天地之祭，宗庙之事，父子之道，君臣之义"（《礼记·礼器》），即指敬事天地祖先、父慈子孝、君仁臣忠等自然、家庭与政治等级伦理，具体体现为自然礼仪、家庭礼仪与政治等级礼仪；所谓"体"是指别体，即注意区分行礼的对象。郑玄注以为是指地、人、天之别体，孔颖达疏言要"小大各有体别也"③，正所谓"社稷山川之事，鬼神之祭"因体之不同要区别对待，这是行礼中需要注意的第三位的内容；所谓"宜"即"义"，指礼的实践形式与内涵的契合。《礼记·礼器》云："丧祭之用，宾客之交，义也。"就是指丧祭之礼、宾客社交之礼的花费与礼的内涵要吻合，这是行礼需要注意的第四位内容；所谓"称"是指均，即各足之

① 郑玄注，孔颖达疏：《礼记注疏》，《四库全书荟要》（第51册），世界书局1988年版，第587页。

② 同上书，第515页。

③ 同上。

意。正所谓"小而皆得，大而不余"①。孙希旦《礼记集解》细解之曰："牲小而俎骨亦小，……牲大而俎骨亦大"②，目的就是"羔豚而祭，百官皆足；大牢而祭，不必有余"（《礼记·礼器》）。这是行礼需要注意的第五位内容。

综上所述，我们可以看到，基于崇天敬祖的生活哲理，三代以上（含三代）之古人形成了"反本修古，不忘其初者"的礼义系统。这一系统依循"时""顺""体""宜""称"等五个历史实践原则又具体体现在包含自然、家庭、社会和政治等级等方面在内的礼仪系统之中。正是凭借这种礼义系统与礼仪系统的统一，三代以上（含三代）的社会方呈现为治道一体、代代损益相因以致"习焉而不察"的纯正古礼时代，而这同时也正是一个由本源性生活到生活的哲学、再到哲学的生活、最后形成新的本源性生活的发展历程。

二 天下之礼乱矣

三代以降，社会发生巨变，这体现在生活、制度、学术等各个方面。如上所述，阎镇珩将这种变化概括为"由三代以下，治与道出于二"。就古礼而言，这是指礼仪与礼义相分离，从而开启了以义制仪的变礼进程。从礼的历史发展过程来看，三代以上（含三代）为纯正古礼时代，三代以后的春秋战国时期则是古礼衰落、新礼待议的变礼时期，直至汉代乃真正又建立起今礼，开启礼的新阶段。原始儒学的发生、发展则正值变礼时期。

如何看待这一礼仪与礼义相分离的变礼时期呢？这是值得思考的问题。诚如上述，三代以上（含三代）的纯正古礼时代体现的是一个由本源性生活到生活的哲学、再到哲学的生活、最后形成新的本源性生活的生活发展历程。以生活的哲学和哲学的生活来建构本源性生活的根源即在于古人基于自身生活的现实需要而进行的反思。当哲学的生活进入

① 郑玄注，孔颖达疏：《礼记注疏》，《四库全书荟要》（第51册），世界书局1988年版，第587页。

② 孙希旦：《礼记集解》，中华书局1989年版，第629页。

行其礼"其义不待说而自明"的状态后，其生活本身亦已转化成为一种本源性生活。只不过时移世易，它是一种建立在文化叠加基础上的新本源性生活，与原初的本源性生活在内涵上截然不同。但在人处其间无分别、无对待的状态上，二者是一致的。问题在于，人的现实需要随自身生活实践的发展而不断变化，故在此基础上进行的反思亦是无止境的。这就注定新的本源性生活亦将被打破，并将由新的生活哲理来重新架构一种新的哲学的生活，直至形成另一种新的本源性生活。春秋战国作为礼仪与礼义相分离的变礼时期正体现了这一新的变化过程。

导致这一变化的根源在于三代以上（含三代）古人生活实践的发展带动了新的生活需要，并促使古人重新展开对生活的反思。在古礼盛行的时代，生产工具和生产技术十分落后，故个人生产力是很低的。为了满足现实生活的需要，协作生产就成为绝对必需。这种极低的个人生产力和协作生产方式在很大程度上决定了人与自然以及人与人之间的关系。就人与自然的关系而言，古人通过禁忌、祭祀等古礼方式来寻求自然神秘力量的福佑，以避免灾祸，故有"郊之祭也，迎长日之至也，大报天而主日也"（《礼记·郊特牲》）；就人与人的关系而言，古人通过敬祖、孝亲、辞让、等级均养等古礼方式来寻求和睦的群体生活，最终"简不帅教者"则"屏之远方，终身不齿"（《礼记·王制》）。以上二者深刻反映了三代以上（含三代）古人"崇天敬祖"的生活哲理和"反本修古"之礼义精神得以形成的现实生活基础以及古礼对于当时古人生活的价值与意义。但随着生活实践的发展，主要是生产工具、生产技术的不断改进，劳动者个人的生产力获得很大的提升，社会财富得到进一步积累，于是原有的协作生产方式被打破，出现了个体劳动者。由此土地使用和所有制形式、社会财富管理与分配方式、政治制度等也面临着巨大的冲击。原有的分封制、宗法制、贵族等级制开始解体，逐步出现宗室与异姓卿大夫共管的中央集权制，至秦汉又出现专制中央集权制。个体生产力的发展和社会财富的积累带给时人更深远的变化则体现在他们对人与自然和人与人之间关系的再认识上，即：一方面时人由原初一味敬畏与依赖自然的崇天观念开始转向思考人存在的内在依据，即开始出现由天到人的人文转向。这体现在时人对自然神秘力量的认识和祭祀态度的变化上。早在三代后期，周代的统治者在反省殷周革命时就已经很重视与人品质相关的"德"的观念。通过他们的解释，原初受命于天的殷商因自身失德而失去了上天的眷顾，反观周代统治者则因敬德而获上天垂青，终有命于天下，正所谓"惟不敬厥德，乃早坠厥命"、"王其德之用，祈天永命"（《尚书·召诰》）。由此，原初作为最高主宰的天与作为个人品质的德便因命而有机联系起来，从而使神秘的天命印上了人的德行品质的痕迹。到了春秋时期，这一人文转向更加明晰。《左传·庄公三十二年》记载史嚚之言曰："国将兴，听于民；将亡，听于神。神，聪明正直而一者也，依人而行。"可见，时人已经认识到国家兴亡在于君主之德于民，故《左传·桓公六年》中季梁言："夫民，神之主也……民和而神降之福。"这一态度在祭祀中的体现就是"未能事人，焉能事鬼……未知生，焉知死？"（《论语·先进》）、"务民之义，敬鬼神而远之，可谓知矣"（《论语·雍也》）、"获罪于天，无所祷也"（《论语·八佾》）。由此可见，原初古礼时代一味"崇天"的观念至春秋变礼时期因个人生存能力的提高和社会财富的增加已经发生了明显的变化。相较以往，人具有了一定的独立性；另外，时人因追求物欲享受，开始谋求打破古礼所着力维护的社会生活秩序和政治等级秩序。与此同时，暴力刑罚手段开始超越古礼的教化职能。如鲁季孙氏曾"八佾舞于庭"，以致孔子说"是可忍也，孰不可忍也？"（《论语·八佾》）《礼记·郊特牲》曾解释说："故天子微，诸侯僭。大夫强，诸侯胁。于此相贵以等，相黩以货，相赂以利，而天下之礼乱矣。"孔子对此概括为"天下有道，则礼乐征伐自天子出；天下无道，则礼乐征伐自诸侯出。自诸侯出，盖十世希不失矣；自大夫出，五世希不失矣；陪臣执国命，三世希不失矣。天下有道，则政不在大夫。天下有道，则庶人不议"（《论语·季氏》）。与此同时《左传·昭公二十九年》又记载了晋国铸刑鼎一事，孔子对此的评论是"晋其亡乎！失其度矣"。所谓"度"者，实即周礼。再联系《论语·为政》中孔子讲"道之以政，齐之以刑，民免而无耻；道之以德，齐之以礼，有耻且格"的话，可以看出春秋之时已经出现了由礼到刑的原则转变。总之，个体生产力的发展和社会财富的积累引发了时人对名利的追逐，进而推动他们打破古礼所维护的社会生活和政治等级秩序，乃至其手段无所不用其极（包括暴力的刑罚）。由此人与人之间的关系便成为为个人名利的满足而相互倾轧、争斗、诈伪，不复原初古礼下的协和的群体生活风貌。以上诸种变化皆极大地动摇了古礼的存在基础，并带动了家庭与社会生活、政治制度、学术思想的巨大变迁。但比较而言，春秋作为变礼的时期，其"美善刺恶，犹存三代之直道"。到了战国之时，则"文武周公之礼乐刑政，即荡然扫地。攻伐争斗，较春秋尤甚。诈力权谋，公行而无所讳惮"①。可见"礼崩乐坏"的局面是发端于春秋，至战国乃真正形成。

三　返本开新

面对这一时代变革的乱局，古之学者众说纷纭。《庄子·天下》有言："天下大乱，贤圣不明，道德不一……是故内圣外王之道，暗而不明，郁而不发，天下之人各为其所欲焉以自为方。悲夫！百家往而不反，必不合矣！后世之学者，不幸不见天地之纯，古人之大体，道术将为天下裂。"这里需要说明的是，在古之学者纷繁的思想中蕴涵着其对本源性生活的深刻理解，即：在其思想世界里，存在着两种相关的本源性生活：一种是实践意义上的本源性生活，也就是以上提到的古人身处其间而不自觉、"习焉而不察"的无对待的生活。它是生活的哲学和哲学的生活在生活实践中引发生活需要的推动下所要着力进行建构的起点与终点。另一种则是理念意义上的本源性生活，亦即由天道、天命所象征的本体界，亦如上文所引之"天地之纯""古人之大体"，它是古人生活之反思以及由其所达成的生活的哲学与哲学的生活乃至新本源性生活的最高理想形式，而生活之反思以及由其所达成的生活的哲学与哲学的生活乃至新本源性生活则是其不绝如缕的流行体现。二者实为"体用一源，显微无间"（程颐《伊川易传》）的体用关系。以上两种本源性生活皆在古人思想世界中获得体认。后者以前者为前提，为其提供理想参照；前者以后者为理想标的，为其提供现实基础。二者相互促进，共同推进着人们对现实生活丰富而深入的理解。

诚如上述，春秋战国时期的学者依循各自路径对变礼时期的社会乱局进行了反思和建构，正所谓"各为其所欲焉以自为方"。以上本源性生活的双重意涵即是这种反思和建构的充分体现。在此前提下，道家的

① 张亮采：《中国风俗史》，上海文艺出版社1988年版，第40页。

老子基于文化异化的立场提出了"小国寡民"的观点；墨家基于"兴天下之利，除天下之害"的宗旨，以"天志""明鬼"为前提提出了"兼爱""非攻""尚贤""尚同"等认识；法家以性恶为起点，结合法、术、势三种手段，提出了以法治国的专制理论。比较而言，儒家的做法尤为值得关注。儒家很强调历史与现实的统一。它承认甚至赞同生产力的进步和随之而来的名利追求，但反对物欲横流即对名利追求的极端化。为此它努力通过认识与确立人的道德本质来建构一种属人的自觉的道德生活理念，并以返本开新的方式使其成为新的礼义系统的核心，从而推动古礼变革。儒家正是借助这种变革来实现新形势下人与自身、人与人、人与外物的统一，以图"救世之弊"（《淮南子·要略》）、回应时代进一步发展的要求，由此儒家形成了自己的儒学思想，并对以后中国历史发展产生了深远的影响，亦为当代中国建设提供了有益的借鉴，以下详析之。

（一）儒学人道思想建构

首先，儒学不否定名利追求，但认为须遵道而行。《论语·子路》记载："子适卫，冉有仆。子曰：'庶矣哉！'冉有曰：'既庶矣，又何加焉？'曰：'富之。'曰：'既富之，又何加焉？'曰：'教之。'"这里的"庶"指人口广众，"富"指财物丰足，"教"即人文教化。孔子先叹美"庶"，继之求以"富"，可见孔子对生命繁衍与经济发展是赞同的，但以为这些最终要符合文教的宗旨，儒学以此为行道。这里的文教主要指礼乐之教，即一种存在法则。孔子也不反对求名。他曾言："君子去仁，恶乎成名"（《论语·里仁》），可见君子与成名有关。又云："名不正则言不顺，言不顺则事不成，事不成则礼乐不兴，礼乐不兴则刑罚不中，刑罚不中则民无所措手足。故君子名之必可言也，言之必可行也。君子于其言，无所苟而已矣。"（《论语·子路》）这里肯定了儒家为政中立"名"的必要性。但透过以上材料还可以看出，孔子以为名的建立有其内在法则，故有"恶乎成名"、"正名"的说法。比较而言，孔子更加看重的是名得以建立的基础，亦即它内在的法则，这也是孔子进行文教（包括为政）的目的之一。由此来看，儒学是赞同时人名利追求的，但主张这种追求要符合特定的法则，儒家文教即对此而言。

儒学如此主张当与两点认识有关：其一，基于对名利追求极端化恶果的深刻洞见。这主要体现在内外两方面。"内"指个体自身。儒学认为过于追名逐利会对生命个体造成戕害。《礼记·乐记》云："人生而静，天之性也；感于物而动，性之欲也。物至知知，然后好恶形焉。好恶无节于内，知诱于外，不能反躬，天理灭矣。夫物之感人无穷，而人之好恶无节，则是物至而人化物也。人化物也者，灭天理而穷人欲者也。"所谓"人化物"亦即人的"物化"，这是无限追求名利之物的结果。这种物化又体现为两方面：一方面体现为人生大体的迷失。孟子曾言："体有贵贱，有小大。无以小害大，无以贱害贵。养其小者为小人，养其大者为大人……饮食之人，则人贱之矣，为其养小以失大也。"（《孟子·告子上》）针对公都子"钧是人也，或从其大体，或从其小体，何也"之问，孟子又言："耳目之官不思，而蔽于物，物交物，则引之而已矣。心之官则思，思则得之，不思则不得也。此天之所与我者，先立乎其大者，则其小者弗能夺也，此为大人而已。"（《孟子·告子上》）由此可见，儒学对物化造成的人生大体的迷失及其后果有着清醒的自觉和评价。另一方面体现在穷奢极欲下人在肉体上的自我损毁，这一点则为天下共识。《吕氏春秋·本生》有言："人之性寿，物者抯之，故不得寿。物也者，所以养性也，非所以性养也。今世之人，惑者多以性养物，则不知轻重也。不知轻重，则重者为轻，轻者为重矣。若此，则每动无不败"，又言："世之贵富者，其于声色滋味也，多惑者。日夜求，幸而得之则遁焉。遁焉，性恶得不伤？""贵富而不知道，适足以为患，不如贫贱。贫贱之致物也难，虽欲过之，奚由？出则以车，入则以辇，务以自佚，命之曰'招蹷之机'。肥肉厚酒，务以自强，命之曰'烂肠之食'。靡曼皓齿，郑卫之音，务以自乐，命之曰'伐性之斧'。三患者，贵富之所致也。故古之人有不肯贵富者矣，由重生故也；非夸以名也，为其实也。则此论之不可不察也。"《吕氏春秋·重己》又云："是故先王不处大室，不为高台，味不众珍，衣不燀热。燀热则理塞，理塞则气不达；味众珍则胃充，胃充则中大鞔，中大鞔而气不达。以此长生可得乎？昔先圣王之为苑囿园池也，足以观望劳形而已矣；其为宫室台榭也，足以辟燥湿而已矣；其为舆马衣裘也，足以逸身暖骸而已矣；其为饮食酏醴也，足以适味充虚而已矣；其为声色音乐也，足以安性自娱而已矣。五者，圣王之所以养性也，非好俭而恶费也，节乎性也。""外"指群体。儒家认为过于追名逐利还会对群体生活造成伤害。郭店简《尊德义》曾言："善者民必富，富未必和，不和不安，不安不乐。善者民必众，众未必治，不治不顺，不顺不平。是以为政者教导之取先。教以礼，则民果以劲。教以乐，则民弗德争将。"① 这段话正可视为以上孔子庶、富、教之论的注脚。类似的意思在《荀子·王制》中也有反映："故人生不能无群，群而无分则争，争则乱，乱则离，离则弱，弱则不能胜物，故宫室不可得而居也，不可少顷舍礼义之谓也。"综上所述，儒家基于对人们无限度追逐名利的恶果的深刻认识，乃提倡一种有关法则、秩序的文教，希图以此形成一种长效、稳定的合理发展状态；

其二，基于对宇宙万物生存本体的深刻认识。《孟子·告子上》云："《诗》曰：'天生烝民，有物有则，民之秉彝，好是懿德。'孔子曰：'为此诗者，其知道乎！故有物必有则，民之秉彝也，故好是懿德。'"《诗》云"有物有则"一条体现了其关于生存本体的认识，孔子对此进行了肯定，并将这种认识上升到知"道"的层面。由此，物的生存法则即是道，了解此法则即是知道，行此法则即是行道，儒家文教的本质即是教导并践行此法则，亦即行道，儒学以此为存在合理性的表征、德行确立的根本。故孔子言："志于道，据于德，依于仁，游于艺"（《论语·述而》），又说："朝闻道，夕死可矣"（《论语·里仁》），这个"道"即存在法则，所谓"无不通也，无不由也"②。在以上两点认识基础上，孔子指出："富与贵，是人之所欲也。不以其道得之，不处也；贫与贱，是人之所恶也。不以其道得之，不去也"（《论语·里仁》），甚至说："士志于道，而耻恶衣恶食者，未足与议也。"（《论语·里仁》）孟子则更直言："生，亦我所欲也；义，亦我所欲也。二者不可得兼，舍生而取义者也"（《孟子·告子上》），这里的"义"即可谓"道"。可见在儒学那里，名利的需求是生存的题中之意，但显然不是其本质所在。只有道才是人的生存本体、存在依据。这可谓是儒学对现实变礼乱局反思后的一个基本人生态度。

其次，儒学论道有其系统而深刻的含义。

---

① 《郭店楚墓竹简》，文物出版社 1998 年版。
② 何晏注，邢昺疏：《论语注疏》，《四库全书荟要》（第 70 册），世界书局 1988 年版，第 64 页。

第一，儒学言道最初源自对生命存在的本原和活动规律的探寻。关于生命存在的本原，儒学继承了三代以上的认识，将其归于天命。如孔子曾言："天何言哉？四时行焉，百物生焉，天何言哉？"（《论语·阳货》）这便是把天视为四时百物的造化之主。《论语·雍也》中"伯牛有疾，子问之，自牖执其手，曰：'亡之，命矣夫，斯人也而有斯疾也！斯人也而有斯疾也！'"在此，具体生命的绝续亦取决于天命。由上可见，儒学中的天命基本覆盖了生命存在由创生至流行、毁灭的整个历程，亦由此成为儒学形上意义上的生命存在本原。天命内含的法则是天道。《大戴礼记·本命》有言："分于道谓之命，形于一谓之性。"这即是讲由天道到天命再到具体存在之性的展开经历。由此，万物因天道、承天命而有其性，亦即内在法则。《礼记·中庸》又云："天命之谓性，率性之谓道。"此即讲明具体存在之性、道与天命一体之意。就人而言，此内在法则即为人性，亦即人道。不过儒学亦明确一事，即天道既是个体生命存在法则的根据，亦是整体生命存在法则的根据；天命既是个体生命存在之本原，亦是整体生命存在之本原。从大的方面说，天道、天命无时不在、无时不行。《诗经·维天之命》云："维天之命"，郑笺云："命，犹道也。天之道于乎美哉！动而不止，行而不已，于乎不显"，孔颖达疏云："动行而不已，言天道转运无极止时也，天德之美如此。"（《毛诗注疏》卷二十六）但从小的方面说，具体生命存在之道虽由天赋，但其状态则与整体的天道、天命运行存在间隔，或者说个体生命之道的发展受制于整体的天道、天命的运行，如孔子言："道之将行也与？命也。道之将废也与？命也。公伯寮其如命何"（《论语·宪问》），邢昺疏："此章言道之废行皆由天命也。"这里的道即要从小方面的人道来理解，而命则须放到大的天道、天命的层面来认识。换言之，人道废行终决于天命、天道。再者，儒学言人道始终立于人情之上。如孔子论人道虽强调文质彬彬，但两者相权，仍以质为本，所谓质即真实的人情。如林放问礼之本，孔子言："礼，与其奢也，宁俭；丧，与其易也，宁戚。"（《论语·八佾》）在这里，孔子表达了明确的去文从质、由外反于内的思想，"宁俭"、"宁戚"皆体现了对真实情感的重视，以此为行为的基础。此外，孔子又言："兴于诗，立于礼，成于乐。"（《论语·泰伯》）邢昺疏："此章记人立身成德之法也。"所谓"立身成德"即是就人道言。人道修养离不开诗、礼、乐。《史记·太史公自序》云："是故礼以节人，乐以发和，书以道事，诗以达意。"
这里"节人""发和""达意"皆是对着人情的表达来说的。可见人道
的确立离不开人情这个基础。郭店简《性自命出》说："道始于情，情
生于性。始者近情，终者近义。"这个说法很有意义，即人道之行在实
践先后序列上包含情、义两端要求，但就其存在基础言，还是要着落在
人情上。至孟子论性道一体，讲性善、道四端亦是建基于人情，故有
"乃若其情，则可以为善"（《孟子·告子上》）之语。再进一步而言，
儒学以为人道乃是人情之理。孔子讲："唯仁者能好人，能恶人。"
（《论语·里仁》）好、恶本为人情，所以讲"为仁者能"之在于仁者
好恶有道，得之情理。上言"始者近情，终者近义"，《礼记·中庸》
云："义者，宜也"，孟子曰："义，人之正路也"（《孟子·离娄上》），
其反映的皆是人情之理，也就是人情的合理体现。上引《礼记·乐记》
云："好恶无节于内，知诱于外，不能反躬，天理灭矣。""好恶"即人
情，"无节于内"则失其理，所谓"天理灭矣"亦即人情失理，人道废
行。故《左传·昭公二十五年》有云："民有好恶喜怒哀乐，生于六
气，是故审则宜类，以志六志……哀乐不失，乃能协于天地之性。"在
此基础上，儒学又进一步揭示了人道的格局。《孟子·离娄下》曾言：
"舜明于庶物，察于人伦，由仁义行，非行仁义也。"赵岐注："伦，
序；察，识也。舜明庶物之情，识人事之序。仁义生于内，由其中而
行，非强力行仁义也。"在此，仁义作为人道，其关乎两个方面，即
"明庶物之情，识人事之序"。而其目的，亦即"由仁义行"的目的则
在于"反身而诚"与"亲亲而仁民，仁民而爱物"（《孟子·尽心
上》），直至成己、成人、成物，《礼记·中庸》谓之"致中和，天地位
焉，万物育焉"。关于人伦，郭店简《成之闻之》云："天降大常，以
理人伦。制为君臣之义，著为父子之亲，分为夫妇之辨。是故小人乱天
常以逆大道，君子治人伦以顺天德。"这是以人伦讲人道，将其归为君
臣、夫妇、父子三方面。郭店简《六德》则将其归为"六位"，并进而
提出了六职、六德的对应关系。《礼记·礼运》云："何谓人义？父慈、
子孝、兄良、弟弟、夫义、妇听、长惠、幼顺、君仁、臣忠十者，谓之
人义。"这里将人伦扩为十项。《礼记·中庸》则约之为五："天下之达
道五，所以行者三。曰：君臣也、父子也、夫妇也、昆弟也、朋友之
交也，五者，天下之达道也。"关于庶物，可参照《礼记·中庸》中的

两段话：一者为"诚者物之终始，不诚无物。是故君子诚之为贵。诚者，非自成己而已也，所以成物也。成己，仁也；成物，知也。性之德也，合外内之道也，故时措之宜也。""性之德"即人道，"成物"是其"合外内之道"的一个环节；一者为"唯天下至诚，为能尽其性；能尽其性，则能尽人之性；能尽人之性，则能尽物之性；能尽物之性，则可以赞天地之化育；可以赞天地之化育，则可以与天地参矣。"在此，成物成为人道展开以合于天道、回溯生命本原的一个重要环节。儒学所言人道的格局便是此尽人伦与成庶物的统一。

第二，儒学关于生命存在的本原与活动规律的探寻随后又上升为儒学意义世界中的价值建构。这种价值建构乃基于其对人道内涵亦即人情之理的阐释与辨析。《周易·说卦》传云："立人之道曰仁与义"，这是以仁、义为人道。《孟子·告子上》云："仁，人心也；义，人路也。"这是对作为人道的仁、义内涵做进一步解释。仁即人道的心灵指向，义则是此心灵指向下的人道变现。《礼记·中庸》云："仁者，人也；义者，宜也。仁者，亲亲；义者，尊尊"，这是对仁、义的不同规定以及二者情感展开差异的进一步解读。郭店简《五行》曰："五行：仁形于内谓之德之行，不形于内谓之行；义形于内谓之德之行，不形于内谓之行；礼形于内谓之德之行，不形于内谓之行；智形于内谓之德之行，不形于内谓之行；圣形于内谓之德之行，不形于内谓之德之行。"又云："德之行五和谓之德。四行和谓之善。善，人道也；德，天道也。"这里提出了仁、义、礼、智、圣五行的说法，并明确指出仁、义、礼、智四行和为善，是人道，以别于五行和的天道。儒学如此明确人道内涵当与以下四点认识有关：其一是论人情之所同。儒学对人道内涵的考察是建基于对人情之所同的认识上。孟子有言："故凡同类者，举相似也……口之于味也，有同耆焉；耳之于声也，有同听焉；目之于色也，有同美焉。至于心，独无所同然乎？心之所同然者何也？谓理也，义也……故理义之悦我心，犹刍豢之悦我口。"（《孟子·告子上》）孙奭疏云："理出于性命，天之所为也；义出于道德，人之所为也……人能存其性命而不失之者，是所谓有其道德也。"《孟子集注》引程子语曰："在物为理，处物为义，体用之谓也。"究其实，此理义之展开亦不脱仁义之属。在此，孟子将人的感性欲求与道德理性欲求通过人情同然之悦统一起来，以此达到求同类、举相似的目的，此为儒学明人道的基础。在此过程中，理、义作为心之所悦得以进入人道的基础序列。其二是论人情之理。人固有情欲，但儒学主张欲之有节方为善。值得注意的是，在儒学中，情欲固有好恶，而情欲之理则体现为对此好恶之好恶，二者皆是情感上的显现，不离人的情感世界，所谓人道亦由此而立。如孔子言："富而可求也，虽执鞭之士，吾亦为之。如不可求，从吾所好"（《论语·述而》），孟子言："可欲之谓善"（《孟子·尽心下》），然则何谓"可求""可欲"呢？儒学以为其要在于心，从心之所可即为可欲、可求。心悦理义，故所欲所求合于理、义者即为可欲、可求。行此即是存心，《孟子·离娄下》云："君子所以异于人者，以其存心也。君子以仁存心，以礼存心。"非此则谓之"失其本心"（《孟子·告子上》）。在此基础上，孔子讲"克己复礼"（《论语·颜渊》），孟子则言"舍生而取义"（《孟子·告子上》）。也基于此，孔子论《诗》言其"思无邪"（《论语·为政》），而孟子则发出了"先立乎其大者，则其小者弗能夺也。此为大人而已矣"（《孟子·告子上》）的慷慨之声。其三是论人之为人的特殊性。孟子曾言："人之所以异于禽兽者几希，庶民去之，君子存之。"（《孟子·离娄下》）所谓"几希"，首先是指人与禽兽相差无几。孙奭疏云："以其皆含天地之气而生耳，皆能辟去其害而就其利矣"，这是讲人与禽兽都是秉天地之气而生，固有同质，并且都有趋利避害的自然属性；其次是指人禽几希之差。孙奭疏云："小人去其异于禽兽之心，所以为小人也；君子知存其异于禽兽之心，所以为君子也。所谓异于禽兽之心者，即仁义是也。"这是讲人禽之别要在仁义。对此孟子又云："人之有道也，饱食、暖衣、逸居而无教，则近于禽兽。圣人有忧之，使契为司徒，教以人伦：父子有亲，君臣有义，夫妇有别，长幼有序，朋友有信。"（《孟子·滕文公上》）这里讲明饱食、暖衣、逸居等放纵无教的自然之欲近于禽兽，而人道之本在于仁义之教、得乎情理，故有欲有节。由上可见，借助人禽之辨，儒学在人禽共性存在的基础上，突出以人之为人的仁义特性来建构人道，以此揭示人存在的道德本质，亦同时彰显了其存在的超越性特质。其四是论人的自由意志。《孟子·尽心上》云："求则得之，舍则失之，是求有益于得也，求在我者也。求之有道，得之有命，是求无益于得也，求在外者也。"由此出发，孟子提出了"求在我"的自在主体欲求："仁、义、礼、智，非由外铄我也，我固有之也，弗思耳矣。故曰：求则得之，舍则失之。"(《孟子·告子上》)孔子亦有言曰:"仁远乎哉?我欲仁,斯仁至矣"(《论语·述而》),又说:"为仁由己,而由人乎哉?"(《论语·颜渊》)以上体现的正是人在求仁义、行人道过程中所展示出来的自由意志。以上四点认识是促成儒学以仁义道德为人道本质内涵的重要基础。孟子曾有言:"口之于味也,目之于色也,耳之于声也,鼻之于臭也,四肢之于安佚也,性也,有命焉,君子不谓性也;仁之于父子也,义之于君臣也,礼之于宾主也,知之于贤者也,圣人之与天道也,命也,有性焉,君子不谓命也。"(《孟子·尽心下》)在此,仁义之情与耳目之欲虽同是天命所赋、同是人的属性,但孟子基于以上四点认识而仅仅以仁义为本质意义上的人性,以此人性的展开为人道,体现了其明确的具有超越意义和自由意志的道德情感指向,由此达成的生活则是建基于一定人情需求上的道德生活。基于以上对人道内涵的认识,儒学又进行了自己意义世界中的价值建构:其一,它明确指出人道乃是人立身成己之道。孟子云:"君子深造之以道,欲其自得之也。自得之,则居之安;居之安,则资之深;资之深,则取之左右逢其原,故君子欲其自得之也。"(《孟子·离娄下》)所谓"自得",即在于行人道以成己,所谓"诚身有道"(《孟子·离娄上》)。此成己之道要在确立人的道德品格,因为人无德而不立,所谓"不明乎善,不诚其身"(《孟子·离娄上》)。故孔子有言:"君子去仁,恶乎成名?君子无终食之间违仁,造次必于是,颠沛必于是"(《论语·里仁》),又言:"志士仁人,无求生以害仁,有杀身以成仁。"(《论语·卫灵公》)《礼记·中庸》则云:"取人以身,修身以道,修道以仁。"由此可见,得仁乃是儒学行人道以成就自身的核心,所谓士君子的人格成就皆建基于此。孟子更将其上升为一种独立的品格,即所谓"居天下之广居,立天下之正位,行天下之大道。得志与民由之,不得志独行其道。富贵不能淫,贫贱不能移,威武不能屈。此之谓大丈夫"(《孟子·滕文公下》)。其二,它又指出,人道乃是成人、成物之道,如《礼记·中庸》云"诚者,天之道也;诚之者,人之道也"、"唯天下至诚,为能尽其性;能尽其性,则能尽人之性;能尽人之性,则能尽物之性",其要在于行义以致"各得其宜"(《荀子·荣辱篇》)。成人者在于尽人之性。郭店简《性自命出》有云:"所为道者四,唯人道为可道也。"所谓人道者,"群物之道也"。这里的"群物"是指使人群或聚集人群,"群物之道"即含成人之道。郭店简《尊德义》以为"凡动民必顺民心，民心有恒，求其永。重义集理，言此章也"，所谓"顺民心"、"重义集理"即是尽人之性以成人之意。成物者在于尽物之性。《礼记·中庸》云："诚者，非自成己而已也，所以成物也。成己，仁也；成物，知也。"所谓"知也"，是指明察。非明察不足以知物之性，不知物之性则不足以行义成物。成人、成物是儒学人道在成己之后由内而外的展开。通过这种展开，人道所实现的是"赞天地之化育"（《礼记·中庸》），而人自身也得以由"小我"中解放出来获得不断的出越，从而成就一个"大我"。其三，它指出人道的发展将走向对人道自身的超越，此为即有限以通无限的一个过程。孟子有言："可欲之谓善，有诸己之谓信。充实之谓美，充实而有光辉之谓大，大而化之之谓圣。圣而不可知之之谓神。"（《孟子·尽心下》）这段话既说明了人道修养的阶段次序，又蕴涵着人道逐次发展并最终走向超越自身的由有限以至无限的道德诉求。具体来说，以"充实而有光辉之谓大"为界，前此的修养历程体现了人道由己及人及物、由内而外的展开。它依托有限之"我"的存在，借助人为之迹，实现了人由"小我"到"大我"的提升。然而后此的修养历程则体现了对人道的超越。所谓"大而化之之谓圣。圣而不可知之之谓神"皆不能停留在一般人道的层面来获得恰当的领会。朱熹言："大而能化，使其大者泯然无复可见之迹，则不思不勉、从容中道而非人力之所能为矣"（《孟子集注》卷七），又引张载之言曰："大，可为也；化，不可为也。"由此可见，在"大"与"圣"之间存在着一个根本的差别，这就是"化"。"大"是有限之"我"的有为之迹；"化"首先意味着有限之"我"的消解，其次意味着由"我"而发的人为之迹的消解；而"圣"则是消解了有限之我及其行迹之后的无为之化。圣者无为之化不可知也，朱熹引程子之语曰："圣不可知谓圣之至妙，人所不能测"，此即为"神"，神化之妙无穷，由此也就进入了一个"无我"的无为而化的无限之境，此可谓儒学人道发展的终极意义所在。联系郭店简《五行》篇中"德之行五和谓之德；四行和谓之善。德，天道也；善，人道也。"以及"见而知之，智也；闻而知之，圣也"中两两对举的情况，儒学这一思想似更为明晰。

总之，儒学借天道、天命以明人道之本，借人情之理以论人道之实，借人道之行以承天命、天道之显，借无为而化之圣以显人道之自我超越，从而展示了其丰富而系统的人道思想。

（二）以义制礼

儒学以行礼为其人道思想的践行方式。孔子讲："君子义以为质，礼以行之。"（《论语·卫灵公》）孟子言："仁之实，事亲是也；义之实，从兄是也……礼之实，节文斯二者是也"（《孟子·离娄上》），又言："夫义，路也；礼，门也。惟君子能由是路，出入是门也。"（《孟子·万章下》）《礼记·曲礼上》有言："道德仁义，非礼不成。"《荀子·大略》云："君子处仁以义，然后仁也；行义以礼，然后义也；制礼反本成末，然后礼也。三者皆通，然后道也。"由上可见，儒学之人道正是通过礼来实践自身的。只不过其采行的礼无论是礼仪方面还是礼义方面都已非原初古礼之旧貌而已。儒学是以返本开新的方式使礼成为其人道思想合理表达形式的，这既完成了其人道理论与实践的统一，又实现了传统与时代的对接，对历史发展、文化传承乃至一贯的民族精神的锻造亦产生了深远的影响。

儒学之返本开新是指儒学通过义起模式以自己的人道思想来整合古礼的礼义系统，并由此展开对其礼仪系统的解读与改造。这个过程既是一种经典的创造性诠释经历，又是一种哲学的突破。儒学之人道思想固然由此获得了自己的理想表达，而传统的礼亦由此而获得了新生。这当中，"义起"模式的开启是关键。何谓"义起"呢？《左传·僖公二十七年》载晋赵衰之言曰："说礼乐而敦诗书。诗书，义之府也；礼乐，德之则也。"在此，义与德相关，礼乐属于"德之则"，二者是内容与形式的关系。马王堆帛书《要》篇又云："君子言以榘方也。前祥而至者，弗祥而好也。察其要者，不诡其德。"又言："易，我后其祝卜矣，我观其德义耳也……赞而不达乎数，则其为之巫。数而不达于德，则其为之史……吾求其德而已，吾与史巫同涂而殊归者也。"所谓"赞"和"数"属于巫史的知识，这里体现了孔子求观德义，不止于赞、数的价值取向。《荀子·荣辱篇》云："循法则、度量、刑辟、图籍，不知其义，谨守其数，慎不敢损益也，父子相传，以持王公……是官人百吏之所以取禄秩也。""官人百吏"指王官，其职要在守数、守则，然从荀子视角看，其失在不知通义。《荀子·君道篇》又云："法者治之端也，君子者法之原也……不知法之义，而正法之数者，虽博，临事必乱。……官人守数，君子养原。"《荀子·劝学篇》云："其数则始乎诵经，终乎读礼。其义则始乎为士，终乎为圣人""故学数有终，若其义则不可须臾舍也。"所谓"数"指行为方式，而"义"则指内在的义理原则。荀子在此表达了"以义统数"的思想。总之，以上所论深刻体现了儒学以义制数、制则的义起诠释理念。这一理念在其整合古礼的过程中又体现为"以义制礼"，并具体落实在以下两个方面：

第一，儒学通过义起模式以其人道思想对古礼的礼义进行了相应的整合。古礼之礼义是基于"崇天敬祖"的"反本修古"，目的在于求施美报以祈福远疾。《诗经·木瓜》云："投我以木瓜，报之以琼琚"、"投我以木桃，报之以琼瑶"、"投我以木李，报之以琼玖"。对此投报之义，古人以为"礼尚往来。往而不来，非礼也；来而不往，亦非礼也"（《礼记·曲礼上》）。当然，古礼关于投报的认识并不止于利益交换，而是更看重在此基础上建立起来的内外顺畅的友好合作关系，正所谓"匪报也，永以为好也"（《诗经·木瓜》）。之所以如此，在于古人基于当时有限的生存条件而不得不寻求一种稳定的依赖共同体的合作生活方式。比较而言，儒学则以义起的模式在其人道思想基础上整合了古礼之礼义。如前述，儒学之人道在于道德践履，即由立仁义之道而实现人格成就。礼为儒学道德践履的形式，其表达的自然是仁义之道。《礼记·礼器》云："君子欲观仁义之道，礼其本也。"此即以礼为观仁义之道之本。《荀子·大略》又云："君子处仁以义，然后仁也；行义以礼，然后义也；制礼反本成末，然后礼也。三者皆通，然后道也。"在此，仁、义为本，礼为末，"本末相顺，终始相应"（《史记·礼书》），三者贯通乃为道。不过礼虽以仁义之道为本，然行礼之要则在行理。《礼记·仲尼燕居》云："礼也者，理也"，此理即存在法则。《礼记·祭义》云："礼者，履也"，言礼在践行。合而观之，行礼即行理。其目的便是因万物之理而成就之。细言之，就是成己、成人、成物，此为仁义之道的具体指向。此外，儒学以仁义之道为人之情理所在，所谓"心悦理义"是也。在此前提下，礼作为仁义之道的表达形式亦是人之情理的展现，行礼即为此情理展开以致成己、成人、成物的人文经历。郭店简《性自命出》云："礼作于情，或兴之也，当事因方而制之，其先后之序则宜道也。又序为之节，则文也。致容貌所以文，节也。君子美其情，贵［其义］，善其节，好其容，乐其道，悦其教，是以敬焉。"《荀子·礼论》亦云："凡礼，始乎梲，成乎文，终乎悦校。故至备，情文俱尽。"《礼记·丧服四制》则言:"有恩有理,有节有权,取之人情也。恩者仁也,理者义也,节者礼也,权者知也。仁义礼知,人道具矣。"以上所论皆为借情理以言礼教成人。总之,礼与作为人道的仁义之道具有体用相即之意,行礼即行理,其本身乃是一个情文俱尽的过程。由此,礼成为儒学人道系统之重要一环,以致无礼不足以成人,故《礼记·礼器》云:"礼也者,犹体也。体不备,君子谓之不成人。"儒学以此为礼之通义,并对古礼礼义进行整合。经由这一义起转换,礼义由原初外在的反本修古、投桃报李意义上的生存合作上升到人自身体用相即、情文俱尽意义上的道德建构,其理论内涵得到深入拓展,具体说来可分为以下三个方面:其一,儒学探讨了礼的源流,即礼的本原与流行。《礼记·礼运》云:"是故夫礼,必本于大一,分而为天地,转而为阴阳,变而为四时,列而为鬼神。其降曰命,其官于天也。"这里把混沌之初作为礼的本原所在,并展示了它从大一到天地、阴阳、四时、鬼神的流变历程。《礼记·礼运》又云:"是故夫礼,必本于天,殽于地,列于鬼神,达于丧祭、射御、冠昏、朝聘。"这里不仅以天为礼之本原,且将其具体流变从天地、鬼神追述到人生诸事,后者尤其是考察重点,如"夫礼,先王以承天之道,以治人之情"(《礼记·礼运》)。在此,礼承天之道而显为人情之节,是为情理所在。所谓"丧祭、射御、冠昏、朝聘"即人伦之礼(情理),清代学者李光地谓之"四际八编"[1],以其为礼之纲要、完整的达礼(此语有待商榷)。概言之,"凡礼之大体,体天地,法四时,则阴阳,顺人情,故谓之礼"(《礼记·丧服四制》),此可视为以上论礼之存在规模的总括。如上,古礼"反本修古,不忘其初"之礼义乃基于礼"始诸饮食"(《礼记·礼运》)、"本于昏"(《礼记·昏义》)的原始生存实践反思,故其论礼的源流侧重生命存养之源和以此为基础的生命展开。与之相较,儒学论礼的源流则已经不止于考察生命存养的古礼义,而是更注重考察生命存在的形上根据和形下流行,诠释其深刻的本末、体用一体之内涵。其二,儒学在成德的视角下探讨了行礼的价值与意义。《礼记·礼器》云:"礼也者,合于天时,设于地财,顺于鬼神,合于人心,理万物者也。是故天时有生也,地理有宜也,人官有能也,物曲有利也。"这里探讨了行礼之

---

[1] (清)李光地:《礼学四际约言序》,《榕村全集》,力行出版社1969年版,卷10。

要，即需仰合天时，俯会地理之物，顺鬼神之化，中趣人事，如此则万物可各得其宜以生。而其所以如此在于"天之四时自然各有所生……地之分理自然各有所宜……人居其官各有所能……万物委曲各有所利……皆自然有其性，各异也"①。由此可见，行礼的价值在于参合天地人万物之理以顺天地、成万物。《易传·系辞下》云："天地之大德曰生。"《礼记·孔子闲居》云："天无私覆，地无私载。"故行礼的意义亦在于成就此天地生生之德、"与天地合其德"（《易传·文言》）、"赞天地之化育"（《礼记·中庸》）。这其中，成人是关键，因为它是实现礼的价值与意义的前提与核心。《孔子家语·论礼》云："夫礼所以制中也……加于身而措于前，凡众之动，得其宜也。……礼者，即事之治。君子有其事，必有其治……行中规，旋中矩……是故君子无物而不在于礼焉。"以上体现了行礼的基础乃在成人。如何成呢？这里存在内外两种陈述路径：《礼记·礼运》云："故圣人耐以天下为一家，以中国为一人者，非意之也，必知其情，辟于其义，明于其利，达于其患，然后能为之。何谓人情？喜怒哀惧爱恶欲七者，弗学而能。何谓人义？父慈、子孝、兄良、弟弟、夫义、妇听、长惠、幼顺、君仁、臣忠十者，谓之人义。讲信修睦，谓之人利。争夺相杀，谓之人患。故圣人所以治人七情，修十义，讲信修睦，尚辞让，去争夺，舍礼何以治之？"以上是遵循一种内在陈述路径来讲成人。在此，成人体现为治情修义、谦让持敬之礼，行礼的价值与意义亦由此体现；《礼记·祭义》则云："天下之礼，致反始也，致鬼神也，致和用也，致义也，致让也。致反始，以厚其本也；致鬼神，以尊上也；致物用，以立民纪也。致义，则上下不悖逆矣；致让，以去争也。合此五者，以治天下之礼也，虽有奇邪，而不治者则微矣。"这里则是遵循一种外在陈述路径来讲成人，即揭示成人之礼的致力方向及其作用，以凸显行礼的价值与意义。通过这种内外统一的陈述路径，儒学系统地梳理了成人之礼的规模。如上，古礼的价值与意义在于遵循施报原则来建构一种友好互助的群体关系和合作共存的生活方式以保障生命个体在原始恶劣条件下拥有一种相对稳定、可靠的生活。比较而言，儒学行礼的价值与意义则已不

---

① 郑玄注，孔颖达疏：《礼记注疏》，《四库全书荟要》（第51册），世界书局1988年版，第513—514页。

再止于一般的生物之养，而是在成人的前提下务求通过顺天理、成万物的过程来成就一种具有超越性的道德。其三，儒学探讨了行礼的境界。《礼记·曲礼上》云："大上贵德，其次务施报。"这里讲了"贵德"与"务施报"两个层次：何为"贵德"呢？儒学论"德"与"道"相关。孔子讲"志于道，据于德"（《论语·述而》），阐明道为指归、德为行据之意。《大戴礼记·主言》解之为"道者，所以明德也；德者，所以尊道也。是故非德不尊，非道不明"。由此可见，"贵德"的本质在"尊道"。道者，"无不通也，无不由也"，周遍天下而不求报，"尊道"者尊此也，"贵德"者贵此也。孔颖达《礼记正义》云："德主务施其事，但施而不希其反也。"究其实，"贵德"者尊道，故无私有施，不待其报。王聘珍《大戴礼记解诂》亦云："夫学天地之德者，皆以无私为能也。"无私者即为公，"贵德"之行即在于天下为公。《礼记·礼运》对此作了细致的描绘："大道之行也，天下为公。选贤与能，讲信修睦，故人不独亲其亲，不独子其子，使老有所终，壮有所用，幼有所长，矜寡孤独废疾者，皆有所养。男有分，女有归。货恶其弃于地也，不必藏于己；力恶其不出于身也，不必为己。是故谋闭而不兴，盗窃乱贼而不作，故外户而不闭，是谓大同。"致力于大同世界，即所谓"贵德"的境界，其至乃为乐，正所谓"乐也者，施也……乐，乐其所自生……乐章德"（《礼记·乐记》）；何为"务施报"呢？"务施报"即所谓"投桃报李"式的"礼尚往来"。《礼记·乐记》有云："礼也者，报也……礼，反其所自始……礼报情反始也。"务施报者因其有私而利用施报这一形式，以实现稳定、可靠的生存合作，此为"贵德"之下的一个境界。由此达成的生活景况，《礼记·礼运》也做了描述，即"今大道既隐，天下为家，各亲其亲，各子其子，货力为己，大人世及以为礼。城郭沟池以为固，礼义以为纪；以正君臣，以笃父子，以睦兄弟，以和夫妇，以设制度，以立田里，以贤勇知，以功为己。故谋用是作，而兵由此起。禹、汤、文、武、成王、周公，由此其选也。此六君子者，未有不谨于礼者也。以着其义，以考其信，着有过，刑仁讲让，示民有常。如有不由此者，在势者去，众以为殃，是谓小康"。"贵德"无疑是儒学追求的境界，而"务施报"则反映了古礼礼义的追求，具有明确的现实构成性。儒学在义起的诠释模式下，依循其人道思想对以上两个层次的内容做了有效的整合。《礼记·中庸》云："中也者，天下之大本也；和也者，天下之达道也。致中和，天地位焉，万物育焉。"所谓"中和"亦可谓"诚者，天之道也"，以德显；而"致中和"则为"诚之者，人之道也"，其本质即是行人道以践天道，以贵德为宗旨；所谓"天地位焉，万物育焉"则可视为在"致中和"统摄下"中和"的实现，亦即成己、成人、成物。但是这种"成"并非指天地万物的纯然自成，它还蕴涵着和合共生之意。《国语·郑语》中史伯讲"和实生物，同则不继"，即指不同事物相宜互补乃得生物、成物，反之则败。孔子也基于此类思想而提出了"君子和而不同，小人同而不和"（《论语·子路》）的人格命题。同样基于此，《礼记·中庸》云"万物并育而不相害，道并行而不相悖"，可见，行人道以践天道乃是通过在一个大系统下使万物合道共处而最终完成的。无此经历则万物自身也无从证成。所谓"礼尚往来"、合作共生之古礼礼义亦由此得以在儒学人道系统中获得新的诠释，并成为"大上贵德"下一个具体的人道践行的终极环节。此一转换可视为儒学以义起模式来整合古礼礼义的一个代表。

第二，儒学通过义起模式以其人道思想对古礼之礼仪进行了相应的整合，即所谓"以义制仪"。如上所述，三代以上（含三代）是"治与道出于一"的古礼时代，主要体现为礼仪与礼义相统一。而儒学以人道思想对古礼礼义整合后，已形成了自己的新礼义。于是它通过义起模式，遵循"以义制仪"的原则又进一步开始整合古礼礼仪，意图在古礼崩乱的现实中实现礼仪系统与礼义系统的新统一，由此开启了变礼时代，亦为以后新礼时代的建立奠定了基础。邹昌林先生在《中国礼文化》一书中指出："作为中国文化源头的古礼，实际是起源于母系氏族社会，中经五帝时代（即父系氏族社会与早期文明时代）和三代（即所谓奴隶社会）的两次整合，而发展定型的，以自然礼仪为源头、社会礼仪为基础、政治等级礼仪为主干的原生文化系统。"[1] 以此认识为参照，儒学对古礼之礼仪的整合主要在于两方面：其一，儒学继承了古礼礼仪从自然礼仪到社会礼仪、政治等级礼仪的规模和基本仪式。如儒学保留了对各种自然神的祭祀，并将其意义上升至"畏天命""知天命""穷理尽性以至于命"的形上体认。借此，儒学表达了它的天人

① 邹昌林：《中国礼文化》，社会科学文献出版社 2000 年版，第 20 页。

观，为其人道思想之本原进行了哲学奠基；又如儒学延续了五帝时代的社会礼仪系统，即承继了五帝时代所确立的"五伦关系"以及围绕它们所形成的各种礼仪。儒学的人道思想正是依托这些人伦关系得以形成和系统展示出来。再如儒学还吸收了三代时期尤其是周代的政治等级礼仪即周礼，使儒学的人道思想与政治实践密切结合起来，寻求治世之功。其二，儒学又依据以人道思想为核心的新礼义而对古礼礼仪进行了深入的诠释与修正。这至少体现在以下两点上：一者强调以人的自然情质为基础的文质合一。《礼记·礼运》云："故礼义也者，人之大端也……所以达天道顺人情之大窦也。"在此，礼义是成人的关键，是天道、人情得以呈现自身的方式。不过其表达的人情绝非矫饰之情，而必是由内而外的自然动心之情，如《礼记·祭统》云："凡治人之道，莫急于礼。礼有五经，莫重于祭。夫祭者，非物自外至者也，自中出生于心也，心怵而奉之以礼。是故，唯贤者能尽祭之义。"这里讲祭礼，所谓"自中出生于心也；心怵而奉之以礼"，旨在说明行祭礼之要不在于外物的影响，而在于由中而出、发乎其心的真实情质，此是祭义所在。孔子也有类似表述，如《论语·八佾》记载："林放问礼之本。子曰：'大哉问！礼，与其奢也，宁俭；丧，与其易也，宁戚。'"孔子的答问既体现了其"以义制仪"的儒学传礼理念，又体现了他对行礼中自然情质内涵的重视。当然，礼也并非是单纯的自然情质表现。孔子曾言："质胜文则野，文胜质则史。文质彬彬，然后君子"（《论语·雍也》），即文、质偏胜皆有所弊，只有文质彬彬方是合礼君子。故《礼记·乐记》云："是故先王本之情性，稽之度数，制之礼义。"这体现了礼是情与文（度数）的统一。对此，《礼记·坊记》亦云："礼者，因人之情而为之节文，以为民坊者也。"以上所论充分体现了儒学以人的自然情质为基础，以文质合一为典范的礼仪要求，反映了其对礼仪内涵的深度自觉。二者以人道引领礼仪。《礼记·乐记》云："中正无邪，礼之质也；庄敬恭顺，礼之制也。"所谓"中正无邪"，属于礼义，儒学以"仁义"为人道，以行仁义、立人道为"中正无邪"，此即行礼之本；"庄敬恭顺"则属于礼仪，可谓人道之表达形式。二者连属，为礼之质文的统一。孔子云："人而不仁，如礼何？"（《论语·述而》）此即以仁（人道）为行礼的核心，礼仪必以此为根本。《礼记·礼器》云："祀帝于郊，敬之至也。宗庙之祭，仁之至也。丧礼，忠之至也。备服

器，仁之至也。宾客之用币，义之至也。故君子欲观仁义之道，礼其本
也。"孔疏云："此一节总明祭祀、死丧、宾客之等所以礼为备具人道
之至也。"《礼记·礼运》更释之曰："故治国不以礼，犹无耜而耕也；
为礼不本于义，犹耕而弗种也。"也正是基于此，儒学并不盲目墨守古
礼仪形式，而往往是结合现实、因于礼义而诠释或损益之。如孟子曾
言："男女授受不亲，礼也；嫂溺援之以手者，权也。"（《孟子·离娄
上》）"男女授受不亲"乃为礼仪，其与"嫂溺援之以手"之行"权"
皆本于人道。在孟子看来，行礼抑或从权皆本于人道而取之以义。《荀
子·大略》亦云："礼以顺人心为本，故亡于礼经而顺于人心者，皆礼
也。"杨倞注云："《礼记》曰：'礼也者，义之实也。'协诸义而协，
则礼虽先王未之有，可以义起也。"此即进一步明确了儒学借助义起模
式、"以义制仪"以行人道的传礼观念。

　　总之，面临"治与道出于二"的变礼时期，儒学经过自己的反思
活动，逐步确立其人道思想，并以此为核心，借助义起的模式对古礼进
行整合。儒学希望通过这种整合来践行其人道思想，实现"治与道"
新的统一，以建构一种新的哲学的生活，亦即道德的生活，从而改变此
一时代乱局，完成人生与社会的一大转进。郭嵩焘云："其于礼、乐二
者，明其体而达其用，穷其源而析其流，尽古今之变而备人事之宜，此
其大经矣。而其为教，本之于心曰六德，被之于身曰六行，施之于事曰
六艺，又皆有其浅深次第之用，而一要之于成。"①此亦可为以上言儒
学传礼之思想纲要。

四　儒学传礼的意义与当代启示

（一）儒学传礼的意义

　　从本质上看，儒学传礼实即在本源性生活的实践基础上生活的哲学
与哲学的生活的又一轮展开。推动其展开的动力自然是生活实践中的生
存问题及对此问题的反思，其背后隐含的则是古人对一种理念意义上的
本源性生活、一种自治的人生的深切向往和不懈追求。就现实而言，儒

---

① 郭嵩焘：《郭嵩焘诗文集》，岳麓书社 1984 年版，第 196 页。

学传礼以明人道的做法正是针对变礼时期社会乱局的一种变革，其中蕴涵着"是故先王之制礼乐也，非以极口腹耳目之欲也，将以教民平好恶而反人道之正"（《礼记·乐记》）的深刻义理指向，它对传统文化的发展和民族精神的塑成皆产生了深远的影响。对此可从以下三个方面获得进一步认识：

首先，儒学传礼既是经典诠释意义上的一种创造性诠释、哲学发展意义上的一种哲学突破，又是文化演进意义上的一种批判性继承。儒学传礼即是以上创新突破与批判传承的有机统一。其一，儒学传礼本身属于经典诠释活动，所谓创造性诠释指儒学依据其人道思想对古礼的礼义和礼仪做了系统的梳理和深入的诠释，赋予了其崭新的立人成德的道德寓意。如"慎终追远"本指丧祭之礼，古礼以为"报情反始"（《礼记·乐记》），乃为一种施报关系；曾子则言之"民德归厚"，以行礼为成德。在此，同样的行为被赋予了不同的意义。其二，儒学传礼本身也蕴涵着哲学的突破。在古礼时代，人们的思想更多地表达了对于外在神秘力量的畏惧、敬服与依赖，具有浓厚的原始宗教信仰色彩。儒学以人道传礼则具有明确的人文自觉，如孔子一方面讲："仁远乎哉？我欲仁，斯仁至矣"（《论语·述而》）、"为仁由己，而由人乎哉"（《论语·颜渊》），表明行仁属于人切己自求的求在内的事，这充分体现了人本己的自由意志；另一方面他又讲："君子去仁，恶者成名？君子无终食之间违仁，造次必于是，颠沛必于是。"（《论语·里仁》）表明行仁乃是人生之应当。孔子这两方面说法揭示出行仁对人所具有的本质规定意义（自由与应然的统一），此亦可视为《礼记·中庸》哀公问政时孔子答以"仁者，人也"之宗旨所在，其背后透显出来的则是对人之存在本质亦即人道的理解，它清晰地体现了儒学传礼中的人文自觉。其三，儒学传礼本身也是对古礼文化的批判性继承。儒学部分地接纳了古礼礼义并将之纳入自己的人道思想体系。如儒学继承了古礼中对于生命存养之源的敬服意识，并将其上升到哲学意义上的生存本体高度来认识。郭店简《性自命出》言："性自命出，命自天降。"《礼记·中庸》开篇言："天命之谓性，率性之谓道，修道之谓教。"儒学还接受了古礼中基本的施报观念和别、让意识，并将之与人道思想相整合，使其焕发出思想新意。儒学还在其人道思想的基础上接纳了古礼从自然礼仪、社会礼仪到政治等级礼仪的礼仪规模和形式。此外儒学还以人道思想为前提，讨论了守经与行权的实践问题。以上充分体现了儒学传礼实为一种批判式的继承，属于传统文化自身发展中的内在变革。这种变革体现了传统文化发展的连续性。

其次，儒学传礼慎重区分了礼的道德规范义与刑罚的强制惩戒义，凸显了前者的教化价值，从而为传统政教的发展确立了德治的原则。包世臣《与杨季子论文书》云："道附于事而统于礼。"① 这说明礼是道与事、内容与形式、知与行的统一。古礼即具有这种统一性，而且古礼还是一个包含宗教、思想、哲学、习俗、政治、法律、艺术等内容的庞大体系。甚至为维护礼而采取的刑罚等强制手段也属于古礼的内容。章太炎《检论》亦言："礼者，法度之通名，大别则官制、刑法、仪式是也。"儒学传礼则对此做了相应的区分。儒学以其人道思想为礼奠基，于是礼就具有了道德的含义，礼仪规范就成为道德规范，行礼便具有了立人成德的指向。在此基础上，儒学比较了在治民中以德行礼与以政用刑的各自作用，所谓"道之以政，齐之以刑，民免而无耻；道之以德，齐之以礼，有耻且格"（《论语·为政》）。通过这一比较，可以发现刑政治民或可收一时之效，然民众终无知耻悔过之心；以德礼治民则民众将心存荣辱而自觉守则。基于以上认识，儒学乃以以德行礼作为治天下的根本，如荀子言："礼义者，治之始也"（《荀子·王制》），由此全面开启了传统政教中的德治模式。与此同时，儒学亦未取消刑政之治，而是在礼的实践运作中采取了德主刑辅的形式，以全面发挥其教化之功，成就其治民之业。如《大戴礼记·盛德》云："德法者，御民之衔也……善御民者：正其德法、饬其官而均民力，和民心，敬听言不出于口，刑不用而民治，是以民德美之。"又云："不能御民者，弃其德法……无德法而专以刑法御民，民心走，国必亡。"

再次，在人道思想基础上，儒学传礼体现出一种以礼为载体、万物彼此关联的共存生活模式，从而进一步强化了古礼文化中的整体性特征，使其成为传统文化发展的一个重要基础。古礼时代从政体来看有两大特征：一为分封制，一为宗法制。二者合起来就有了"天子建国，诸侯立家，卿置侧室，大夫有二宗，士有隶子弟，庶人工商，各有分亲，皆有等衰"（《左传·桓公二年》）的等级关系与血缘关系相统一的

① 包世臣：《艺术名著丛刊》，中国书店 1983 年版，第 9 页。

社会局面，古礼即建基于此。至变礼时期，原初古封建政体乃渐被打破，转向专制中央集权，然家族伦理则未发生根本变化。儒学传礼乃在其人道思想的基础上继承并发挥了这一传统。儒学人道思想的核心即道德仁义，其基本内涵则是"亲亲而仁民，仁民而爱物"（《孟子·尽心上》），其终极指向为尽人之道以诚天之道。在人道实践中，儒学首重人伦且以家族伦理的实现为人道实践的前提和根本所在。如《礼记·中庸》云："故为政在人，取人以身，修身以道，修道以仁……君臣也，父子也，夫妇也，昆弟也，朋友之交也，五者天下之达道也。"这里对人道之本与人伦的规模做了一个基本的描述。《论语·学而》中，有子有言："其为人也孝弟，而好犯上者，鲜矣；不好犯上，而好作乱者，未之有也。君子务本，本立而道生。孝弟也者，其为仁之本与。"这里的"孝弟"即属于家族伦理，所谓"本立而道生""为仁之本与"则指孝弟在人道实践中作为前提与根本的作用。《礼记·丧服小记》又云："亲亲尊尊长长，男女之有别，人道之大者也。"《礼记·太傅》云："上治祖祢，尊尊也；下治子孙，亲亲也；旁治昆弟，合族以食，序以昭穆，别之以礼义，人道竭矣。"又云："自仁率亲，等而上之，至于祖；自义率祖，顺而下之，至于祢。是故，人道亲亲也。"这里则不仅以家族伦理中的亲亲、尊尊、长长和男女之别作为人道实践的前提、根本，还以"亲亲"为家族伦理的核心，并指出这种家族伦理存在的必然性，所谓"亲亲也，尊尊也，长长也，男女有别，此其不可得与民变革者也"（《礼记·太傅》）。当然，儒学人道实践并不止于家族伦理。其所以接续这一古礼传统还在于它经由生活反思、以家族伦理为前提基础、借助絜矩之道达成了具有超越性的仁义等道德理念。《孟子·梁惠王上》有云："老吾老，以及人之老；幼吾幼，以及人之幼。天下可运于掌。《诗》云：'刑于寡妻，至于兄弟，以御于家邦。'"这一理念集中体现在《礼记·礼运》中的大同理想上："大道之行也，天下为公。选贤与能，讲信修睦，故人不独亲其亲，不独子其子，使老有所终，壮有所用，幼有所长，矜寡孤独废疾者，皆有所养。男有分，女有归。货恶其弃于地也，不必藏于己；力恶其不出于身也，不必为己。是故谋闭而不兴，盗窃乱贼而不作，故外户而不闭，是谓大同。"大同理想与小康世界的不同即在于不私爱，所谓"天下为公"是也，而这也正是儒学讲道德仁义与以往论德的不同之处。儒学的这一认识使其在传礼中赋予了古礼家庭伦理以更为深远的道德内涵，并使传统文化的发展具有了更为宏大的以天下为一家、以中国为一人的整体性基础。法国启蒙学者孟德斯鸠对这一文化特征有着精到的认识。他说："他们（中国的立法者）要人人互相尊重，要每个人时时刻刻都感到对他人负有许多义务；要每个公民在某个方面都依赖其他公民。因此，他们制定了最广泛的'礼'的规则。"① 孟氏所谓的"互相尊重"、"负有义务"乃至"依赖"都是传统文化中以儒学人道思想为核心、以家族伦理为前提、由行礼体现出来的整体性特征的体现。

综上所述，以上三方面内容体现了儒学传礼的意义所在。它既推动了传统文化的发展，又助成了报本反始、尚德重生、尚同尚和的民族精神。而所有这一切都体现于独特的礼文化的践行之中。这种文化践行最终则化入民族生存发展、生生不息的血脉之中，凝聚成民族存立于世的本质内容，成就一种自觉而独到的本源性生活。

（二）儒学传礼的当代启示

儒学传礼的经历对当代生活发展具有以下三方面启示：

首先，它揭示了一种基本生活演化模式，这有助于人们深入理解当下生活。在儒学传礼的文化历程中，人的理想性存在指向的是一种本体意义上的本源性生活，其表征是一种无对待的自洽的人生理想状态。从实践层面上讲，这种本源性生活既作为曾经的自洽生活而成为现实生活实践的起点，又作为未来的自洽生活而成为现实生活实践所要走向的终点。当然，在实践中，曾经的自洽生活与未来的自洽生活的内涵是不同的，但其作为本源性生活的无对待的理想自洽特征则是共通的。推动生活由曾经的自洽走向未来的自洽的动力源自生活实践中的反思。生活实践的发展必然引发新问题，反思即是在曾经的自洽生活基础上对生活实践中涌现的问题进行审查、诠释，并开启针对未来自洽生活的创新。这种意义上的反思亦是对本源性生活的解构与重构。它具体体现为由生活的哲学到哲学的生活的不间断的思考与实践。所谓生活的哲学属于形上的哲理体系，它是在反思中形成的关于现实生活的本质性认识。所谓哲学的生活即是依据这种形上哲理体系来建构形下生活的价值原则、制度规范。二者都是建立在反思的基础上，与其相伴始终，从而实现了本源

---

① 孟德斯鸠：《论法的精神》（上册），商务印书馆 1978 年版，第 312 页。

性生活的一次次转换。值得注意的是，这种建立在反思基础上的生活的哲学与哲学的生活所反映的乃是一个生生不息的生活主题。无此，则存在的真实、价值与意义无从显现，生活亦将成为一潭死水，不复有本源意义；而本源性生活则是生活的哲学与哲学的生活需要不断建构与重构的对象。故就此而言，建立在反思基础上的生活的哲学与哲学的生活实际是在不断地打开一扇扇本源性生活之门，迎来一个个真实而美好的新生命、新生活。儒学传礼固是此生活演化的一个历史写照，当代生活之发展亦莫不由此路径而展开。

其次，它提供了一种具体的文化发展模式，可为当代社会发展的有力借鉴。当代社会发展亟待深入解决的一个理论问题是如何梳理传统与现代、民族性与现代性的关系问题。以往的一种做法是首先将这一问题归为古今问题，而后依据价值对立的判断，基于发展的目的，或做出"去古存今"的选择，或坚持"原教旨主义"立场。对此，李祥海先生和黄玉顺先生已分别撰文做了修正。李祥海先生指出，需改变从"时代性"的单一维度来论断中国传统思想的思维定式。传统与现代的关系问题不可简单化约为古今问题。所谓现代是一个关于传统的现代，并没有脱离传统的现代①。而黄玉顺先生则指出："现代化或者现代性，它一定是一个民族国家的问题。不可能离开民族性来谈现代性"，"现代性的事情也就是民族性的事情"，"民族性乃是现代性的一个涵项，一个基本的涵项，一个本质的涵项。离开了民族性，你就无法理解现代性"②。以上二位学者都肯定了在当代发展中，传统之于现代、民族性之于现代性的意义。那么如何更好地梳理它们之间的关系以推动当代社会发展呢？儒学传礼所达成的文化转进历程即为此做了很好的历史说明。诚如上述，儒学正是借助对古礼的批判性继承和创造性诠释来表达自身的现实文化诉求和理想建构。儒学这一思想阐发方式使文化的演进既具有了源流相继的连续性特征，又因其哲学的突破而对现实乃至以后的历史文化发展产生了深远的影响。概而言之，传统与现代、民族性与现代性的关系问题可谓现代生活发展中必然不断涌现的问题，亦是反思

---

① 李祥海：《改变从"时代性"的单一维度来论断中国哲学的思维定势》，《当代中国哲学史研究研讨会论文集》，2012 年，第 61 页。

② 黄玉顺：《儒学与生活：民族性与现代性问题》，《人文杂志》2007 年第 4 期。

基础上生活的哲学与哲学的生活所要着力回应的问题，其本质就是如何在传承与创新相统一的基础上来建构新的本源性生活。儒学传礼作为此类历史实践正是在此意义上成为当代社会发展的有益借鉴。

再次，它提供了一种德主刑辅、整体共存的教化模式，有助于实现当代社会的和谐发展。当代社会在发展中存在如下两个问题：一是在突出发展经济的背景下出现了极端功利主义，即在谋求发展的过程中不择手段、不计后果地追求眼前利益最大化。由此出发，造就了现实发展中急功近利的不良倾向。二是在个体解放的前提下出现了极端利己主义，即在谋求个人发展过程中，不择手段、不计后果地谋取个人利益，甚至由此构成人格上的"精致利己主义"。对此，钱理群先生在武汉大学老校长刘道玉先生召集的"《理想大学》专题讨论会"上做了深刻而又充满忧患的阐释。毋庸讳言，以上二者皆对当代社会和谐发展起到了强大的阻碍作用。二者贯通起来，其破坏力尤为巨大。那么如何去克服它们对当代社会发展的消极影响呢？此可谓仁者见仁，智者见智。不过儒学传礼所体现出来的德主刑辅、整体共存的教化模式无疑是富有启发与借鉴意义的。如果结合儒学传礼的经历来看，在历史上的变礼时期，社会上同样出现了以上的问题。儒学传礼即是对此的时代应对，而尚德与整体意识则是其具体的教化举措。经过漫长的演化，它们作为一种生活哲学、生存智慧已逐渐成为传统文化的重要特征，并凝聚成民族精神之特质。在此基础上，在道德观与整体意识的具体内容和表达形式与时俱进的前提下，其作为传统文化的重要特征和民族精神之特质在应对当代发展如上问题、创建和谐社会方面的价值则是值得反思与期待的。

第九章　儒学道德境界的多重性

——以孔子"仁"学思想为例

　　由孔子发展出来的仁学是传统儒家思想的一项重要内容。在孔子那里，作为儒家理想道德人格基准的仁与人的具体德性品质和才性品质存在着密切的关联，即仁必借后者方能显现自身，而后者亦必依仁方能成全自身。在此基础上，儒家道德成就乃表现为一个个逐次发展的阶级，其道德境界体现出明显的多重性。此一理解有助于人们深入领会儒家道德思想的系统性，避免极端化认识。以下拟从两方面对此做一简要说明，以就教于方家。

一　仁与德性

　　孔子论仁具有两方面意义：

　　一方面，它代表理想的道德人格，故孔子不轻许人以仁。《论语·公冶长》中孟武伯与孔子有一段对话："孟武伯问：'子路仁乎？'子曰：'不知也。'又问。子曰：'由也，千乘之国，可使治其赋也，不知其仁也。''求也何如？'子曰：'求也，千室之邑，百乘之家，可使为之宰也，不知其仁也。''赤也何如？'子曰：'赤也，束带立于朝，可使与宾客言也，不知其仁也。'"子路、冉求、公西赤皆孔门高足，然孔子皆谓之不达于仁。至于孔门最优秀的弟子颜回，孔子则许之："回也，其心三月不违仁。"（《论语·雍也》）如此来看，颜回也并未真正实现生命与仁的统一。至于其他人，孔子也有点评，如孔子曾许令尹子文以忠，许陈文子以清，然皆不谓之"仁"（《论语·公冶长》）。在《论语·里仁》中孔子更明确讲道："我未见好仁者，恶不仁者。"甚至一个人即便可以做到"克、伐、怨、欲，不行焉"这个程度，孔子也只是认为"可以为难矣，仁则吾不知也"（《论语·宪问》）。至于孔子本人，他的评价是："若圣与仁，则吾岂敢？抑为之不厌，诲人不倦，则可谓云尔已矣。"（《论语·述而》）可见孔子自己也并未自诩为"仁"。由此而言，仁在孔子那里代表着一种理想人格的观念。它与人的具体德性品质存在一定的距离。

另一方面，仁作为道德行为的核心观念与人的具体德性品质在现实层面上具有内在关联。这种内在关联主要表现为这些具体的德性品质具有践行仁德的特征，是仁的现实基础与具体表现。由此围绕仁形成了不同的道德境界，构成了成仁之路的种种阶段。

关于这些具体的德性品质，孔子曾经谈到很多，我们可从三个层面来认识。

第一个层面是指质与文单独两个方面的德性品质。如孔子曾言："刚、毅、木、讷，近仁。"（《论语·子路》）这主要是讲人的直德，属于质的方面，孔子以为它自然真实近仁，但显然还不是仁。孔子还曾言："恭、宽、信、敏、惠：恭则不侮，宽则得众，信则人任焉，敏则有功，惠则足以使人。"这五项品质则属于文的方面。孔子以为"能行五者于天下，为仁矣"（《论语·阳货》）。可见展现五种德性品质与为仁具有密切关系，但是结合前后文来看，它们与仁仍然存有距离。

第二个层面是指有关文质中道方面的德性品质。孔子曾言："质胜文则野，文胜质则史。文质彬彬，然后君子。"（《论语·雍也》）可见孔子反对文质偏胜的极端化德性品质。围绕文、质两方面的德性品质，孔子十分重视"礼"的作用。在《论语·泰伯》中，孔子曾言道："恭而无礼则劳；慎而无礼则葸；勇而无礼则乱；直而无礼则绞。"孔子论人重仁、礼并举。仁是根本，礼为外在形式规定。在此认识基础上，文、质作为人的德性品质只有在合乎人道亦即仁、礼统一原则的基础上才能避免各自的极端化发展。所谓"文质彬彬"者即是凸显此文质中道、文质合一的环节。其现实的展开就是"君子义以为质，礼以行之，孙以出之，信以成之"的道德实践（《论语·卫灵公》）。它无疑是对第一个层面内容的深化。

第三个层面是指中庸之德，此为文质中道环节于具体情境下的变现，亦即仁的具体成就。《论语·公冶长》载有如下一段话：

子张问曰："令尹子文三仕为令尹，无喜色；三已之，无愠色。旧令尹之政，必以告新令尹。何如？"子曰："忠矣。"曰："仁矣乎？"曰："未知，焉得仁？""崔子弑齐君，陈文子有马十乘，弃而违之。至于他邦，则曰：'犹吾大夫崔子也。'违之。之一邦，则又曰：'犹吾大夫崔子也。'违之。何如？"子曰："清矣。"曰："仁矣乎？""未知，焉得仁？"

上文言及的令尹子文之"忠"、陈文子之"清"皆可谓文质中道下的德性品质，然在孔子眼中皆不谓之为仁。究其实在于它固守以上文质中道的实践道德观念，缺乏依据具体情境变化而行的权变，亦即不合中庸之时中精神，故难以做到圆融无碍，因此孔子依旧不许之以仁。对此孔子曾有专门的讨论，如《论语·微子》中有一段记载：

逸民：伯夷、叔齐、虞仲、夷逸、朱张、柳下惠、少连。子曰："不降其志，不辱其身，伯夷、叔齐与。"谓"柳下惠、少连，降志辱身矣。言中伦，行中虑，其斯而已矣"。谓"虞仲、夷逸，隐居放言，身中清，废中权。我则异于是，无可无不可"。

"逸"同"佚"，此所谓"逸民"乃指被遗落的人才，如伯夷、叔齐、虞仲、夷逸、朱张、柳下惠、少连等。这些人都是以文质中道为标的的有德者，然而在孔子看来他们却并不是真正契合于仁的。孔子对其态度是"我则异于是，无可无不可"。所谓"无可无不可"即是文质中道观念于具体情境中的通权达变，其在德性上的体现即为中庸之德。对于中庸之德的具体表现，孔子在《论语》中多有提及。如《论语·宪问》中孔子讲："邦有道，危言危行；邦无道，危行言孙。"孔子在自述所学之终时言"七十而从心所欲不逾矩"（《论语·为政》）。"从心所欲不逾矩"者，即为中庸之德的现实表达，亦即文质中道环节于具体情境下的变现，它是仁的现实具体的展开、实践与成就。

二 仁与才性

仁作为孔子的道德理想人格，它的确立需获得人两种才性的支撑才能得到不断实现。这两种才性就是知与勇，故孔子言仁往往是知、仁、勇三者连提，如《论语·宪问》中孔子有言曰："君子道者三，我无能焉：仁者不忧，知者不惑，勇者不惧。"那么如何认识知与勇这两种才性的内涵并看待它们与仁的关系呢？这便是以下所要解决的问题。

孔子言知有两层含义，即：经验知识与以人格建立为核心的人生智慧。关于经验知识层面上的知，《论语·八佾》说孔子"入太庙，每事问"。这是讲求知的。《论语·雍也》中说："君子博学于文"，《论语·述而》则说："默而识之，学而不厌。"关于此类知的具体内容，孔子亦有具体论及，如《论语·季氏》上讲："不学诗，无以言"、"不学礼，无以立。"这里讲的诗、礼当指六经中的内容，此乃春秋末年孔子立私学教授的重要内容。此外《论语·述而》上讲"志于道，据于德，依于仁，游于艺"，这里讲的艺当指古代的六艺：礼、乐、射、御、书、数。所谓"游"者，刘宝楠《论语正义》说是"不迫遽之意"①，朱熹《四书章句集注》以为是"玩物适情之谓"②，大意是指涵泳其间，悠然自得之意。总起来说以上所言的学习内容包含了经验知识、技能，这是当时知识分子所应具备的条件。孔子以为此类知的学习是十分必要的，《论语·公冶长》上讲"未知，焉得仁"就是这个意思。孔子本人对此类内容亦是熟稔的，如《论语·述而》上讲："子所雅言，诗、书、执礼，皆雅言也。"不过孔子讲学习经验之知的必要性也是有限度的，即这种必要并非是要在纯粹立知的立场下建立一种客观知识体系，而是要以此作为立仁成人的一个重要条件，也就是说孔子教人以学的核心立场和终极目的是在于人的道德理想人格的成就，亦即为仁。在此基础上所进行的知的了解乃是孔子言知的第二个层面。在这个层面上的知乃是在仁的基础上知与仁的一体化，二者最终的统一则在于

---

① （清）刘宝楠：《论语正义》，中华书局 1990 年版，第 257 页。
② （宋）朱熹：《四书章句集注》，上海古籍出版社 2006 年版，第 120 页。

实现"义"的道德要求。儒家讲"义"在于"合宜"。《论语·雍也》中樊迟问知，孔子的答复是："务民之义，敬鬼神而远之，可谓知矣。"这里的"知"就是行义，亦即"合宜"的道德含义，它所表达的是以人格成就为核心的人生智慧。《论语·阳货》上记载了这样一段话："子曰：'由也，女闻六言六蔽矣乎？'对曰：'未也。''居！吾语女。好仁不好学，其蔽也愚；好知不好学，其蔽也荡；好信不好学，其蔽也贼；好直不好学，其蔽也绞；好勇不好学，其蔽也乱；好刚不好学，其蔽也狂。'"所谓六言是指六种品德，孔子在此讲述了好学与成德的内在联系。基于这一认识，孔子所言的知最终必然指向合于义的自我人格成就。故孔子有言："下学而上达，知我者，其天乎！"（《论语·宪问》），《论语·颜渊》中孔子论"知"曰："知人。"《论语·学而》中孔子言："君子食无求饱，居无求安，敏于事而慎于言，就有道而正焉，可谓好学也已。"以上孔子所言的知天命、人道皆非独立的单纯的经验知识学习，而是着眼于道德理想人格的修养、树立。经验知识的学习乃是博取于外，以自我人格成就为核心的人生智慧的建立则是约成于内，二者既联系又区别。

正是基于这样一个文化立场，孔子提出了"志于道，据于德，依于仁，游于艺"的说法。这里的"艺"固然是指经验知识层面的内容。所谓"道""德""仁"则是指人格修养的目的、依据和原则。"志""据""依"三者相比较于"游"而言乃充分体现了人格修养超越于经验之知的核心地位。在此前提下，所谓"游于艺"的态度便具有了以下两层含义：一者在肯定学习经验之知的必要性基础上强调道德意识相对于经验之知的价值主体地位，由此提示出学习的立场并非固执地向外建立客观独立的知识，而在于向内立仁成德。为此孔子有言曰："君子不器。"（《论语·为政》）所谓器者，就物而言是指具有特定用途的东西；就人而言是指在知识技能方面具有专长的人。孔子讲"君子不器"就是要人们不要单纯地满足于特定知识技能的了解掌握，而要明确这一学习的终极目的在于立仁、行义以成德。所以他强调要学思并举，故言："学而不思则罔，思而不学则殆。"（《论语·为政》）《论语·季氏》上则讲："言思忠，事思敬……见得思义。"以上所论皆在于强调经验知识技能的学习了解必以其情志方面的德性要求为根本。二者在以上理解基础上更进一步指出向内立仁成德的进程乃是一个摆脱抽象的知识规范，摆脱固定、教条文化形式的中道解蔽的经历。在此经历中，仁得以具体真实地显现表达。这也正是孔子不以名言界定的方式论仁，而是针对具体情境来点化仁的用意所在。其目的就是在仁的总体意识下使事物能够切实地符合自身，亦即实现为己之学的目的。不过也正由于孔子在立仁的过程中不断消解文化知识的抽象原则，代之以随机点化，导致其具有虽不乏言传身教，然却无迹可寻的文化风貌。故而颜回感叹孔子之教是："仰之弥高，钻之弥坚。瞻之在前，忽焉在后……既竭吾才，如有所立卓尔。虽欲从之，末由也已。"(《论语·子罕》)

综合以上所论，可见孔子言知虽包含经验之知的内涵，然其终极形态则表现为以道德人格建立为核心、以合于义为宗旨的人生智慧。故在知与仁的关系中，仁无疑是知的核心与归宿，知则是践行仁的手段。所以孔子说："里仁为美。择不处仁，焉得知?"(《论语·里仁》) 在此形势下的知显然并不在于刻意表现为独立客观的知识，而是突出表现为一种以修身成德为终极目的的人生智慧。《论语·里仁》中孔子讲"仁者安仁"，《论语·宪问》中讲"仁者不忧，知者不惑"皆是建立在此认识基础上。

除此之外，孔子还讲到了作为人的才性的知的现实具体形态。《论语·季氏》有云："生而知之者，上也；学而知之者，次也；困而学之者，又其次也。"《中庸》也有一段类似的描述："或生而知之，或学而知之，或困而知之，及其知之一也；或安而行之；或利而行之；或勉强而行之，及其成功，一也。"这里讲到的知并非是一般的经验知识，而是指人的天赋道德自觉的能力，亦即对自身本质的道德认识能力。孔子以为这一能力是人普遍具有的，正所谓"为仁由己"(《论语·颜渊》)、"我欲仁，斯仁至矣"(《论语·述而》)。不过孔子也承认现实中人的这种能力存在着明显的个体差异性。有的人资质较高，行为自然中道；有的人则资质较差、私欲较重，需要反复学习、实践才能对人道有所认识。不过无论如何，其所知的对象及其最终的目的则是一致的。

孔子关于勇的认识亦具有两层含义：首先，勇是指一种无惧的精神状态。孔子在《论语·宪问》中即言："君子道者三，我无能焉：仁者不忧，知者不惑，勇者不惧。"此所谓"勇者无惧"即是指一种无惧的精神状态。《论语·公冶长》中孔子曾有言曰："道不行，乘桴浮于海。从我者，其由与?"子路闻之喜。孔子继言之曰："由也好勇过我，无所取材。"那么子路所好之勇为何呢？《论语·述而》中子路曾对孔子言："子行三军，则谁与？"孔子对曰："暴虎冯河，死而不悔者，吾不与也。必也临事而惧，好谋而成者也。"由此段文字我们可以看到子路言勇乃是指一种无所畏惧的精神气概，此亦是孔子言勇的表面含义。孔子言勇的更为深刻的内涵则在于他把勇与仁联系起来，使勇成为一种建立在道德人格修养基础上的精神气质。这是孔子言勇的第二层含义。它与前者的区别就在于是否守义。对此子路曾对孔子有言曰："君子尚勇乎？"孔子的答复是："君子义以为上。君子有勇而无义为乱，小人有勇而无义为盗。"（《论语·阳货》）可见孔子言勇的深意在于把它与义联系起来，并最终使其具有道德人格的内在规定。在此基础上孔子即说："见义不为，无勇也。"（《论语·为政》）也是在此基础上，孔子讲："仁者必有勇，勇则不必有仁。"（《论语·宪问》）

综合以上孔子关于知、仁、勇思想的讨论，可以看出：在孔子那里，仁的实现必得知、勇之才性的支撑方能完成；同样，知、勇必以仁为宗旨，以合义为原则，方能呈显其在道德人格修养中的价值与意义，亦即体现孔子为己之学的思想特质，其所谓"笃信好学，守死善道"（《论语·泰伯》）、"仁者不忧"（《论语·宪问》）、"乐亦在其中"（《论语·述而》）的生命境界亦是在此认识基础上达成的。

综上所述，围绕孔子"仁"学这一主题，我们可以发现儒家道德境界的达成既非纯知识观念的确立经历，亦非极端化的行为固执，而是作为道德人格理想的仁与人的具体实存情境的密切相关，亦即仁与人的具体德性品质和才性品质积极互动下的多重变现。由此出发，儒家道德境界表现出明显的多重性特征。

参考文献

一　古代文献

1. （汉）司马迁：《史记》，中华书局 1959 年版。
2. （汉）班固：《汉书》，中华书局 1962 年版。
3. （汉）应劭：《风俗通义》，文渊阁《四库全书》卷八六二。
4. （汉）董仲舒：《春秋繁露》，文渊阁《四库全书》卷一八一。
5. （汉）赵岐注，（宋）孙奭疏：《孟子注疏》，《四库全书荟要》第 71 册，世界书局 1988 年版。
6. （汉）郑玄注，（唐）孔颖达疏：《礼记注疏》，《四库全书荟要》第 51 册，世界书局 1988 年版。
7. （魏）何晏注，（宋）邢昺疏：《论语注疏》，《四库全书荟要》第 70 册，世界书局 1988 年版。
8. （魏）何晏集解，（梁）皇侃义疏：《论语集解义疏》，中华书局 1985 年版。
9. （魏）王弼注，（唐）孔颖达疏：《周易注疏》，《四库全书荟要》第 2 册，世界书局 1988 年版。
10. （宋）李觏：《李觏集》，中华书局 1981 年版。
11. （宋）司马光：《司马文正公传家集》，万有文库，1937 年。
12. （宋）张载：《张载集》，中华书局 1978 年版。
13. （宋）程颢、程颐：《二程集》，中华书局 1981 年版。
14. （宋）陆象山：《陆象山全集》，中国书店 1992 年版。
15. （宋）朱熹：《四书章句集注》，中华书局 1983 年版。
16. （宋）朱熹、吕祖谦：《朱子近思录》，上海古籍出版社 2000 年版。
17. （宋）朱熹：《论语集注》，《四库全书荟要》第 72 册，世界书局 1988 年版。
18. （宋）卫湜：《礼记集说》，《四库全书荟要》第 53 册，世界书局

1988 年版。

19. （宋）黎靖德：《朱子语类》，中华书局 1986 年版。

20. （宋）王应麟：《困学纪闻》，商务印书馆 1959 年版。

21. （宋）叶适：《叶适集》，中华书局 1961 年版。

22. （宋）程颐：《伊川易传》，《四部备要》，中华书局 1989 年版。

23. （明）王阳明：《王阳明全集》，上海古籍出版社 1992 年版。

24. （明）刘宗周：《刘子全书》，华文书局 1968 年版。

25. （清）王夫之：《船山全书》，岳麓书社 1992 年版。

26. （清）黄宗羲：《黄宗羲全集》，浙江古籍出版社 1985 年版。

27. （清）阎若璩：《孟子生卒年月考》，《清经解》第一册卷二十四，
上海书店 1988 年版。

28. （清）戴震：《戴震集》，上海古籍出版社 1980 年版。

29. （清）凌廷堪：《戴东原先生事略状》，《校礼堂文集》卷三十五，
《安徽丛书》第四期，艺文书局 1925 年版。

30. （清）崔述：《崔东壁遗书》，上海古籍出版社 1983 年版。

31. （清）刘宝楠：《论语正义》，中华书局 1990 年版。

32. （清）焦循：《孟子正义》，中华书局 1987 年版。

33. （清）焦循：《性善解五》，《雕菰集》卷九，商务印书馆 1936
年版。

34. （清）孙希旦：《礼记集解》，中华书局 1989 年版。

35. （清）皮锡瑞：《经学通论》，中华书局 1954 年版。

36. （清）阎镇珩：《六典通考》，广陵古籍出版社 1990 年版。

37. （清）段玉裁：《说文解字注》，上海书店 1992 年版。

38. （清）郭嵩焘：《郭嵩焘诗文集》，岳麓书社 1984 年版。

39. （清）李光地：《榕村全集》，力行出版社 1969 年版。

40. （清）方玉润：《诗经原始》，中华书局 1986 年版。

二　近代文献

1. 王先谦：《荀子集解》，中华书局 1998 年版。

2. 王先谦：《韩非子集解》，中华书局 1988 年版。

3. 康有为：《孟子微》，中华书局 1987 年版。

4. 严复：《严复集》，中华书局 1986 年版。

5. 梁启超：《梁启超全集》，北京出版社 1999 年版。

三　今人文献

1. 冯友兰：《中国哲学史新编》，人民出版社1998年版。
2. 冯友兰：《中国哲学简史》，北京大学出版社1996年版。
3. 冯友兰：《哲学的精神》，陕西师范大学出版社2008年版。
4. 冯友兰：《三松堂自序》，生活·读书·新知三联书店1984年版。
5. 韦政通：《中国思想史》，上海书店出版社2003年版。
6. 梁漱溟：《梁漱溟全集》，山东人民出版社1989年版。
7. 傅斯年：《性命古训辨证》，商务印书馆1947年版。
8. 钱穆：《先秦诸子系年》，商务印书馆2001年版。
9. 钱穆：《论语新解》，巴蜀书社1985年版。
10. 钱穆：《四书释义》，联经出版事业公司1996年版。
11. 钱穆：《中国近三百年学术史》，商务印书馆1997年版。
12. 钱穆：《国学概论》，商务印书馆1997年版。
13. 徐复观：《中国人性论史·先秦篇》，上海三联书店2001年版。
14. 徐复观：《中国思想史论集》，上海书店出版社2004年版。
15. 徐复观：《中国艺术精神》，春风文艺出版社1987年版。
16. 唐君毅：《中国哲学原论·原性篇》，台湾学生书局1989年版。
17. 唐君毅：《中国文化之精神价值》，正中书局1979年版。
18. 牟宗三：《心体与性体》，正中书局1989年版。
19. 牟宗三：《中国哲学的特质》，上海古籍出版社1997年版。
20. 牟宗三：《周易哲学演讲录》，华东师范大学出版社2004年版。
21. 李泽厚：《论语今读》，安徽文艺出版社1998年版。
22. 李泽厚：《世纪新梦》，安徽文艺出版社1998年版。
23. 李泽厚：《由巫到礼　释礼归仁》，生活·读书·新知三联书店2015年版。
24. 黄俊杰：《中国孟学诠释史论》，中国社会科学出版社2004年版。
25. 黄俊杰：《儒学与现代台湾》，中国社会科学出版社2000年版。
26. 杨儒宾：《中国古代思想中的气论及身体观》，巨流图书公司1993年版。
27. 杜维明：《儒家思想新论》，江苏人民出版社1996年版。
28. 李明辉：《当代儒学的自我转化》，中国社会科学出版社2001年版。
29. 蔡仁厚：《孔孟荀哲学》，台湾学生书局1984年版。

30. 王邦雄：《老子的哲学》，东大图书公司1980年版。

31. 成中英：《合外内之道》，中国社会科学出版社2001年版。

32. 杨树达：《论语疏证》，上海古籍出版社1986年版。

33. 高明：《礼学新探》，台湾学生书局1984年版。

34. 杨伯峻：《孟子译注》，中华书局1960年版。

35. 杨伯峻：《论语译注》，中华书局1980年版。

36. 杨伯峻：《春秋左传注》，中华书局1990年版。

37. 程树德：《论语集释》，中华书局1990年版。

38. 许倬云：《历史分光镜》，《学苑英华》，上海文艺出版社1998年版。

39. 蒙培元：《中国心性论》，台湾学生书局1990年版。

40. 蒙培元：《情感与理性》，中国社会科学出版社2002年版。

41. 方克立：《中国传统哲学的现代诠释》，商务印书馆2003年版。

42. 高亨：《周易大传今注》，齐鲁书社1998年版。

43. 周振甫：《诗经译注》，中华书局2002年版。

44. 周秉钧注译：《尚书》，岳麓书社2001年版。

45. 徐克谦等注译：《礼记》，岳麓书社2001年版。

46. 王文锦译解：《礼记集解》，中华书局2001年版。

47. 宋祚胤注译：《周易》，岳麓书社2001年版。

48. 葛兆光：《中国思想史》，复旦大学出版社2001年版。

49. 牟钟鉴：《儒学价值的新探索》，齐鲁书社2001年版。

50. 张岂之：《中国儒学思想史》，陕西人民出版社1990年版。

51. 汤一介、李中华主编，《中国儒学史》，北京大学出版社2011年版。

52. 陈来：《古代思想文化的世界》，生活·读书·新知三联书店2002年版。

53. 陈来：《朱子哲学研究》，华东师范大学出版社2000年版。

54. 陈来：《有情与无情——冯友兰论情感》，人民出版社2001年版。

55. 郑万耕等：《传统与超越》，北京师范大学出版社2002年版。

56. 李零：《郭店楚简校读记》，北京大学出版社2002年版。

57. 晁福林：《先秦社会思想研究》，商务印书馆2007年版。

58. 魏启鹏：《德行校释》，巴蜀书社1991年版。

59. 李景林：《教养的本原》，辽宁人民出版社1998年版。

60. 李景林：《教化的哲学》，黑龙江人民出版社 2006 年版。

61. 李景林：《教化视域中的儒学》，中国社会科学出版社 2013 年版。

62. 郭沂：《郭店竹简与先秦学术思想》，上海教育出版社 2001 年版。

63. 黄玉顺：《面向生活本身的儒学》，四川大学出版社 2006 年版。

64. 翟廷进：《孟子思想评析与探源》，上海社会科学院出版社 1992 年版。

65. 杨泽波：《孟子性善论研究》，中国社会科学出版社 1995 年版。

66. 杨泽波：《孟子评传》，南京大学出版社 1998 年版。

67. 董洪利：《孟子研究》，江苏古籍出版社 1997 年版。

68. 王兴业：《孟子研究论文集》，山东大学出版社 1984 年版。

69. 张奇伟：《亚圣精蕴》，人民出版社 1997 年版。

70. 邹昌林：《中国礼文化》，社会科学文献出版社 2000 年版。

71. 张亮采：《中国风俗史》，上海文艺出版社 1988 年版。

72. 包世臣：《艺术名著丛刊》，中国书店 1983 年版。

73. 王健：《儒学三百题》，上海古籍出版社 2001 年版。

74. 梁涛：《郭店竹简与思孟学派》，中国人民大学出版社 2008 年版。

75. 马积高：《荀学源流》，上海古籍出版社 2000 年版。

76. 蒋成瑀：《读解学引论》，上海人民出版社 1998 年版。

77. 丁四新：《郭店楚墓竹简思想研究》，东方出版社 2000 年版。

78. 梁家荣：《仁礼之辨——孔子之道的再释与重估》，北京大学出版社 2010 年版。

79. 刘丰：《先秦礼学思想与社会的整合》，中国人民大学出版社 2003 年版。

80. 李清良：《中国阐释学》，湖南师范大学出版社 2001 年版。

81. 鱼宏亮：《知识与救世：明清之际经世之学研究》，北京大学出版社 2008 年版。

82. 潘斌：《宋代〈礼记〉学研究》，吉林人民出版社 2011 年版。

83. 刘永青：《情礼之间——论明清之际的礼学转向》，人民出版社 2014 年版。

84. 《郭店楚简国际学术研讨会论文集》，《人文论丛》特辑，湖北人民出版社 2000 年版。

85. 《中国哲学》第二十辑：《郭店楚简研究》，辽宁教育出版社 2000

年版。

四 外国文献

1. ［法］孟德斯鸠：《论法的精神》，商务印书馆 1978 年版。

2. ［法］列维·布留尔：《原始思维》，中华书局 1981 年版。

3. ［美］郝大维、安乐哲：《孔子哲学思微》，江苏人民出版社 1996 年版。

4. ［美］邓尔麟：《钱穆与七房桥世界》，蓝桦译，社会科学文献出版社 1998 年版。

5. ［美］赫伯特·芬格莱特：《孔子——即凡而圣》，彭国祥、张华译，江苏人民出版社 2010 年版。

五 参考论文

1. 蒙培元：《人是情感的存在——儒家哲学再阐释》，《社会科学战线》2003 年第 2 期。

2. 蒙培元：《中国情感哲学的现代发展》，《杭州师范学院学报》2002 年第 3 期。

3. 汤一介：《"道始于情"的哲学诠释》，《学术月刊》2001 年第 7 期。

4. 蔡仁厚：《从礼的常与变看仁心之不安不忍》，《南昌大学学报（人社版）》2000 年第 2 期。

5. 张立文：《礼乐文明与文化自信》，《孔学堂》2015 年第 1 期。

6. 李存山：《李觏的性情论及其与郭店楚简性情论的比较》，《抚州师专学报》2002 年第 4 期。

7. 陈来：《春秋礼乐文化的解体和转型》，《中国文化研究》2002 年秋之卷。

8. 林安梧：《"儒道佛"·"生活世界"与其相关的意义治疗》，《江南大学学报》（人文社会科学版）2011 年第 5 期。

9. 安乐哲、郝大维：《〈中庸〉新论：哲学与宗教性的诠释》，《中国哲学史》2002 年第 3 期。

10. 李景林、牟红芳：《中道——"周文"所显现的上古伦理精神》，《吉林大学社会科学学报》1995 年第 5 期。

11. 李景林：《直觉与理性——梁漱溟对儒家理性概念的新诠》，《人文杂志》2005 年第 2 期

12. 张学智：《王夫之对礼乐的理学疏解——以〈礼记·乐记〉为中

心》，《中国哲学史》2005 年第 4 期。

13. 张祥龙：《比较悖论与比较情境——哲学比较的方法论反思》，《社会科学战线》2008 年第 9 期。

14. 彭林：《礼与中国人文精神》，《孔子研究》2011 年第 6 期。

15. 杨天宇：《略述中国古代的〈礼记〉学》，《河南大学学报》（社会科学版）2000 年第 5 期。

16. 晁福林：《从上博简〈诗论〉第 21 简看孔子的情爱观》，《文史哲》2005 年第 2 期。

17. 向世陵：《论朱熹的"心之本体"与未发已发说》，《湖南大学学报》（社会科学版）2012 年第 1 期。

18. 胡伟希：《中国哲学的中观思维》，《中国哲学》（中国人民大学书报资料中心）2008 年第 8 期。

19. 丁为祥：《命与天命：儒家天人关系的双重视角》，《中国哲学》（中国人民大学书报资料中心）2008 年第 1 期。

20. 涂可国：《儒学、人情文化与人际关系的优化》，《东岳论丛》2011 年第 8 期。

21. 陈静：《自由的含义——中文背景下的古今差别》，《哲学研究》2012 年第 11 期。

22. 黄玉顺：《儒学与生活：民族性与现代性问题》，《人文杂志》2007 年第 4 期。

23. 温海明：《本体论意义上的"情"何以是伦理的?》，《中山大学学报》（社会科学版）2013 年第 2 期。

24. 林启屏：《心性与性情：先秦儒学思想中的"人"》，《文史哲》2011 年第 6 期。

25. 李明辉：《"理"能否活动？——李退溪对朱子理气论的诠释》，《现代哲学》2005 年第 2 期。

26. 李天虹：《〈性自命出〉与传世先秦文献"情"字解诂》，《中国哲学史》2001 年第 3 期。

27. 龚建平：《乐教与儒者的宗教情怀》，《学术月刊》2005 年第 5 期。

28. 汤勤：《"礼"与"法"：由神化到世俗化》，《复旦学报》（社会科学版）2008 年第 3 期。

29. 白奚：《规范 教化 秩序——儒家礼治思想漫议》，《北京社会科学》1998 年第 2 期。

30. 韩星：《郭店楚简儒家礼乐文化精义辨析》，《人文杂志》2000 年第 5 期。

31. 孟庆楠：《论早期儒家〈诗〉学中的情礼关系——以好色之情与礼为例》，《中国哲学史》2010 年第 4 期。

32. 林丛、林明：《"礼"的自然法思想之探讨》，《孔子研究》2009 年第 5 期。

33. 黄宣民、陈寒鸣：《礼乐文化传统与原始儒学》，《中州学刊》2006 年第 3 期。

后　记

这本小书的内容主要由两部分组成：一部分属于我的博士论文，另一部分则属于我的相关后续研究。在整个写作过程中，我得到了业师李景林先生的悉心指导。先生之品格、学问足为吾辈楷模。《史记·孔子世家》有言："《诗》有之：'高山仰止，景行行止。'虽不能至，然心向往之。"此一语道尽我之肝肠，再不能复言。此外，十余年来，我亦不断受教于吉林大学王天成、张连良两位先生门下，多有启发，在此一并致谢！

我也希望借此机会能够深深感谢我的妻子王海英女士。二十余年来，她陪伴我度过了许多艰苦的日子，始终不离不弃，这份感情弥足珍贵，是我一生的财富。云龙、张佩蓉两位同学为本书做了大量的文献校订工作，在此一并致谢！此书的出版得到吉林大学哲学社会学院的大力支持，对此我深表谢意！同时这本书也是国家社会科学基金项目"以传统文化核心精神推动当代精神家园建设研究"（14BKS095）、吉林大学2015年度哲学社会科学种子基金项目"《礼记》教化思想研究"（2015ZZ005）的阶段性研究成果。由于我个人学力有限，书中行文定多有不当之处，敬望各位方家批评指正！

华军

2016 年 3 月 14 日　于存义轩